Josef Sittard, Ambrosius zur. asn Neuzeit

Compendium der Geschichte der Kirchenmusik

mit besonderer Berücksichtigung des kirchlichen Gesanges

Josef Sittard, Ambrosius zur. asn Neuzeit

Compendium der Geschichte der Kirchenmusik
mit besonderer Berücksichtigung des kirchlichen Gesanges

ISBN/EAN: 9783742816924

Hergestellt in Europa, USA, Kanada, Australien, Japan

Cover: Foto ©Angelika Wolter / pixelio.de

Manufactured and distributed by brebook publishing software (www.brebook.com)

Josef Sittard, Ambrosius zur. asn Neuzeit

Compendium der Geschichte der Kirchenmusik

COMPENDIUM

DER GESCHICHTE

DER

KIRCHENMUSIK

MIT BESONDERER BERÜCKSICHTIGUNG

DES KIRCHLICHEN GESANGES.

VON AMBROSIUS ZUR NEUZEIT.

Von

JOSEF SITTARD

LEHRER AM CONSERVATORIUM ZU STUTTGART.

STUTTGART.
VERLAG VON LEVY & MÜLLER.
1881.

SEINER MAJESTÄT

DEM

KÖNIG KARL

VON WÜRTTEMBERG,

DEM ERHABENEN GÖNNER UND FÖRDERER KÜNSTLERISCHEN
UND WISSENSCHAFTLICHEN STREBENS

IN TIEFSTER EHRFURCHT

GEWIDMET

VOM VERFASSER.

Vorrede.

Als vor einiger Zeit die Anfrage der hiesigen Verlagshandlung Levy & Müller an den Verfasser erging, ob derselbe nicht geneigt wäre, ein Compendium der Geschichte der Kirchenmusik und des Kirchengesangs des christlichen Abendlandes zu verfassen, glaubte derselbe um so weniger der Aufforderung sich entziehen zu sollen, als ein solches Handbuch namentlich für Geistliche, Lehrer, Organisten, Seminarien, Musikinstitute und sonstige höhere Lehranstalten, überhaupt für Solche, welche für den Gegenstand Interesse haben, sich jedoch nicht speciell mit musikhistorischen Studien beschäftigen können, wohl als ein Bedürfniss bezeichnet werden dürfte, da die wenigen Werke, welche diesen Zweig der Musikgeschichte in allgemein übersichtlicher Darstellungsweise behandeln, ihren eigentlichen Zweck nicht erfüllen. So z. B. die „Geschichte der Kirchenmusik" von Raymund Schlecht, Regensburg 1871 bei Coppenrath, welches sonst so vortreffliche Werk, abgesehen davon, dass dasselbe das evangelische Kirchenlied zu wenig berücksichtigt und den Stoff überhaupt in etwas zusammenhangloser Weise behandelt, durch den hohen Preis auf einen grösseren Leserkreis unter den musikalischen Laien kaum wird rechnen dürfen; oder die „Geschichte des Kirchengesangs und der Kirchenmusik" von J. E. Häuser, Quedlinburg und Leipzig 1834, welche im Gegensatz zu Schlecht das evangelische Kirchenlied zu sehr in den Vordergrund drängt, über wichtige Epochen kurz hinweg geht und durch die Masse von Citaten, die fast so viel Raum als der Text selbst einnehmen, das in manchen Beziehungen äusserst lehrreiche, wenn auch den neuesten historischen Forschungen und Ergebnissen gegenüber etwas veraltete Werk für den Laien fast ungeniessbar ist. Das einzige Werk der Neuzeit, welches dem eigentlichen Zwecke näher kommt, ist die „Uebersichtliche Darstellung der kirchlichen Dichtung und geistlichen Musik" von H. M. Schletterer, Nördlingen 1866, C. H. Beck. Aber dadurch, dass die kirchliche Dichtung mit hereingezogen wurde, musste bei dem mässigen Umfang desselben Vieles kurz behandelt werden, was einer eingehenderen Darstellung und Ausführung bedurft hätte. Die Verlagshandlung wie der Verfasser glauben desshalb einem wirklichen Bedürfnisse durch die Herausgabe des vorliegenden Compendiums entgegen zu kommen.

Der Verfasser beschränkte sich jedoch nicht darauf, eine bloss chronologische Zusammenstellung zu bieten, sondern er wollte in pragmatischer Weise den tieferen Zusammenhang der einzelnen Perioden der Musikgeschichte und ihren Einfluss auf die kirchliche Tonkunst klarlegen. Manches musste immerhin, da das Werk im Interesse einer allgemeinen Verbreitung eine bestimmte Bogenzahl nicht überschreiten sollte, kürzer behandelt werden, als es in der

Absicht des Autors lag; ebenso musste auf Notenbeilagen verzichtet werden, da der Preis dadurch ein zu hoher geworden wäre. Doch entschliesst sich vielleicht die Verlagshandlung später zu der Herausgabe eines Supplements, welches die entsprechenden Notenbeispiele enthalten würde.

Auf Zuführung ganz neuen, bis jetzt dem musikalischen Fachhistoriker unbekannten Materials erhebt das Buch um so weniger Anspruch, als dasselbe ja nicht für den gelehrten Kenner der Geschichte geschrieben ist, wenn demselben auch nicht entgehen dürfte, dass die neuesten historischen Forschungen und deren Ergebnisse überall berücksichtigt worden sind und durch gewissenhafte Anführung der Quellen- und Hülfswerke, welche der Verfasser zu seiner Arbeit benützte, denjenigen, welche Musse und Interesse für die Sache haben, Gelegenheit gegeben ist, dieselben selbst zur Hand zu nehmen.

Da vorliegendes Compendium, wie schon bemerkt, sich nicht an den historischen Fachmann wendet, so musste der Verfasser es sich angelegen sein lassen, den in mancher Beziehung etwas trockenen Stoff in eine möglichst populäre und gefällige Darstellungsweise zu kleiden, ohne sich übrigens von der Sache selbst zu entfernen und gewisse Seitengänge einzuschlagen, da an Stelle der historischen Erzählung die schillernde Phrase, die schöngeistige Redseligkeit tritt, vielmehr ging der Verfasser von dem festen Grundsatz aus, dass die Geschichte für ernstdenkende Köpfe ist, welche nicht unterhalten sondern belehrt sein wollen.

Zum Schluss darf der Unterzeichnete sich das Zeugniss geben, dass er mit Ernst und Liebe an seine Arbeit gegangen. Doch ist er weit davon entfernt, auf Vollendung derselben Anspruch zu erheben und wird jede sachliche, objective Kritik, jede Ergänzung und Berichtigung mit Dank entgegennehmen.

Stuttgart, 1. November 1880.

Josef Sittard.

Einleitung.

Die Musik ist jene tief in das Menschenleben eingreifende Macht, die mehr als jede andere Kunst es vermag, das tiefste Innere des Gemüthslebens zu ergreifen und zugleich von der idealen Anlage, der höhern, geistigen Natur des Menschen das beredteste Zeugniss ablegt. Keine andere Kunst ist auch vermöge ihrer innersten Natur so geeignet, die zartesten Regungen der Seele und des Gemüths so auszusprechen wie die Tonkunst; sie ist der unmittelbarste Ausdruck des Innern, und es können sich auch jene ihrem gewaltigen Einfluss nicht entziehen, welche es sich angelegen sein lassen, die höhere, geistige Natur des Menschen zu leugnen.

Und wo können sich unsere Gefühle und Empfindungen schöner und reiner austönen als im Gesang, welcher dieselben gleichsam veranschaulicht und den Ton zum ausdrucksvollen Symbol gestaltet? Im Gesang erlauschen wir die Volksseele und aus den Gesängen des Volkes schliessen wir auf dessen inneres Fühlen und Empfinden, auf sein sittliches Streben und Wollen. Somit wohnt dem Gesang eine seelische Kraft bei; er ist eine dem Menschen eingeborne Gabe und kein aus Nachahmung von Naturlauten entstandenes Product. Wie derselbe nun von jeher dazu diente, einen seelischen Vorgang zum Bewusstsein zu bringen, so versteht sich eigentlich von selbst, dass derselbe namentlich da nicht fehlen konnte und durfte, wo es sich um die Lobpreisung des Höchsten handelte. Waren doch Kunst und Religion von jeher untrennbare Schwestern, die Formen der Gottesverehrung die Wiege jeder Kunst, und wie namentlich die Tonkunst von der Religion resp. der Kirche gleichsam gross gezogen wurde, so bildete sie auch von jeher einen wesentlichen Bestandtheil des religiösen Cultus. „Ist das Reich der Töne", sagt eben so treffend als schön

Staudenmaier [1]), „ein Reich der unsichtbaren Schönheit, welche Schönheit nur der Geist zu fassen vermag; wohnt in ihnen ein inneres, mit Worten nicht aussprechbares Leben; graben sie sich tiefer als alles Andere in das Gemüth ein, das sie mit Ahnung erfüllen; beherrschen sie die Gefühle, welche sich wunderbar zur Harmonie hinneigen, so ist von selbst verständlich, was die Musik einer Religion werden kann, welche die höchste Harmonie darstellt, die Versöhnung der Welt mit Gott, in welcher Versöhnung sich die grosse alte Dissonanz auflöst."

Gesang und Musik finden wir beim Gottesdienst fast aller Religionen; aber hauptsächlich ist es unter den alten Völkern das israelitische Volk, bei welchem die Tonkunst gleich der Poesie hauptsächlich zum Lobe Gottes bestimmt war; denn wie der Inhalt der Poesie, so war auch jener der Musik kein anderer als ein heiliger.

Dass schon zu David's [2]) Zeit der Gesang einen wesentlichen Bestandtheil des israelitischen Gottesdienstes bildete, beweist Chronik I Kapitel 16, 18—22, Kap. 25 und 26 sowie Chronik II Kap. 5, 13. Wie der Tempelgesang der Hebräer beschaffen war, wissen wir nicht; es bestehen hierüber blosse Vermuthungen, da aus den heute noch üblichen Melodien, nach welchen bei ihrem Gottesdienst die Psalmen gesungen werden, keine Rückschlüsse auf den alten Tempelgesang gezogen werden können und mit Bestimmtheit angenommen werden dürfte, dass bei der erstaunlichen Assimilationskraft des israelitischen Volkes mit Anderer Sitten und Gebräuchen auch dessen Gesang von jenem der Völker, unter welchen dasselbe lebte, nicht unberührt geblieben sein wird. Die von einem Pastor Speidel [3]) aus Waiblingen in Württemberg her-

---

1) Encyklopädie S. 616.

2) Der Sänger und Musiker waren es 4000, welche von David in 24 Klassen eingetheilt wurden und abwechselnd im Tempel ihr Amt verrichten mussten.

3) Speidel: Unverwerfliche Spuren von der alten David'schen Singkunst nach ihren deutlich unterschiedenen Stimmen, Tönen, Noten, Takt (?) und Repetitionen, mit einem Exempel zur Probe. Stuttgart. Metzler und Erhardt 1740.

ausgegebene Schrift, in welcher derselbe ganz genau und bestimmt nachzuweisen versucht, wie der alte Tempelgesang des israelitischen Volkes beschaffen gewesen sei, verdient desshalb, wie Ambros mit Recht bemerkt, einen Platz in dem von Lichtenberg vorgeschlagenen Bedlam, denn wir sind völlig ausser Stande, uns über die wirkliche Beschaffenheit der israelitischen Musik ein positives Urtheil zu bilden, zumal wir in der Bibel selbst nichts hierüber erfahren.

Was den Gesang beim israelitischen Gottesdienst betrifft, so wird derselbe höchstens in einem einfachen Psalmodiren [1]) bestanden haben; auf einer hohen Stufe kann er schon desswegen nicht gestanden sein, weil die Israeliten nicht fähig waren, ihre Melodien — wenn von solchen hier überhaupt gesprochen werden kann — zu fixiren. Nach Forkel [2]) bemassen sie bloss gewisse Accentzeichen. Stand ein solches über dem Wort, so bedeutete dies, dass die Stimme sich zu erheben, stand dasselbe unter dem Wort, dass die Stimme zu fallen habe. Ein solches Accentzeichen soll aber nicht einen bestimmten Ton, sondern eine ganze melodische Phrase bezeichnet haben. Doch scheinen diese Accentzeichen einer späteren Periode anzugehören und wie Dommer [3]) annimmt, von den Masoreten in den letzten beiden Jahrhunderten vor Christo herzustammen. Auch Dommer glaubt aus den verschiedenen Psalmüberschriften, wie z. B. derjenigen zum 9. Psalm: „Von der schönen Jugend vorzusingen", oder jener zum 22. Psalm: „Vorzusingen von der Hindin, die früh gejagt wird" u. s. w., den Schluss ziehen zu dürfen, dass es immerhin allgemein bekannte Tonweisen gewesen sein mögen, nach welchen die betreffenden Psalmen gesungen wurden. Doch sind dies blosse Vermuthungen, da diese Ueberschriften auch eine andere Bedeutung haben konnten und z. B. jene des 9. Psalms eben so gut besagen kann, dass derselbe von den Jungfrauen zu singen sei.

---

1) Hierunter versteht man ein singendes Lesen und zwar auf einem bestimmten Ton, wobei nur der Schlusstakt durch verschiedene abweichende Intervallschritte hervorgehoben wird.

2) Forkel: Allgemeine Geschichte der Musik. Bd. I. S. 140 u. ff.

3) Arrey von Dommer: Handbuch der Musikgeschichte. Leipzig 1868. S. 11.

Ueber den Gesang der Christen in den ersten Jahrhunderten wissen wir ebenfalls nichts Zuverlässiges, wenn auch mit ziemlicher Sicherheit angenommen werden kann, dass die Psalmodie die Grundlage des abendländischen christlich-kirchlichen Gesanges war, zumal die Psalmen wegen ihrer Einfachheit populär waren und die ganze Gemeinde sich daran betheiligen konnte. Diese Art von Responsorialgesang (cantus responsorius psalmi) darf wohl als die älteste Gesangsweise betrachtet werden, in welcher die Psalmen vom Volke mitgesungen, resp. psalmodirt wurden, neben welchem man später, im vierten oder fünften Jahrhundert, die Psalmen in der abendländischen Kirche in Wechselgesängen, d. h. versweise mit einander abwechselnden Chören zu singen anfieng.

Von den Aposteln wurde der Gesang der Psalmen und Loblieder angelegentlich empfohlen. So schreibt der Apostel Paulus in seiner ersten Epistel an die Epheser, Kap. 5, V. 19: „Und redet unter einander von Psalmen und Lobgesängen und geistlichen Liedern, singet und spielet dem Herrn in eurem Herzen"; und im Briefe des Jakobus Kap. 5 V. 13 heisst es: „Leidet jemand unter euch, der bete; ist jemand gutes Muths, der singe Psalmen" [1]). Auch mochten wohl Einzelne selbstverfasste Lobgesänge in den gottesdienstlichen Versammlungen vortragen [2]); ebenso berichtet der jüngere Plinius [3]) in dem Briefe, welchen er als Statthalter in Bithynien (Kleinasien) an Trajan schrieb, dass die Christen an bestimmten Tagen vor Aufgang der Sonne zusammenkommen, um Christo als einem Gott zu Ehren ein Lied untereinander zu singen.

Bei der Abendmahlfeier wurde der 23. Psalm angestimmt, bei und unter der Kommunion bediente man sich des 33. Psalms [4]). Ausser den Psalmen wurden auch die in der heiligen Schrift enthaltenen Psalmlieder — cantica, auch Hymnen, später nach

---

1) Siehe auch Col. 3, 16. Cor. I 14 V. 15—16. Apostelgeschichte 2, 47 u. s. w.
2) Erster Brief an die Corinther 14, 26.
3) Plin. epist., lib. X.
4) Dr. Ferdinand Probst, Liturgie der drei ersten christlichen Jahrhunderte. Tübingen 1870. S. 363.

dem Vorgang des Hilarius und Ambrosius strophisch verfasste Kirchenlieder, so dass Hymne in diesem Sinne als gleichbedeutend mit Kirchenlied erscheint — gesungen; so z. B. der Triumphgesang Moses (Exod. 15), der Gesang der drei Jünglinge im Feuerofen (Daniel 3), der Gesang des Zacharias (Lucas I, 68), der Lobgesang Maria's (Lucas I, 46), das Danklied des Ezechias (Isai. 38), das Lied Simeon's (Luc. II 29) u. s. w.

Dass die Gesänge der ersten Christen, wie manche behaupten, aus der griechischen Musik zum Theil herübergenommen sein sollten, bestreitet Kiesewetter [1]), da er jenen „guten Leuten" die Fähigkeit abspricht, griechische Melodien zu fassen und mit ihren wenig geübten Organen nachzusingen; zudem sei ihr Abscheu gegen Alles, was nur entfernt an Heidenthum erinnerte, zu gross gewesen, als dass sie Gesänge aus den Tempeln oder Theatern der Heiden zugelassen hätten. Es sei ihnen vielmehr darum zu thun gewesen, eine von den Weisen jedes andern Cultus verschiedene Art des Gesanges zu stiften. Dem gegenüber macht Ambros [2]) geltend, dass wo eine Kunst emporblüht, sie geworden und nicht gemacht worden sei und man desshalb auch von der Musik der ersten christlichen Zeit annehmen dürfe, dass sie auf Art und Weise der gleichzeitigen antiken Tonkunst gegründeter, aber von dem neuen Geist durchdrungener und gehobener Volksgesang gewesen sei.

Wir halten es auch für einen Irrthum, den Gesang der christlichen Kirche in den ersten Jahrhunderten aus der griechischen Musik abzuleiten, glauben vielmehr, dass der Responsorien- und Antiphonengesang aus dem Cultus des israelitischen Volkes in denjenigen der christlichen Kirche übergieng [3]). Die Annahme liegt wenigstens ganz nahe, dass der

---

1) Kiesewetter: Geschichte der europ. abendl. Musik. 2. Auflage S. 2.
2) Ambros: Geschichte der Musik Bd. II. S. 11.
3) Siehe hierüber auch Neander: Allgemeine Geschichte der Religion. Hamburg 1826. Band I, 2. Abtheilung S. 351; sowie Delitsch: Commentar zum Psalter Bd. II, S. 399; und Lüft: Liturgik. Mainz 1847. Bd. II, S. 204.

Psalmengesang von den ersten Judenchristen aus dem jüdischen Gottesdienst in die christliche Kirche herübergenommen wurde und der Gesang gemeinschaftlich von der ganzen Gemeinde stattfand. In der griechischen Kirche bestand der Gebrauch, dass das ganze Volk an der Psalmodie Theil nahm, noch zur Zeit des heiligen Chrysostomus, und erst im Jahr 379 verbot die Synode von Antiochien das Singen der Weiber in der Kirche, da einige Bischöfe die Stelle bei Paulus: „Eure Weiber lasset schweigen in der Kirche", dahin auslegten, dass der Apostel damit den Weibern auch das Mitsingen in der Kirche verboten habe.

Diesem sogenannten symphonischen Gesang steht der responsorische Psalmengesang (cantus responsorius) gegenüber, welcher darin bestand, dass wenn der Vorsänger, welcher gegen Osten gekehrt auf einem erhöhten Platze stand, einen Psalm gesungen hatte, die Gemeinde denselben oder den letzten Theil des Anfangverses bei der Fortsetzung des Psalms wiederholte, oder mit dem Gesang eines Amen ihre Zustimmung ausdrückte [1]). Der antiphonische oder alternirende Gesang (Wechselgesang zwischen mehreren Chören) soll nach Fétis [2]) seine Wiege in Syrien haben. Ignatius, Bischof zu Antiochien († 116), soll diese Gesangsweise eingeführt haben. Zunächst wurden die Wechselgesänge zwischen den Männern einerseits und den Frauen und Kindern andererseits ausgeführt; dann theilte man die ganze Gemeinde in zwei Theile und Bischof Simeon von Seleucia soll Davidische Psalmen von einander gegenüberstehenden Chören, welche miteinander abwechselten, haben singen lassen. Vom Orient aus verbreitete sich die antiphonische Singweise [3]) in die occidentalische Kirche; die Arianer brachten dieselbe nach Constantinopel, woselbst Chrysostomus sie nach der Art und Weise der Kirche in Antiochien einführte, später Ambrosius in die Mailänder, Cölestin I. in die römische Kirche.

---

1) I. Cor. 14, 16.
2) Fétis: Histoire de la musique. Tome IV p. 68.
3) Antiphon im engeren Sinne ist ein Psalmvers, welcher auch vor und nach einem alternirend zu singenden Psalm vom ganzen Chor gesungen wurde.

Den Wechselgesang zwischen Priester und Volk nannte man ebenfalls Responsorialgesang. So sangen die Leviten z. B. einen Psalm allein und das Volk fiel nach dem ersten Satz mit dessen Wiederholung, nach dem folgenden aber mit Halleluja [1]) ein. In der ersten christlichen Zeit wurde nach der Lesung irgend eines Kapitels des alten oder neuen Testaments ein Responsorialpsalm abgesungen; später wurden daraus nur einige Verse gewählt, welche in der lateinischen Liturgie Responsorien genannt wurden. Es soll dies schon unter Papst Gelasius (492—496) eingeführt worden sein; später nahm man auch andere Schrifttexte hinzu [2]).

Es werden übrigens nur wenige Töne gewesen sein, in welchen der Gesang der ersten Christen sich bewegte und wohl ausschliesslich in dem sogenannten Psalmodiren bestanden haben, was von Tertullian [3]), Origines und Chrysostomus be-

---

1) Halleluja (Lobet den Herrn) ist ein Jubelruf, welcher höchst wahrscheinlich ebenfalls aus dem jüdischen Gottesdienste stammt, woselbst er in der Psalmodie vorkommt. Zum ersten Male erscheint derselbe im 104. Psalm, dann weiter in den Psalmen 106, 110—118, 134, 136, 145—150, welche Psalmen auch psalmi allelujatici genannt werden.

2) Vom neunten Jahrhundert an wurde das Gradualresponsorium (siehe unten) noch weiter abgekürzt und schliesslich auf einen Vers beschränkt, und statt der öfteren Wiederholungen derselben bei feierlichen Messen das Alleluja oder der Tractus — ein Gesang während der Fastenzeit an Stelle des dem Graduale folgenden Alleluja, dessen Text meistens den Psalmen entnommen war — gesungen.

Graduale oder Stufenpsalm war eine Art von Responsorialpsalm, welcher nach Vorlesung der Epistel vom Vorsänger an der unteren Stufe des Ambons, eines hohen Pultes, auf welchem der Lektor die Epistel zu verlesen pflegte, intonirt und vom Chor weitergesungen wurde. In der Marknskirche zu Venedig befinden sich noch heute auf beiden Seiten des Hochaltars zwei erhabene Bühnen — ambones — zu denen Stufen hinanführen. Der Diacon, wenn er die Epistel von der einen Bühne verlesen, tritt zu dem Hochaltar, und nachdem er das Evangelienbuch von dessen Mitte geholt, besteigt er die andere, um von ihr das Evangelium zu verkünden. Während dessen ertönt das Graduale, angestimmt von dem Sängerchor auf den Stufen des Ambon. Siehe Winterfeld: Johann Gabrieli und sein Zeitalter. 3 Bände. Berlin 1834. I. S. 26.

3) Nach Probst a. a. O. S. 362 ist Tertullian der Erste, welcher des Psalmengesangs zwischen der Lesung und der Predigt erwähnt. Das zweite Buch der apostolischen Constitutionen präcisirt seine Angaben dahin, dass dieser Psalmengesang zwischen der Lesung der alt- und neutestamentlichen

stützt wird; die betreffenden Verse oder Abschnitte wurden also singend gelesen und nur die Schlussworte oder Schlusssilben derselben durch steigende oder fallende Intervallschritte ausgezeichnet. Schelle [1]) glaubt, dass der kirchliche Gesang der Christen in den ersten Jahrhunderten hauptsächlich wohl in einer fortlaufenden Modulation der Stimme bestanden habe, welche aus dem Klange der Lautsilben hervorgieng, aber sich innerhalb bestimmter Tonverhältnisse musikalisch gestaltete und die musikalische Empfindung in innigster Wechselbeziehung mit der Bedeutung und dem Inhalt der Wörter hielt.

I.
Der Kirchengesang vom 4.—11. Jahrhundert.

Es dürfte wohl keinem Zweifel mehr unterliegen, dass wir den Bemühungen der römischen Kirche sowie deren sorgfältiger Pflege der kirchlichen Tonkunst die ganze Entwicklung der Musik als Kunst zu verdanken haben. Fand doch dieselbe nicht sowohl in den Päbsten als in jenen Männern, welche, ihr Leben dem Dienste der Kirche weihend, in ihren stillen Klosterräumen so viel zur Förderung der Künste und der Wissenschaften beigetragen haben, eifrige Freunde und Gönner, ohne deren rastlose und unermüdliche Arbeit und Weiterpflanzung des Gewonnenen, Erlernten und Selbstgeschaffenen sowohl durch mündliche als schriftliche Lehrthätigkeit die Tonkunst im Abendlande vielleicht noch auf jener primitiven Stufe stehen würde, welche dieselbe heute noch im Orient einnimmt. Während dort der Kirchengesang immer mehr zur einförmigen Cantillation heruntersank, nahm derselbe einen um so grösseren Aufschwung im Abendlande, woselbst der Gottesdienst mit der Zeit eine bestimmtere und reichere

---

Schriften stattgefunden habe. Was die Art und Weise des Vortrags anbelange, so habe der vom Lektor verschiedene Sänger die Psalmen gesprochen und das Volk jo den letzten Vers wiederholt.

1) E. Schelle: Die päbstliche Sängerschule in Rom. Wien 1872.

Ausbildung erhielt und in Folge dessen sich auch die Aufmerksamkeit mehr auf das bis jetzt mehr oder minder geringschätzig behandelte Cantorat lenken musste, während das Volk oder die Gemeinde sich auf die schon in der Urkirche üblich gewesenen refrainartigen Wiederholungen gewisser Gebete oder Gesänge der Priester beantwortenden Zu- oder Ausrufe, die sogenannten liturgischen Formeln wie Kyrie eleison, Halleluja oder Amen, beschränken musste. So soll schon das Concil von Laodicea gegen Ende des vierten Jahrhunderts verordnet haben, dass Niemand ausser den zur Geistlichkeit gehörigen Sängern, welche den für sie bestimmten höheren Platz einzunehmen hatten, zu singen berechtigt sei.

Der Mangel an den nöthigen geschulten Sängern gab den ersten Anstoss zur Gründung von Anstalten, in welchen zunächst wohl Vorsänger zu ihrem Amt vorbereitet wurden. So soll bereits zu Anfang des vierten Jahrhunderts Pabst Sylvester (314—335) zu Rom eine solche Singschule errichtet haben, was Schelle [1]) bestreitet, und zwar schon aus dem Grunde, weil vor dem 16. Jahrhundert dieser Thatsache von keinem Schriftsteller erwähnt wird und auch der Biograph Gregor I., Johann Diaconus nichts hievon berichtet; auch erscheinen in der ersten Zeit nach Sylvester die Sänger nicht unter den Klassen der römischen Geistlichkeit. Nach Gerbert [2]) soll Pabst Hilarius im fünften Jahrhundert eine solche Schule gegründet haben. Mag dem sein wie ihm wolle, auf jeden Fall hatten diese Schulen weder den Einfluss noch die Bedeutung der später errichteten Anstalten, von welchen noch die Rede sein wird, sondern deren Wirksamkeit blieb eine beschränkte.

Die der alten griechischen Octavengattung entnommene Scala: d e f g a h c d war die Grundscala, in welcher der Kirchengesang damals sich bewegt zu haben scheint [3]). Da jedoch diese acht Töne die Thätigkeit der Sänger zu sehr beschränkten und einengten, so wurden in Rücksicht auf den

---

1) Schelle a. a. O. S. 05 und ff. widerlegt in erschöpfender Weise diese Annahme.
2) Gerbert: De mus. et cant. I.
3) Ambros a. a. O. II.

Character der menschlichen Stimme die drei nächst höhern Octavreihen dazu genommen und finden wir vom vierten Jahrhundert an folgende vier Tonreihen:

D E⌢F G A H⌢C D
E⌢F G A H⌢C D E
F G A H⌢C D E⌢F
G A H⌢C D E⌢F G

Diese vier Tonreihen wurden später die authentischen (ächten) auch die Ambrosianischen Kirchentöne genannt. Aus den Bezeichnungen Protos, Deuteros, Tritos und Tetratos für diese vier Tonreihen schliesst Schelle [1]), dass dieser Akt sich in Byzanz vollzogen und von Ambrosius oder sonst einem musikkundigen Bischof nach ihm für Italien in Praxis gebracht worden sei.

Ambrosius, Kirchenlehrer und Bischof zu Mailand, wurde im Jahr 333 zu Trier, nach andern zu Arles geboren und starb 397 zu Mailand. Derselbe hat sich Verdienste um die Hebung und Erweiterung des abendländischen Kirchengesangs erworben, indem er den Gesang der Hymnen und Psalmen nach der Art und Weise der morgenländischen Kirche einführte. Wenn auch die Erfolge seiner Thätigkeit zunächst auf Mailand beschränkt blieben, so wurde der dortige Kirchengesang doch bald ein Vorbild für andere Kirchen, woselbst er Beifall und Nachahmung fand.

Unter Ambrosianischem Gesang — Cantus Ambrosianus — versteht man also den von Ambrosius gegen das Jahr 380 in Italien, vorzugsweise in die Mailänderkirche, eingeführten Hymnengesang. Die Annahme, dass dieser Hymnengesang von Ambrosius selbst herrühren soll, entbehrt jeder berechtigten Unterlage, derselbe war vielmehr von ihm, wie schon bemerkt, aus der morgenländischen Kirche herübergenommen. So berichtet der Zeitgenosse des Ambrosius, der Kirchenvater Augustinus [2]), dass Ambrosius sich den Hass der Mutter des noch unmündigen Kaisers Valentinian, welche der arianischen Lehre zugethan war, zugezogen habe; in Gefahr, durch dieselbe

---

1) Schelle a. a. O. S. 52; siehe auch Forkel a. a. O. II S. 168.
2) August. Confess. 9. Buch.

seiner Gemeinde entrissen zu werden, verbrachte er mit
Letzterer mehrere Tage und Nächte in der Kirche, und um
sie zu trösten, liess er dieselbe Hymnen in Wechselchören
nach der Weise des Morgenlandes singen. Weiter berichtet
uns Augustinus, dass dieser Gesang sich von Mailand aus in
die Kirchen des Abendlandes verbreitet habe.

Ambros [1]) bestreitet auch die von Fétis [2]) ausgesprochene
Annahme, dass Ambrosius die Tonalität und die Art der Ausführung der Psalmen und Hymnen selbst geregelt habe; er
bezweifelt weiter, dass der Antiphonengesang auf keinem anderen Wege als durch Ambrosius in die abendländische Kirche
gelangt sei. Derselbe sei vielmehr von Antiochien nach Konstantinopel gedrungen, woselbst ihn 398 Chrysostomus angeordnet habe; von hier aus wäre er dann durch Hilarius von
Poitiers an letzterm Orte eingeführt worden und es sei sogar
zweifelhaft, ob Pabst Cölestin ihn für die römische Kirche über
Poitiers oder über Mailand erhalten habe. So viel scheint nun
gewiss zu sein, dass Hilarius († 368), vom griechisch-kirchlichen
Ritus angeregt, christliche Gesänge dichtete und den Gebrauch
derselben in Gallien einführte. Ambrosius hat jedoch unzweifelhaft das Verdienst, den Gesang in Wechselchören sowie den
Hymnengesang, welcher im Gegensatz zur Psalmodie sich durch
seine melodisch-modulatorische und rythmische Beschaffenheit
ausgezeichnet haben soll, in die Mailänder Kirche eingeführt
zu haben. Er sei auch der Erste gewesen, welcher die ganze
Gemeinde an den gottesdienstlichen Gesängen sich habe betheiligen lassen, da vor ihm der Kirchengesang in Italien eine
blosse monotone Cantillation gewesen sei. Doch sind dies blosse
Vermuthungen, da wir über die rituellen Gebräuche und Gesänge der abendländischen Kirche in den ersten Jahrhunderten
eigentlich nichts Zuverlässiges wissen.

Diese Hymnen besassen nicht den volksthümlichen Charakter des Psalmengesangs. Wenn dieselben auch das Gepräge christlich volksthümlicher Denk- und Sprechweise an sich
trugen, so lag ihnen doch die heidnisch klassische Kunst-

---

1) Ambros II S. 14 u. 15.
2) Fétis: Biogr. univers. 2. édit. art. Ambrosius.

poesie zu Grunde; ihr Inhalt war mehr dogmatischer Natur und wurde des Missbrauchs wegen, welchen die Häretiker davon machten, von der Kirchenversammlung von Laodicea den biblischen Psalmen untergeordnet und ihr Gebrauch beim öffentlichen Gottesdienst sogar verboten. Erst als einige Kirchenväter wie Hilarius, Ambrosius, Augustinus und A., um den häretischen Hymnen entgegen zu wirken, selbst Hymnen dichteten, wurden diese Gesänge für den Gebrauch beim öffentlichen Gottesdienst zugelassen; jedoch nicht in allen Kirchen, zu Rom sogar erst im zwölften Jahrhundert. Weil diese Hymnen ihres dogmatischen und polemischen Inhalts wegen über die Fassungskraft des gemeinen Volkes giengen, so waren sie auch zunächst nicht zum Absingen für die ganze Gemeinde bestimmt, vielmehr wurden gerade diese Hymnen die Veranlassung zur Einführung jenes kunstmässigen Kirchengesangs, welcher der Ambrosianische genannt wurde [1]).

Thierfelder [2]), welcher dem Ambrosius die Hymnen: „Aeterne verum conditor", „Jam surget hora tertia", „Deus creator omnium" sowie den von Luther übersetzten Hymnus „Veni redemptor gentium" (Nun kommt der Heiden Heiland) — welcher im Jahr 1524 die heutige Gestalt des in der evangelischen Kirche gesungenen Chorals erhielt — zuschreibt, zieht aus der Structur der Hymnentexte und aus verschiedenen Schriftstellerzeugnissen den Schluss, dass Ambrosius sich bei der musikalischen Behandlung seiner Hymnen streng an den Rythmus und das Metrum des Textes hielt und dieselben im dreitheiligen Takt (jambischem Versmaass) gesungen worden seien und den einzelnen Versen entsprechend viertaktige Perioden — je vier eine Strophe — gebildet hätten. Der Monotonie, welche bei solcher rythmischer Gestaltung nicht ausbleiben konnte, sei dadurch abgeholfen worden, dass lange Silben anstatt mit einem, mit zwei Tönen, für einen langen Ton also zwei kurze eingesetzt wurden.

Vorausgesetzt dass diese Conclusionen richtig, so gienge

---
1) Wolf F.: Ueber die Lais, Sequenzen und Leiche. Heidelberg 1841. S. 86.

2) Thierfelder: De christianorum psalmis et hymnis usque ad Ambrosii tempora 1868; siehe auch dessen Aufsatz bei Mendel.

daraus hervor, dass die Ambrosianischen Gesänge einen bestimmten Rythmus (den dreitheiligen Takt), strenges Metrum (viertaktige Periode), sonach symmetrisch gegliederte Melodien gehabt hätten. Auch nach Wolf waren diese Hymnen metrisch, nach antiken Mustern in gleichmässigen Strophen gebaut, die alle nach derselben Melodie abgesungen worden seien. „Die meisten und ältesten Hymnen sind in Strophen von vier jambischen vierfüssigen oder achtsilbigen Versen, dem für die schon mehr accentuirende als quantitirende Sprache und für den volksmässigen Choralgesang passendsten Versmass der Alten, abgefasst" [1]).

Ob der sogenannte Ambrosianische Lobgesang: „Te deum laudamus" (Herr Gott dich loben wir) von Ambrosius selbst herrührt, ist sehr zweifelhaft. Thierfolder nimmt an, dass, da griechische Lieder aus älterer Zeit existiren, welche mit dem Tedeum Aehnlichkeit besitzen und zum grössten Theil mit demselben übereinstimmen sollen, der sogenannte Ambrosianische Lobgesang eine freie Uebersetzung aus dem Griechischen sei [2]). Auch Lüft [3]) spricht demselben ein höheres Alter zu.

Durch die von Ambrosius, wie gewöhnlich angenommen

---

1) Wolf a. a. O. S. 87.

Der jetzige Ritus, nach welchem die strophisch-metrischen Hymnen auf die mannigfachste Weise in die Tagzeiten verwebt sind, reicht nicht über das zwölfte Jahrhundert. Früher fanden sie vor und nach denselben statt; ein Beweis, dass diese Hymnen erst entstanden sind, als die Psalmodie schon eine gewisse Ausdehnung erlangt hatte. Bei dem eigentlichen Volksgottesdienste kamen sie bei der Vesper vor. Bei der Messe begegnet uns aus dem eben ausgeführten Grunde dieselbe Erscheinung und zwar hier in noch höherem Grade, weil der Messritus bei der Entstehung der strophisch-metrischen Hymnen schon sehr ausgebildet war, so dass diese Hymnen lange dem Messritus nicht einverleibt waren. Die Messe hatte nach uraltem Gebrauch ihre prosenartigen Gesänge. Die Einverleibung der strophisch-metrischen Hymnen geschah erst mit der Entstehung der Sequenzen (siehe unten) und diese waren daher anfangs gleichfalls Rythmen. Dagegen giengen die strophischen Hymnen oft dem Messgottesdienste bei besonderen Gelegenheiten voran, wie der Hymnus Veni creator spiritus und kehrten ebenso bei Umgängen, bei Ertheilung des Segens und anderen Theilen der Liturgie häufig wieder. Lüft a. a. O. II. 164.

2) Siehe auch H. A. Daniel: Thesaurus hymnologicus 1. und 2. Bd. Halle 1841/44. 3. u. 4. Bd. Leipzig 1846/55.

3) Lüft a. a. O. II S. 146.

wird, doch historisch nicht erwiesen werden kann, eingeführten sogenannten vier authentischen Kirchentöne war die Diatonik gegenüber der Chromatik und Enharmonik der Griechen als allein massgebend und gültig auf lange Zeit in der abendländischen Kirche anerkannt. Fétis will zwar die Eigenheit des Ambrosianischen Gesanges in der Anwendung von Halbtönen und chromatischen Ornamenten finden. Doch dürfte ein stricter Beweis hiefür wie für die Thierfelder'sche Hypothese um so schwerer zu erbringen sein, als über die wirkliche Beschaffenheit des Ambrosianischen Gesanges, wie wir sahen, nur Vermuthungen herrschen und die sogenannten Ambrosianischen Gesangbücher aus einer viel späteren Zeit stammen [1]).

Während im Abendlande der Kirchengesang durch die Bestrebungen eines Ambrosius, Augustinus, sowie der Päbste Leo des Grossen 440—461, Gelasius 492—496, Johannes I. 523—526, eines Gregor von Tours u. A. eine gedeihliche Weiterentwicklung erfuhr, artete derselbe in der orientalischen Kirche immer mehr aus. Der Patriarch Theophylactos von Constantinopel brachte sogar weltliche Gesänge in die Kirche. Demselben lag überhaupt sein Marstall, in welchem er mehrere hundert kostbare Pferde hielt, mehr am Herzen als die Pflege der Kirchenmusik und schon Kaiser Justinian 527—565 sah sich genöthigt eine Verordnung zu erlassen, wonach alle Kleriker, welche bei den einzeln Kirchen angestellt waren, „ungeheissen die Nacht-, Morgen- und Abendgesänge absingen sollen, damit man nicht aus ihrem blossen Zehren an den Kirchengütern merke, dass sie Cleriker sind, während sie ihre Pflicht beim Gottesdienst nicht erfüllen" [2]).

Dem Kirchengesang der abendländischen Kirche erstand unterdessen ein weiterer bedeutender Pfleger und Reformator in Gregor I.

Gregor der Erste, auch der Grosse genannt, wurde zu Rom im Jahr 540 geboren, woselbst er sich ursprünglich juristischen Studien widmete und das Amt eines römischen Prätors ausübte. Nach dem Tode seines Vaters im Jahr 570

---

1) Forkel II §. 77.
2) Ambros II.

legte er sein Amt nieder und gieng in ein Kloster; unter Pabst Benedict wurde er 577 Diacon, unter Pelagius II. Gesandter in Constantinopel, woselbst er auf jeden Fall Gelegenheit hatte, die dortige Liturgie und den Kirchengesang kennen zu lernen. Er zog sich jedoch bald wieder in das von ihm gegründete Kloster zurück, bis er nach dem Tode Pelagius' einstimmig zum römischen Bischof erwählt wurde.

Gregor ist ein um die Kirchenmusik des frühen Mittelalters hoch verdienter Mann, da er zweifelsohne das Verdienst hat, den Gesang der abendländisch christlichen Kirche einheitlich geregelt und geordnet, denselben den verschiedenen nationalen Einflüssen, welchen er unterworfen war, entzogen und in bestimmte Bahnen gelenkt zu haben. Die von ihm aus den verschiedenen Liturgien gesammelten und durch ihn vermehrten kirchlichen Weisen ordnete er nach den Zeiten des Kirchenjahrs und gab damit dem Kirchengesang jene Gestalt, welche heute noch in den Ritualgesängen der katholischen Kirche „Gregorianischer Gesang" genannt wird [1]). Diese Sammlung erhielt den Namen Antiphonar. Dieses Antiphonar, in welchem auch ohne Zweifel Ambrosianische Gesänge aufgenommen waren, wurde vor dem Altar des heiligen Petrus in der Peterskirche zu Rom, an einer Kette befestigt, niedergelegt.

Die Gesänge erhielten die Bezeichnung Cantus Gregorianus, auch Cantus planus (plain chant, gleichförmiger Gesang), weil derselbe in lauter gleichwerthigen Noten bestanden haben soll, was, wie wir noch sehen werden, nicht ganz zutreffend ist, da die Entstehung des sogenannten Cantus planus in eine spätere Zeit fällt. Nach Schlecht [2]) erhielt der Gregorianische Gesang diese Bezeichnung daher, dass die Contrapunktisten der niederländischen Schule — wie wir ebenfalls weiter unten noch erfahren werden — ihren polyphonen Arbeiten sehr oft eine gregorianische Weise zu Grunde legten, welche gewöhnlich in Noten von gleichmässiger Länge als Breves oder Semibreves notirt wurde. Der Gregorianische

---

1) Die Choralweise „Allein Gott in der Höh' sei Ehr" soll gregorianisch sein, ebenso die Grundlage des Chorals „O Lamm Gottes unschuldig."

2) Schlecht: Geschichte der Kirchenmusik. Regensburg 1871. Alfred Coppenrath S. 14.

Gesang wurde auch Cantus choralis genannt, weil er im Chor vom Sängerchor, welcher aus Klerikern bestand, gesungen wurde. Gregor beschränkte nämlich den Gesang, für welchen in der griechischen Kirche schon das Concil von Laodicea im Jahr 361 die Bestimmung getroffen hatte, dass nur die eigens dazu aufgestellten Psalmensänger in der Kirche singen dürften, vollends auf den Priesterchor. Er hiess auch Cantus usalis, weil er durch die Tradition sich fortpflanzte, da die damalige Notenschrift — die sogenannten Neumen, jene Punkte, Häckelchen, Strichelchen, Schnörkel, Halbkreise und Querstriche, welche durch ihre Stellung und Gestalt dem Sänger das Steigen oder Fallen der Stimme bezeichneten — ein vom Blatt Singen unmöglich machten.

Es geht hieraus hervor, dass jene Ansicht, die Gregor eine vereinfachte Notenschrift zuschreibt, eine irrige ist. Er setzte vielmehr an die Stelle der schwerfälligen Benennungen der griechischen Musik die sieben ersten Buchstaben des Alphabets, wobei freilich zu verwundern ist, dass er diese zur Bezeichnung der Töne gewählten Buchstaben nicht auch zugleich als Tonschrift benützte. Bis jetzt ist auch ein mit diesen Buchstaben notirter Codex der römischen Liturgie nicht aufgefunden worden, und das zu St. Gallen verwahrte, dem römischen Original nachgebildet sein sollende Antiphonar Gregor's [1]) ist ebenfalls mit den sogenannten Neumen, welche bis in das 14. Jahrhundert die einzig übliche Notenschrift in den liturgischen Büchern bildeten, versehen.

Ambrosius gab die alte sprachliche Rythmik nicht vollständig auf und dies war auch der Grund, warum die Melodik sich nicht frei und selbständig entwickeln und entfalten konnte, da sie dazu eines selbständigeren Rythmus bedarf. Die gregorianischen Melodien, bei welchen jede Silbe nicht nur einen, sondern auch mehrere Töne enthalten konnte, zeichnen sich hauptsächlich dadurch aus, dass dieselben die Töne zu kleinern Einheiten verbanden und diese wiederum zu grössern, gleich

---

1) Siehe hierüber Kiesewetter's Untersuchungen in Nr. 25, 26 und 27 der Leipziger Allg. Musik. Zeitung vom Jahr 1828 sowie Schnbiger: Die Sängerschule von St. Gallen, Einsiedeln und New-York 1858.

dem Verbundensein der Silben und Worte zu metrischen Versen und diese zu Zeilen. „In der antiken Musik war die Prosodie [1]) das dominirende Element. Die Musik hatte die prosodische Geltung der Silben zum Ausdruck zu bringen. In der gregorianischen Gesangsweise ist die Prosodie verdrängt, und der Vortrag richtet sich nur nach dem rhetorischen Rythmus allein, nach den Gesetzen, die wir jetzt im Lesen der lateinischen Sprache beobachten, wo es sich bloss um die Quantität der vorletzten Silben handelt, während die der übrigen unberücksichtigt bleibt" [2]).

Diese Befreiung der Melodie von den Fesseln der Prosodie machte die Musik von der Wortdichtung unabhängig und ermöglichte dem Ton, sich auf den einzelnen, nach Belieben dehnbaren Textsilben, in bunter Mannigfaltigkeit zu reichen Gängen, zu Coloraturen und Figurationen zu gestalten. „Der plastischen Gemessenheit der antiken Tonkunst widersprach dieses, man könnte sagen malerische, bunt-phantastische Wesen, wogegen die barbarischen, d. i. nichtgriechischen, asiatischen Völker so gewiss schon damals an solchen Verbrämungen der Melodie ihr Wohlgefallen hatten, als sie es heute noch haben. In den asiatischen und afrikanischen Kirchen mögen sich also vielleicht zuerst jene reichen Tongänge herausgebildet haben, die hernach auch in den Gregorianischen Gesang der abendländischen Kirche aufgenommen wurden und hier eine sehr wesentliche Geltung erlangten" [3]).

Doch gab es auch im Gregorianischen Gesang noch Gesänge, bei welchen die Qualität der Silben und deren Accentuation genau beobachtet wurde. So wurden beim rituellen Gesang z. B. das „Vater unser", das „Glaubensbekenntniss", die „Collecten" [4]), die Evangelien und die Epistel wie die Litaneien

---

1) Griechisch prosōdia. Zugesang von pros zu und odē Gesang, daher ursprünglich der Silbenton, Accent, dann das Tonzeichen sowie sonstige die Aussprache bestimmende Zeichen; hauptsächlich verstand man darunter die metrische Bezeichnung der Länge und Kürze der Silben.
2) Schlecht a. a. O. sowie Krause: Darstellungen aus der Geschichte der Musik. Göttingen 1827. S. 97.
3) Ambros II S. 61.
4) Kurze Gebete, welche der Vorlesung der heiligen Schrift vorangingen.

auf einem Ton, unter Berücksichtigung der Silbenquantität gesungen, und nur die Schlussfälle und Interpunktionen durch besondere Intervallschritte ausgezeichnet. So wurde später auch der Gregorianische Gesang in den theoretischen Schriften in zwei Klassen, den Concentus und Accentus eingetheilt. Der Concentus bildete die Gesänge mit zusammenhängender Melodie, wie die Antiphonien, Hymnen, die Messgesänge des Gesammtchors, während zum Accentus der Collectenton (Tonus orationum), der Epistolar- und Evangelienton (Tonus Epistolarum et Evangelii), der Lectionston (Tonus lectionum) u. s. w. gehörten, welche mehr gesprochen als gesungen wurden, und ein geringer Tonfall nur auf den Endsilben an den Redeeinschnitten stattfand.

Gregor soll auch die vier sogenannten Ambrosianischen Kirchentöne oder Kirchentonarten um vier vermehrt haben, welche aus der Versetzung der ersteren in die Unterquarte hervorgiengen und im Gegensatz zu den authentischen, die plagalischen (von schief, seitlich, weil sie ohne selbständigen Halt an die authentischen sich anlehnten) Kirchentöne genannt wurden [1]).

Diese acht Kirchentöne, welche heute noch im liturgischen Gesang der römischen Kirche fortleben, sind folgende:

Erster authentischer Kirchenton	„	D E F G A H c d
Zweiter plagalischer	„	A H C D E F G A
Dritter authentischer	„	E F G A H c d e
Vierter plagalischer	„	H C D E F G A H
Fünfter authentischer	„	F G A H c d e f
Sechster plagalischer	„	C D E F G A H c
Siebter authentischer	„	G A H c d e f g
Achter plagalischer	„	D E F G A H c d

Diese Kirchentöne wurden auch Toni oder Modi, auch Tenores genannt, weil sie als eine festbestimmte und genau ein-

---

[1]) Fétis in seiner Histoire de la musique IV S. 158 sucht zwar durch Gründe, welche beachtenswerth sind, zu beweisen, dass Gregor den Gebrauch der acht Kirchentöne schon vorfand und er die schon bestehende Tonalität nicht veränderte, zumal er die verschiedenen Gesänge seines Antiphonars nicht selbst componirt, sondern nur gesammelt habe.

zuhaltende Norm (Tenores) galten; letztere Bezeichnung wurde nicht mehr gebraucht, als im späteren mehrstimmigen Gesang der Cantus firmus Tenor genannt wurde, weil dem Tenor in der Regel derselbe zugetheilt wurde.

Hiemit war mit dem System des griechischen Tetrachords gebrochen und jenes der Octave zu Grunde gelegt. Der authentische Ton erhielt die Bedeutung unserer Tonica, der Plagalton jene der Dominante.

Die Merkmale, an welchen die Tonarten erkannt wurden, waren zunächst ihr Ambitus (Umfang) und die Repercussion.

Derjenige Kirchenton nämlich, welcher bis zu einer Octave stieg, war authentisch, und jener, welcher aufwärts nur bis zur Quinte, abwärts bis zur Quarte stieg, plagal. Diese Regel galt auch dann noch, als der Octave, die nicht überschritten werden sollte, noch ein oder mehrere Töne angereiht wurden. Stieg der authentische Ton bis zur Octave, None oder Decime und fiel er unter den Finalton nur um eine Secunde, so war er authentisch; fiel er dagegen um eine Quarte oder Quinte und stieg zur Sexte oder Septime, so war er plagal.

Man erkannte die Tonart oder den Kirchenton weiter an der Repercussion, worunter man das in jedem Modus am gebräuchlichste Intervall, die sogenannte Choralnote verstand. Im ersten, dritten, fünften und siebten Kirchenton war dies die Quinte, im zweiten und sechsten die Terz, im vierten und achten die Quart. Ferner erkannte man sie an den Tropen [1]), kurze melodische Formeln, welche den Schluss-

---

[1] Martini in seiner Storia dell. mus. I B. 386 glaubt, dass das Wort Tropus alle acht Kirchentöne bedeutet habe, dass also jeder einzelne Kirchenton ein Tropus gewesen sei. Bei den mittelalterlichen Schriftstellern hatten Tropus und Modus die gleiche Bedeutung; andere wieder verstanden hierunter die Melodien der Psalmen und der Doxologie sowie die Versetten beim Responsoriengesang. Wolf a. a. O. ist der Ansicht, dass Tropus und Prosa (Prosen) anfänglich gleichbedeutend waren und man unter beiden Ausdrücken entweder eine bestimmte Art des Kirchengesangs oder die zwischen anderen Kirchengesängen eingeschalteten Texte — versus intercalares, die späteren Farcies, auf welche wir noch zurückkommen werden — verstand. „Da die Prosen als Gesangsweise zur volksmässigen Psalmodie gehörten, so erhielt dieselbe im Gegensatz zu der kunstmässig-metrischen oder ambrosi-

versen der Responsorien und des Introitus, dem Graduale so
wie dem Alleluja auf den Vocalen Euouae (Seculorum amen)
angehängt wurden. Da deren Länge, welche später oft mehrere
Linien umfasste, öfteres Athemholen bedingte, so wurden sie
auch Pneuma (Hauch, Athem, Fortsetzung der Stimme, so
lange der Athem aushalten kann) genannt, aus welcher die
Jubilus und noch später wie wir sehen werden, die Sequenzen
entstanden.

Solcher Tropen besass jeder Kirchenton mehrere, oft
vier bis fünf, welche wegen ihrer Abweichung vom ursprünglichen Schluss Differenzen genannt wurden. Den Ursprung dieser sogenannten Differenzen glauben verschiedene
Schriftsteller in den ungenügenden Kenntnissen mancher un-
musikalischen Sänger zu finden, welche die Psalmmelodien
bald in einem höhern, bald in einem tiefern Ton geschlossen
hätten; doch wird wohl die allmählige Ausbreitung des Gesanges zur Entstehung derselben beigetragen haben. Nach
Forkel sollen schon in der vorgregorianischen Zeit sogenannte
Tropen bestanden haben.

Jeder Psalmtropus hatte eine ihm eigenthümliche Bezeichnung. So hiess der Tropus

des ersten Tones:		Adam primus homo; derselbe hatte fünf Differenzen;
„	zweiten „	Noe secundus, ohne Differenz;
„	dritten „	Tertius Abraham mit drei Differenzen;
„	vierten „	Quatuor Evangelistæ mit vier Differenzen;
„	fünften „	Quinque libri Mosis mit einer Differenz;
„	sechsten „	Sex Hydriæ positæ mit einer Differenz;
„	siebten „	Septem scholæ sunt artes mit fünf Diffe-renzen;

anischen Gesangsweise den Namen der prosaischen (cantus prosaicus). Die
Zwischengesänge wurden auch bald Tropus oder Prosa genannt, je nachdem
man die refrainartige Wiederkehr der Gesangweise als einer Art des Res-
ponsoriengesangs oder deren und der ihr angepassten Texte unmetrische Con-
struktionen mehr hervorheben wollte. Die Texte waren meistens den Psalmen oder der heiligen Schrift entnommen und wurden seit dem neunten
Jahrhundert hauptsächlich beim Introitus und Graduale angebracht." A. a.
O. S. 93.

des achten Tones: Sed octo sunt partes mit drei Differenzen ¹).

Ambros und andere Historiker halten die gewöhnliche Annahme, dass der Gregorianische Gesang sich in gleichwerthigen Tönen bewegt habe, im Gegensatz zum Ambrosianischen, welcher die Quantitäten der Silben berücksichtigte, für nicht ganz zutreffend. Abgesehen davon, dass die Psalmen, Collecten, Episteln, überhaupt die Responsorien und Antiphonen in mehr recitirender Weise gesungen wurden und nur gegen Schluss derselben sich die Stimme etwas gehoben oder gesenkt habe, enthält das Antiphonar Romanus (siehe unten) eine Menge Vortragszeichen, welche der unterschiedslos gleichen Dauer der Töne des Gregorianischen Gesangs, wie gewöhnlich angenommen wurde, widerspricht ²). Wir werden weiter unten ausführlich hierauf zurückkommen.

Gregor gründete auch die erste Singschule in Rom; denn wenn auch schon dem Pabst Hilarius (461—468) die Errichtung eines solchen Cantorats zugeschrieben wurde, so war auf jeden Fall Gregor der erste, welcher eine Sängerschule zu dem Zweck gründete, den Gesang einheitlich nach bestimmten Gesetzen zu regeln, wodurch sich deren Einfluss mit der Zeit über die Kirche des ganzen Abendlandes erstreckte. Er wies derselben zwei Gebäude zu; das eine befand sich in der Peterskirche, das andere beim Lateran. In beiden Schulen ³) wurden mit guter Stimme begabte Knaben

---

1) Zu diesen acht Tropen gesellte sich noch ein neunter, der sogen. Pilgerton auf den Psalm: „Da Israel aus Aegypten zog". Nach sanctgallischem Antiphonaren hatte der erste Kirchenton neun Differenzen, der zweite zwei.

2) Siehe auch Schlecht S. 14 und 20 sowie Beilage Nro. 1 S. 219 desselben Werkes.

3) Nach Schlecht a. a. O. S. 27 enthält ein altes Buch römischer Verordnungen über diese Schulen folgende Bestimmungen. Erstens werden in jede dieser Schulen Knaben aufgenommen, welche gut Psalmen singen; dann werden sie in der Sängerschule verpflegt und endlich der päbstlichen Kammer einverleibt. Sind die Knaben aber adelig, so werden sie sogleich in der päbstlichen Kammer verpflegt und erhalten von dem Erzdiacon die Ermächtigung auf einem mit Franzen versehenen Ueberzuge zu sitzen, wie man ihn gewöhnlich über die Pferdesättel legt. Endlich werden sie, wenn sie in der Schule verbleiben, nach Inhalt des Sakramentariums bis zum

aufgenommen. Gregor soll den Schülern seiner Anstalt selber Unterricht ertheilt haben und noch im neunten Jahrhundert soll im Lateran das Ruhebett gezeigt worden sein, auf welchem er liegend die Knaben unterwies, sowie der Stock, mit welchem er die Lässigen züchtigte.

Im Laufe der Zeit wurden dann auch von auswärtigen Klöstern und grossen Kirchen selbst Singschulen errichtet. Die Schüler erhielten in demselben unentgeltlich Wohnung und Nahrung. Der Vorstand oder Leiter einer solchen Schule, zugleich in manchen Orten auch der erste Sänger, wurde Primicerius, Prior scholae cantorum, auch Archicantor genannt, und es hatte derselbe im Gesang und im Lesen der heiligen Schrift zu unterrichten. Er intonirte auch in der Messe häufig den Introitus, das Gloria, sowie die Antiphonen, überhaupt bestimmte er die Wahl der Gesänge u. s. w. Ausser diesem Primicerius waren noch vier Aelteste in der Singschule, welche primus, secundus, tertius und quartus scholae genannt wurden. Die Singknaben hiessen pueri cantores.

Die von Gregor errichtete Sängerschule gelangte bald zu grosser Berühmtheit und die Fürsten und Bischöfe aus verschiedenen Ländern liessen sich römische Cantores kommen, um den Gesang in ihren Ländern resp. Diöcesen nach Art des römischen einrichten oder verbessern zu lassen. Die Reformversuche waren jedoch nicht immer von bleibendem Erfolge begleitet. Namentlich bei den Galliern und Deutschen stiess die Einführung eines geregelten Kirchengesanges auf grosse Schwierigkeiten und die griechischen und römischen Schriftsteller sind voller Klagen über Stimme und Sprache beider Völker. Kaiser Julian verglich den Gesang der Gallier mit dem Krächzen der Raben, und jener unserer biedern Vorfahren kam noch schlimmer weg. So berichtet uns Diacon Johannes in seiner Lebensbeschreibung Gregors, dass zur Lebenszeit dieses Pabstes die Gallier und Allemannen sehr oft Gelegenheit gehabt hätten, den römischen Gesang zu erlernen. Aber

---

Subdiaconat befördert, aber nie durch öffentliche Ordination zum Diaconat oder Presbyterat.

unter allen Völkern Europa's wären sie am wenigsten fähig
gewesen, denselben in seiner Reinheit zu begreifen, sei es
nun, dass sie aus Leichtsinn immer etwas von dem ihrigen
dazu mischten, oder dass ihre von der Natur ererbte Wildheit sie daran hinderte. Ihre rohen, wie Donner brüllenden
Stimmen seien keiner sanften Modulation fähig gewesen, weil
ihre an den Trunk gewöhnten und ungebildeten Kehlen jene
Biegungen, die eine zarte Stimme erfordert, nicht zuliessen,
so dass ihre abscheulichen Stimmen nur solche Töne hervorzubringen fähig gewesen wären, die dem Gepolter eines von
einer Anhöhe herunterrollenden Lastwagens ähnelten, und die,
statt die Herzen der Zuhörer zu rühren, vielmehr angeeckelt
hätten. Diese Schilderung dürfte wohl etwas übertrieben sein,
und in der Eitelkeit der römischen Sänger ihre Ursache finden.

Im Jahr 604 sandte Gregor die römischen Sänger und
Glaubensboten Augustin und Mellitus, welche die christliche
Lehre in England ausbreiten sollten, in verschiedene Kirchen
des Abendlandes, um den römischen Gesang daselbst einzuführen. Unter Vitalian (660) erschienen aber schon wieder
andere, darunter Johannes und Theodor, in Gallien, um den
Gesang in seiner ursprünglichen Reinheit wieder herzustellen.
In England waren die Bestrebungen der römischen Sendboten
von grösserem Erfolge begleitet, da schon in der zweiten
Hälfte des siebten Jahrhunderts der Gregorianische Kirchengesang dortselbst zu hoher Ausbildung gelangt gewesen sein
soll; besondere Verdienste erwarben sich namentlich Theodor
von Canterbury und Wilfrid, Bischof von York.

Bei der Anwesenheit des Pabstes Stephan II. in Paris im
Jahr 754 liess König Pipin seine Franken durch die in der
Gefolgschaft des Pabstes befindlichen Geistlichen im römischen
Gesang unterrichten; doch schon vier Jahre später hat Pipin
den Pabst Paul wiederum, geschickte Singlehrer schicken zu
wollen. Der Pabst sandte den Secundicerius der römischen
Singschule, Simeon, welcher seinen Unterricht hauptsächlich
mit den Mönchen des heiligen Remigius begann; derselbe
musste jedoch bald wieder nach Rom zurück, um die durch
den Tod des Primicerius Georg erledigte Leitung der dortigen

Singschule zu übernehmen. Le Beuf¹) berichtet, dass erst gegen Ende des achten Jahrhunderts römische Melodien die Gesänge der alten gallikanischen Kirche zum Theil verdrängt hätten;" doch seien noch so viele Ueberreste vom alten Gesang darin enthalten gewesen, dass die Abweichung vom Gregorianischen Gesang noch bedeutend genug gewesen wäre. Der gallikanische Gesang verbreitete sich hauptsächlich nach Spanien, wie aus der Verordnung des vierten Toledanischen Concils hervorgeht, dass der Gesang in Spanien dem gallischen conform zu sein habe ²).

Auch in Deutschland wurde von den römischen Sendboten keine Mühe gescheut, einen geordneten Kirchengesang einzuführen. So errichtete der heilige Bonifacius † 754, welcher zu Rom selbst die dortigen Singschulen und deren Einrichtung kennen gelernt, ähnliche Anstalten zu Fulda, Eichstätt und Würzburg. Die bedeutendsten Singschulen in Deutschland waren diejenigen von St. Gallen und Reichenau.

Karl der Grosse, geb. 742 gest. 814, machte es sich zur angelegentlichen Aufgabe, in seinen Ländern den Kirchengesang zu reformiren. So wurde die Einführung des Gregorianischen Gesanges sowohl durch eigene Befehle als durch die Provinzialconcilien zu Aachen (803) und Thionville (805) streng eingeschärft. „Ich will, dass man Gott auf eine würdigere Weise diene" sollen seine Worte bei der Thronbesteigung gewesen sein. Auch Gesangübungen soll er an seinem Hofe abgehalten haben, welche er nach dem Vorbilde Gregor's mit seinem Stabe selbst leitete. Kam ein des Gesanges unkundiger Geistlicher zu Hofe, so musste er wenigstens die Grimassen eines Singenden nachahmen, bis ihn der höchlich ergötzte Kaiser aus seiner Angst befreite ³). Die von ihm an seinem Hofe errichtete Schule, an welcher ein Alkuin, Eginhard, Diacon Paulus und Peter von Pisa unterrichteten, nahm sich ebenfalls der Verbesserung des Kirchengesangs auf das Wärmste an und es war ein eigener Lehrer der Singkunst Sulpicius mit Namen

---

1) Traité historique sur le chant ecclésiastique.
2) Gerbert: De cant. I. 268.
3) Ambros II S. 93.

an derselben thätig. Alkuin, in seiner Beschreibung dieser
Schule, erwähnt des letztern in folgender Weise:

„Sulpiz führt unterrichtend mit sich die heiteren Schaaren,
„Sie durch gewisse Accente, damit sie nicht irren, zu lehren.
„Bildet Idythnus Knaben sofort in den heil'gen Gesängen;
„Lernen der Tonkunst Numerus, Rythmus und Füsse sie kennen."

Auch an andern Orten errichtete Karl der Grosse ähnliche Schulen und es war ihm ein wichtiges Anliegen, dass überall der Gregorianische Gesang in seiner Reinheit vorgetragen werde, denn so wie die Völker durch das gleiche Band des Glaubens festgehalten seien, so solle auch der Kirchengesang überall ein einheitlicher sein. Ja er war für den römischen Gesang derart eingenommen, dass er in Mailand alle ambrosianischen Gesangbücher aufkaufen und verbrennen liess, sowie verordnete, dass bei Strafe kein anderer Gesang als der Gregorianische gelehrt werden dürfe. So mussten sich auch die Geistlichen, ehe sie zum Priesterstand zugelassen wurden, einer Prüfung im Gesange unterziehen.

Bei einer seiner öftern Reisen nach Rom nahm er einige seiner fränkischen Sänger mit, um zu erfahren, ob ihre Melodien mit den römischen übereinstimmten. Da sich hiebei bedeutende Abweichungen vom Gregorianischen Gesang ergaben, so liess Karl zwei seiner Kleriker zurück, damit dieselben an der Quelle sich die genaueren Kenntnisse des römischen Gesanges anzueignen vermöchten. Da jedoch der erhoffte Erfolg, sei es an der Unfähigkeit der fränkischen Sänger oder an deren Eigensinn, scheiterte, so hat der Kaiser im Jahr 787, als er zum vierten Male in Rom war, den Pabst, ihm einige tüchtige Sänger mitzugeben. Pabst Hadrian I. (772—795) gab ihm die beiden gesangskundigen Sänger Theodor und Benedict mit, welche authentische und mit der römischen Tonschrift versehene Abschriften des Antiphonars mit sich führten, und von welchen der eine in Metz, der andere in Soissons lehrte. Auf Befehl Karls hatten alle Sänger ihre Antiphonare denselben zu übergeben, um eine möglichste Einheit des Kirchengesangs herzustellen. Nach dem Vorbilde dieser Schulen wurden ähnliche in Orléans, Sens, Toul, Dijon, Cambrai, Paris und Lyon errichtet. In Deutschland entstanden solche in St.

Gallen, Reichenau, Mainz, Hersfeld, Corvey, Trier sowie die zu Fulda, welche unter der Leitung des gelehrten Rhabanus Maurus, eines Schülers Alcuins, stand, welcher im Jahr 847 den erzbischöflichen Stuhl von Mainz bestieg. Derselbe war ein so eifriger Pfleger und Gönner der Tonkunst, dass er bei der Besetzung der Lehrstellen in seiner Klosterschule den in der Musik Bewanderten den Vorzug gab, denn die Musik sei eine so edle Wissenschaft, dass man ohne sie nicht im Stande sei, ein Lehrer- oder Priesteramt zu verwalten.

Doch alle die durch Karl's Bemühungen errungenen Erfolge waren von keiner langen Dauer, und so trat im Kirchengesang bald wieder die grösste Verwirrung ein, so dass er im Jahr 790 sich von Hadrian wiederum zwei Sänger ausbitten musste, um den abermals in Verfall gerathenen Kirchengesang zu reformiren. Der Pabst sandte Petrus und Roman mit zwei authentischen Abschriften des Antiphonars nach Metz. Der auf der Reise auf den rhätischen Alpen am Fieber erkrankte Roman erreichte nur noch mit Mühe mit seinem Antiphonar das Kloster St. Gallon, woselbst er freundlich aufgenommen und verpflegt wurde. Nach dessen Genesung befahl ihm der Kaiser im Kloster zu bleiben und die Mönche im römischen Gesang zu unterrichten. Die authentische Abschrift des von Roman mitgebrachten Antiphonars wurde in St. Gallen neben dem Altare der Apostel aufgestellt und sei lange dortselbst Einheimischen und Fremden gezeigt worden, um ihre Gesänge nach demselben zu verbessern [1]). Die Tonschrift desselben bestand aus den Neumen, und nach Schubiger sollen die in allen grössern Bibliotheken Europas noch vorhandenen zahlreichen Antiphonarien aus dem 9.—12. Jahrhundert sich durch ihre Uebereinstimmung als mittelbare oder unmittelbare Abschriften von Gregor's Antiphonarium erweisen, so dass darüber kein Zweifel mehr bestehen dürfte, dass Gregor

---

1) Vergleiche hierüber: Leipziger Allg. Mus. Ztg. Jahrg. 1828 Nro. 25 sowie Lambillotte: Antiphonaire de S. Gregoire, fac-simile du manuscrit de Saint-Gall. Bruxelles 1867. Schubiger erklärt sich gegen die Authenticität dieses Codexes, dessen Entstehung derselbe in das 10. Jahrhundert verlegt und für eine Abschrift des ersten Exemplars hält.

sich schon der Neumenschrift bedient. Wahrscheinlich hatte sie ihren Ursprung in den Accenten der gewöhnlichen Schrift. "Wie diese nämlich in sprachlicher, so veranschaulichten die Neumen in musikalischer Beziehung dem Auge das Steigen und Fallen und die Beugung der Stimme. Der scharfe Accent (A. Acutus) als Arsis, der tiefe Accent (A. Gravis) als Thesis, endlich der gedehnte Accent (A. Circumflexus) erscheinen als die Grundformen des Neumensystems. Wie der scharfe Accent, so deutet das neumatische gleichgeformte Tonzeichen der Virga das Steigen der Stimme; der tiefe Accent gleichgeformt wie der neumatische Punkt (liegende Virga) das Fallen der Stimme; endlich der gedehnte Accent, wie das Neumenzeichen der Clinis, das anfängliche Steigen und wieder Sinkenlassen der Stimme an. Dieser letzte Accent erscheint aber auch in umgekehrter Form, wodurch er anfänglich sinkt und dann in die Höhe steigt und durch das neumatische Tonzeichen des Podatus ausgedrückt wird. Auf diese Grundformen lässt sich das ganze Notensystem der Neumenschrift zurückführen, da die meisten übrigen Tonzeichen nur durch verschiedenartige Zusammenstellung der vorgenannten entstanden sind" [1]).

Nach der Bedeutung der verschiedenen Neumenzeichen gewinnen die verschiedenen Bedenken, ob der ursprüngliche Gregorianische Gesang nur in gleichwerthigen Tönen sich bewegt habe, an Berechtigung. So finden wir unter den Neumenzeichen [2]) einen Pes sinuosus, welcher zwei aufsteigende Töne und dann einen absteigenden kurzen und zierlichen Verbindungston umfasst; einen Pes flexus strophicus, welcher nach den drei ersten Tönen noch einen zierlichen Nachschlag auf der Tonhöhe der vorangehenden Note enthält; einen Epiphonus, welcher aus einem tiefern und einem höhern Ton besteht, wobei der letztere als kurzer Verzierungston vorgetragen wird. So bestand auch die Clinis aus einem kurzen und einem langen Ton; der Podatus aus einem kurzen und einem langen, der Climacus aus einem langen und zwei kurzen Tönen, der Scandicus aus zwei kurzen und einem langen Ton u. s. w.

---

1) Schubiger S. 6; siehe daselbst auch die historischen Belege.
2) Siehe hierüber Lambillotte a. a. O. S. 197—211; Schelle S. 185 u. ff. sowie Schubiger a. a. O.

Nur noch ein Beispiel: befanden sich auf zwei Virgen zwei
Häckchen, so sind nach unserm Tonsystem die zwei ersten etwa
als zwei Viertel, die andern als zwei Achtel zu behandeln;
der Pressus, eine kleine Wellenlinie in horizontaler Lage mit
einem Punkt unter den Biegungen bedeutet, dass auf den betreffenden Ton ein Druck vermittelst eines Tremolo auszuüben ist, welcher sich in einen kurzen Triller oder einen
Mordent auflöst, wenn jene Wellonlinie mit Biegung ohne
Punkt in senkrechter Lage steht.

Ambros will die eigentliche Bedeutung der Gleichdauer
der Bewegung des Gregorianischen Gesanges weniger in dem
taktmässigen, gleich langen Aushalten jeder Note finden, sondern darin, dass alle Silben ohne Rücksicht auf die Prosodie
für völlig gleichbedeutend genommen wurden, dass also nach
den Bedürfnissen des Rythmus die prosodisch lange Silbe auch
in der Geltung einer kurzen genommen werden konnte und
umgekehrt, und nur die Gesetze einer natürlichen Declamation
berücksichtigt wurden. Es däucht uns dies doch eine gar zu
künstliche Interpretation, welche um so hinfälliger wird, als
wir oben ausgeführt haben, aus welchem Grunde die Bezeichnung Cantus planus entstanden sein könnte.

Die 28 neumatischen Tonzeichen, welche Schubiger anführt, waren diejenigen, nach welchen Roman in der Schule
zu St. Gallen unterrichtete und mit vollem Recht zieht Schubiger schon aus der Thatsache, dass sie in dieser Form noch
heute in den ältesten Gradualien und Antiphonarien St. Gallens
und seiner Umgebung angetroffen werden, den Schluss, dass
hieraus mit Evidenz die Beschaffenheit der alten Gregor'schen
und Roman'schen Tonzeichen hervorgeht.

Roman fügte den neumatischen Tonzeichen zur Erleichterung des Unterrichts erklärende Buchstaben nach der Reihenfolge des Alphabets an. So bedeutete z. B. der Buchstabe a
(altius), dass die Stelle, wo derselbe sich befand, mit erhöhter
Stimme zu singen sei; b (bene) bedeutete eine Verstärkung,
c (celeriter) einen schnelleren Vortrag, d (deprimatur) ein
Sinken der Stimme u. s. w.[1]) Diese sogenannten Roman'schen

---

1) Schubiger a. a. O. Monumenta 3 u. 4 sowie Lambillotte
S. 212—214.

Buchstaben boten dem Sänger insofern eine Erleichterung, als sie ihm doch wenigstens einen ungefähren, zum mindesten einen viel grösseren Anhaltspunkt als die Neumen boten, wie weit ungefähr seine Stimme zu steigen oder zu fallen habe. Roman benützte 23 solcher Buchstaben. Jedoch war nicht immer durch einzelne Buchstaben, sondern auch durch ausgeschriebene Worte angezeigt, ob der Vorsänger höher, tiefer oder im gleichen Tone, wie der Gesang beendet wurde, zu intoniren habe. Schubiger führt folgende in der sanctgallischen Handschrift vorkommenden Ausdrücke auf:

Incipe jusum = Beginne (nämlich die zu wiederholende Antiphone) tief, Altius = höher, Inferius = tiefer, Equaliter = im gleichen Ton, Jusum mediocriter = etwas tiefer, Altius mediocriter = etwas höher.

Auch aus dem verdienstvollen Werke Schubigers geht hervor, dass zur Zeit Romans und noch mehrere Jahrhunderte später die Kirchengesänge nicht in Tönen von gleicher Dauer vorgetragen wurden. Man richtete sich nach der Bestimmung der musikalischen Metrik, welche mit der poetischen grosse Aehnlichkeit besass. Wie nämlich ein Gedicht aus Versen, die Verse aus Versfüssen, diese endlich aus einer oder mehreren Silben bestanden, ebenso theilte man auch einen Gesang in sogenannte Distinctionen ein, welche aus einer grössern oder kleinern Neumengruppe (Notengruppe) bestanden, eine Distinction in Neumen (Notenzeichen) und diese endlich in einen oder mehrere Töne ab. Auf diese Weise entsprach einem metrischen Verse die musikalische Distinction, einem metrischen Fusse das musikalische Neuma und einer Silbe der Ton [1]. Erst mit der Entstehung des Liniensystems und der viereckigen Choralnote (Ende des 13. oder Anfang des 14. Jahrhunderts), welche an die Stelle der Neumen trat, verlor sich diese Art von metrischer Beschaffenheit der Gesänge und erhielten alle Töne die gleiche Dauer.

In St. Gallen erkannte man die Tonarten an gewissen

---

[1] Schubiger S. 17.

den Gesängen am Rande beigefügten Buchstaben; so bezeichnete der Buchstabe

a den ersten Kirchenton,
e „ zweiten „
i „ dritten „
o „ vierten „
v „ fünften „
H „ sechsten „
Y „ siebten „
ω „ achten „

oder vermittelst der irgend einer der acht Tonarten eigenthümlichen Psalmmelodie. Die ältesten Antiphonare der Klöster Reichenau und Einsiedeln sollen ebenfalls mit diesen Buchstaben versehen sein [1]).

Die Tonarten des Introitus und der Communion waren in St. Gallen wieder anders bezeichnet; hatte z. B. das erste Tonzeichen des Psalmverses einen Podatus, so wusste der Sänger sofort, dass derselbe dem sechsten Kirchenton angehöre, u. s. w. Auch die Differenzen hatten in der St. Galleuer Schule eigenthümliche Bezeichnungen. So bedeutete a den regulären Schluss des ersten Kirchentones, ab die erste Differenz des ersten, o den regulären Schluss des vierten Kirchentons, oc die dritte Differenz desselben u. s. w.

Trotz all' dieser Hülfsmittel hätte der ursprüngliche Gregorianische Gesang sich nicht lange erhalten können, wenn die mündliche Ueberlieferung und die verschiedenen Schulen, welche immer zahlreicher wurden und im Lauf der Zeit fast an allen bischöflichen Sitzen und in vielen Klöstern entstanden, nicht dafür gesorgt hätten, dass die betreffenden Gesänge und Melodien den Schülern fest eingeprägt und durch dieselben andern wieder mitgetheilt werden konnten.

Petrus in Metz machte sich ebenfalls um die Hebung des fränkischen Kirchengesangs verdient. Demselben werden die sogenannten Iubilus zugeschrieben, ausgedehnte Melismen, welche der letzten Silbe des dem Graduale folgenden

---

1) Siehe für das Folgende Schubiger. a. a. O.

Alleluja unterlegt und eine Weiterbildung der Neumen (siehe oben) waren. Die zwei noch bekannten Iubilus von Petrus wurden nach der Kirche, an welcher derselbe lehrte, „Mettenser" genannt und zwar die kürzere Mettensis minor, die längere Mettensis major. Roman benannte seine zwei Iubilus „Romana" und „Amoena". Wie wir noch sehen werden, legte Notker denselben später Texte unter [1]).

In St. Gallen, der wichtigsten Culturstätte der damaligen Zeit, wurde der Kirchengesang hauptsächlich gepflegt und dasselbe übte mehrere Jahrhunderte hindurch auf die Entwicklung des Kirchengesangs einen um so grösseren Einfluss aus, als es viele Männer hervorbrachte, welche durch ihre Hymnen, Sequenzen, Tropen, Litaneien wie durch ihre Gesänge „die Kirche Gottes in allen Gegenden von einem Meere zum andern mit Glanz und Freude erfüllten. Da ertönten tagtäglich in mannigfacher und genau geordneter Abwechslung die ehrwürdigen Weisen der alten Psalmodie; da eröffnete in mitternächtlicher Stunde der Feierklang des Invitatoriums: Venite exultemus domino, den Dienst der Nachtvigilien; da wechselten die ausgedehnten, fast trauernden Melodien der Responsorien mit dem einförmigen Vortrage der Lectionen; da wiederhallten in den Räumen des Tempels an Sonn- und Festtagen als Schluss des nächtlichen Gottesdienstes die erhebenden Klänge des Ambrosianischen Lobgesangs; da begannen mit der aufsteigenden Morgenröthe die Gesänge des Morgenlobes (matutina laus) aus Psalmen und Antiphonen, Hymnen und Gebeten bestehend; ihnen folgten in abgemessener Unterbrechung die übrigen kanonischen Tageszeiten; da ward das Volk täglich durch den Introitusgesang zur Theilnahme an den heiligen Mysterien eingeladen; da hörte es in lautloser Stille die um Erbarmung rufenden Töne des Kyrie, erfreute sich an den Festtagen am Gesange einst von den Engeln angestimmt; da vernahm es beim Graduale die Melodien der Sequenzen, die in hoch-

---

[1]) Die Mettensis minor theilt Schubiger a. a. O. mit dem von Notker unterlegten Text unter Exempla I unter dem Titel Sequentia de S. Othmaro mit. Ebenso sind die beiden romanischen Jubilus noch erhalten und unter Exempla II und III bei Schubiger mitgetheilt.

jubelnden Wechselchören die damaligen Festtage verherrlichten und darauf die einfachen recitativähnlichen Klänge des Symbolums; da fühlte es sich beim Sanctus hingerissen, ins Lob des Dreimalheiligen einzustimmen und die Erbarmung jenes göttlichen Lammes anzuflehen, das die Sünden der Welt hinwegnimmt" [1]). Diese Beschreibung mag manchem Leser gar zu überschwenglich wenn nicht übertrieben erscheinen; sie gibt uns jedoch ein getreues Abbild davon, wie damals und in den darauf folgenden Jahrhunderten die üblichen Gesänge beim Gottesdienst benützt wurden.

Die damaligen St. Galler Klostersatzungen ertheilten auch genaue Vorschriften über deutliche Aussprache und über die Art des Vortrags. Dreierlei Vortragsweise wurde unterschieden; eine feierliche für die höchsten Feste, eine mittlere für die Sonntage und Feste der Heiligen und eine gewöhnliche für die Ferialtage. Die erstere trug einen gewissen freudigen Character, die letzteren waren von geringerer Tonhöhe und das Tempo derselben wurde etwas rascher genommen. Die Psalmodie war für alle Tage die gleiche und der Ruhepunkt zwischen jedem Psalmenvers genau zu beachten. Wegen der oft sehr ausgedehnten melodischen Sätze über einzelne Silben bei den Responsorien, Antiphonen, Gradualien, Alleluja u. s. w. wurde dieser Gesang Cantus gravis (schwerfälliger Gesang) genannt. Die Antiphonen, Responsorien, Psalmen und Hymnen pflegte gewöhnlich ein Sänger im langsamen Tempo zu intoniren, worauf der Chor da einfiel, wo der Sänger aufgehört hatte. Alle fremden Zuthaten waren streng verpönt und sogar mit Ausschliessung aus der Kirche bedroht.

Nach dem Tode Romans brachte die St. Galler Schule in den nächsten Jahrhunderten noch viele um die Kirchenmusik hochverdiente Männer hervor, deren Einfluss auf die Entwicklung des abendländischen Kirchengesangs ein bedeutender war. Wir nennen unter Anderen einen Werembert, Schüler des berühmten Rhabanus Maurus, Iso, Möngal (Marcellus), Ratpert, Notker, Tutilo, Hartmann, Waltram und Salomon.

---

[1] Schubiger S. 25.

Als Tonsetzer kirchlicher Gesänge zeichnete sich namentlich Ratpert † 900, aus. Seine Litanei „Rex sanctorum angelorum", deren vier erste Verse in fac-simile Schubiger unter Monumenta 29 mittheilt, wurde viele Jahrhunderte hindurch gesungen [1]). Er schrieb auch einen Gesang zur Communion „Laudes omnipotens", einen solchen auf das Fest des heiligen Gallus, einen Hymnus auf den heiligen Magnus sowie ein deutsches Lied auf den heiligen Gallus, welches folgendermassen anhub:

„Jetzt will ich beginnen — ein Lied in frohem Jubelschall
Frommer lebte keiner — als einst der heilige Gall
Irland hat den Sohn gesandt — Schwaben Vater ihn genannt."

Noch grösseren Ruhm erwarb sich Notker.

Notker mit dem Beinamen Balbulus, der Stammler auch der Aeltere genannt, wurde 840 in Heiligöwe im jetzigen Kanton Zürich geboren und starb 912. Er war ein Schüler Mongals und hat sich grosse Verdienste durch seine Thätigkeit für die Verbesserung und Verbreitung des Kirchengesangs und der Kirchenmusik in Deutschland, namentlich durch seine Sequenzen erworben, auch zeichnete er sich als Hymnendichter aus.

Diese Sequenzen, welche in melodischen Phrasen von ungleichen Dimensionen bestanden und von welchen alle ähnliche Schlusscadenzen besassen, waren für die Entwicklung der Melodik und des Gesanges überhaupt von grosser Bedeutung. Sie sind, wie wir schon oben kurz berührten, aus den sogenannten Neumen entstanden, aus welchen sich, wie wir ebenfalls bereits sahen, die Jubilos entwickelten. Die Ausdehnung der letzteren hatte jedoch mit der Zeit derart zugenommen, dass es nachgerade schwer wenn nicht unmöglich wurde, sie im Gedächtniss zu behalten. Notker unterlegte nun 50 solcher Jubilos mit Text, welche alsdann Sequenzen genannt wurden, entweder weil sie dem Alleluja folgten (sequentes) oder dem dem Alleluja folgenden Neuma (sequentes

---

[1]) Dieselbe wurde später in die Werke der neueren Notation aufgenommen und ist vollständig abgedruckt bei Schubiger unter Exempla 4.

neumas) angehängt waren, oder weil ihnen das Evangelium folgte (sequebatur). Er versah zugleich eine jede Sequenz mit einem eigenen Titel, welcher theils dem Lande oder Wohnort des Verfassers oder den Anfangsworten der Verse ihres Graduals entlehnt waren. Die denselben zu Grunde liegenden Melodien sind aus dem Responsorialgesang, also aus der volksmässigen Psalmodie hervorgegangen, und so könnte man dieselben in gewissem Sinne Kirchenlieder heissen.

Den ersten Anstoss zur Abfassung dieser Sequenzen gab ein Priester aus einem fränkischen Kloster, welches durch die Normannen verwüstet worden war. Derselbe brachte ein Antiphonar mit nach St. Gallen, welches bereits Sequenzen mit unterlegten Worten enthielt. Die fehlerhafte Behandlung derselben empörte Notker und er fasste den Entschluss, Sequenzen nach der Weise dieses Antiphonars zu verfassen. Die Regel bei Abfassung derselben war die, dass auf jede Textsilbe [1]) eine Note kam. Dieselben nähern sich der Liedform insofern, als die erste und letzte, auch wohl eine mittlere Strophe eine eigene Melodie besitzen musste, welche nicht wiederholt wurde. Hie und da begegnen wir auch in den Mittelstrophen einem Motiv der ersteren, wie auch oft die letzte Strophe in eine höhere Lage versetzt ist. Kam das Alleluja in einer solchen Sequenz refrainartig vor, so wurde dasselbe syllabisch gesungen. „Jede Sequenz besteht aus einer Anzahl musikalischer Phrasen oder Choräle, die entweder unmittelbar oder auch in einer gewissen Ordnung nacheinander wiederkehren und unter sich in der Weise ein Ganzes bilden, dass der einzelne Choral für sich keinen abgeschlossenen musikalischen Gedanken ausspricht, sondern jeder erst in seiner Beziehung zu den übrigen melodische Bedeutung erhält" [2]).

---

1) Die Sequenztexte waren ursprünglich in ungebundener Rede abgefasst und wurden Prosen, auch Laudes genannt, weil sie Gottes Lob verkündigten, später in metrisch-strophischer Weise. Auch diese Sequenzen sind Hymnen im eigentlichsten Sinne. Dieselben vermehrten sich bald so, dass man an manchen Orten für jede Messe eine eigene Sequenz und für manche Feste sogar mehrere hatte. Siehe Lüft a. a. O. II S. 111.

2) Siehe Karl Severin Meister: Das katholische deutsche Kirchenlied. Freiburg, Harder. I 1862; sowie Schubiger a. a. O.

Später verfasste man auch Sequenzen nach beliebten Melodien oder wurden sie denselben angepasst. So geht z. B. nach der Melodie des „Victimae paschali laudes" die Sequenz „Virgini mariae laudes intonent christiani", und unter den strophischen geht nach der Melodie der Sequenz „Laudes crucis attolamus" von Adam de St. Victor die berühmte Sequenz „Lauda Sion" u. s. w. [1]).

Wie in St. Gallen, scheinen die Sequenzen auch anderswo von zwei Chören gesungen worden zu sein; so fordert z. B. die Sequenz auf den Samstag vor Septuagesima nach Schubiger die Sänger also auf: „Nun, ihr Gefährten, singt freudig Alleluja, und ihr, o Knäblein, antwortet immer Alleluja, nun singet Alle insgesammt". Es scheinen also Männerchöre (d. h. Unisono-Chöre, ein mehrstimmiger Gesang bestand ja damals noch nicht) mit Knabenchören abgewechselt zu haben. An manchen Orten scheinen selbst Frauenchöre mit Männerchören abgewechselt zu haben. So soll noch im Jahr 1260 am Feste der heil. Fides im Frauenmünster zu Zürich der Brauch bestanden haben, dass der eine Vers der Sequenz von den Stiftsdamen, der andere von den Chorherren gesungen wurde.

Die Sequenzen waren sowohl in Deutschland, als in Frankreich und England verbreitet; nur in Italien wurden sie als gefährliche Neuerung angesehen und unter Pabst Pius V. 1568, als eine neue Ausgabe des Breviars veranstaltet wurde, auf fünf [2]) jetzt noch in der katholischen Kirche übliche beschränkt, da die römische Kirche denselben, wegen ihres volksthümlichen Characters, nicht günstig gestimmt war [3]).

Von Notker rührt auch das weitberühmte und durch ganz Europa gesungene Lied: „Media vita in morte sumus" (Mitten

---

[1] Wolf a. a. O. S. 293.
[2] Die Ostersequenz: „Victimae paschali laudes", die Pfingstsequenz: „Veni sancte spiritus" (Dem König Robert von Frankreich 944—1031 zugeschrieben), die Frohnleichnamssequenz: „Lauda Sion salvatorem" (von Thomas von Aquino 1274—1274), die Sequenz planctus beatae virginis, „Stabat mater dolorosa" (Pabst Innocenz III. zugeschrieben) und das „Dies irae" von Thomas von Celano (1250) gedichtet.
[3] Die Synode zu Köln (1536) entschied sich schon für Weglassung der Sequenzen.

wir im Leben sind). Er soll dasselbe gedichtet und in Töne gesetzt haben, als er einstens in die Schlucht beim Martinstobel hinunterrsah und Bauleute erblickte, welche gerade im Begriff waren, über den Abgrund an gefährlicher Stelle eine Brücke zu bauen. Der alte Ostergesang: „Cum rex gloriae Christus", ein bis zum 17. Jahrhundert überall gesungenes Lied, rührt ebenfalls von ihm her. Sein oben berührtes Lied: „Media vita", welches zum allgemeinen Volksgesang wurde, (der heutige Choral: „Mitten wir im Leben sind" besitzt eine selbständige, mit der ursprünglichen nichts gemein habende Melodie) veranlasste das Concilium von Köln im Jahr 1316 zu dem Beschluss, dass Niemand dasselbe ohne Erlaubniss seines Bischofs singen dürfe. Es wurde demselben nämlich die abergläubische Wirkung beigelegt, dass das Singen dieses Liedes vor dem Tode sichere und dem Feinde den Untergang bereite. Das Basler Plenarium oder „Evangelybuoch, Summer und Winterteyl" (1514) enthält dasselbe als Lied vor der Predigt in folgender deutschen Uebersetzung:

„In Mittel unsers Lebens Zeit
Im Tod seind wir umbfangen,
Wen suchen wir der uns Hilfe geit,
Von dem wir Huld erlangen,
Dann dich Herr alleine,
Der umb unser Missetat
Rechtlichen zürnen tust.
Heiliger Herre Got,
Heiliger starker Got
Halliger und barmherziger Heilmacher Got,
Lass uns mit Gewalt inn des bittern Todes NoL"

Die Notkerschen Sequenzen verbreiteten sich wie schon bemerkt in Deutschland, Frankreich und England und bildeten bis zum 16. Jahrhundert den Hauptgesang an den Festtagen. So lässt sich nun auch von Entstehung der Sequenzen an der lateinische Kirchengesang in Hymnen und Sequenzen eintheilen. Alle Völker des Abendlandes haben zu diesen Gesängen beigetragen, obwohl man von den wenigsten die Verfasser kennt [1]).

---

[1]) Eine Sammlung alter Hymnen und Sequenzen bei Mone: Latei-

Tutilo, ebenfalls ein Schüler Marcell's, versah die Neumen der Messgesänge zwischen den einzelnen Textgliedern mit Texteinschaltungen und melodischen Zusätzen, welche Interpolationes oder Tropen genannt worden, die späteren sogenannten Farcies. Einige derselben sind bis auf unsere Zeit gekommen, so der Tropus: „Hodie cantandus est" [1]).

Tutilo soll sich seine Gesänge in der Kirche mit dem Psalterium, einem harfenartigen Instrument, welches aus einem dreieckigen Rahmen bestand, in welchem die Saiten aufgespannt waren, begleitet haben. Uebrigens scheint die Anwendung musikalischer Instrumente zur Begleitung des Gesanges keine Neuerung Tutilo's gewesen zu sein, da die Angelsachsen schon im siebten Jahrhundert in ihren Kirchen sich des Psaltoriums und der zehnsaitigen Leyer bedienten.

Mit Metz stand St. Gallen stets in regem Verkehr, ebenso mit Fulda, woselbst ein Mönch Johannes, Schüler Rhaban's, der erste gewesen sein soll, welcher in Deutschland Kirchengesänge componirte.

Als solche, welche sich um den Kirchengesang in dieser Zeit noch verdient machten, nennen wir:

Ekkehard I., † 990 sowie Notker Physikus, welcher einige, noch im 17. Jahrhundert gesungenen Antiphone componirt haben soll.

Unter Jenen, welche es sich angelegen sein liessen, die verschiedenen Gesänge schriftlich zu sammeln, ist zunächst Sintram zu erwähnen, von dessen Hand nicht nur St. Gallen, sondern auch viele Orte jenseits der Alpen, Gesangbücher besassen. Zu gleicher Zeit schrieb Godeschalcus sein „Antiphonarium Missae", welches alle zur Messe gehörenden Gesänge enthält. Ferner sind noch zu nennen Kunibert, Hartker und Luitor, sämmtliche dem zehnten Jahrhundert angehörend. Im elften Jahrhundert sind zu nennen Notker Labeo sowie Ekkehard V. († 1036), welcher von Erzbischof Aribo nach Mainz berufen wurde, um die Leitung der dortigen Sängerschule zu übernehmen und dem wir die meisten Nach-

---

nische Hymnen des Mittelalters. 3 Bände. Freiburg, Herder; sowie Daniel a. a. O.

1) Siehe Monumenta 81 und Exempla 41 bei Schubiger.

richten über den Kirchengesang in St. Gallen von 883—970 verdanken ¹).

Auch das Kloster Reichenau erwarb sich Verdienste um den damaligen Kirchengesang. Ausser Berno, † 1048, welcher sich nicht nur als musikalischer Schriftsteller, sondern auch als Tonsetzer von Antiphonen, Responsorien, Orationen, Tropen u. s. w. (er ist auch der Componist des Meinradusliedes) hervorthat, ist namentlich Herrmann Contractus — also genannt, weil seine Glieder gelähmt waren — Lehrer an der Reichenauer Klosterschule zu erwähnen. Derselbe war ein Sohn des Grafen von Vehringen und wurde zu Saulgau in Schwaben im Jahr 1013 geboren; er starb schon 1054. Ausser einer practischen Singschule ²) schrieb er viele Sequenzen und Hymnen; er soll auch der Verfasser der heute noch in der katholischen Kirche gesungenen Antiphonen: „Salve regina" ³) und „Alma redemptoris" sein.

Der Einfluss der St. Galler Schule namentlich auf Deutschland war ein bedeutender; so versah sie unter Anderem fast sämmtliche süddeutschen bischöflichen Sitze und Klöster mit Vorstehern, welche in ihrer Schule ausgebildet worden waren. Deutschland hatte derselben die alten ächten Gesangweisen zu verdanken, da die in der Schule Roman's erzogenen Lehrer streng darüber wachten, dass die Reinheit des kirchlichen Gesangs nirgends durch 'fremde Zuthaten gestört werde, und so waren die Hymnen, Sequenzen, Litaneien und Tropen im elften Jahrhundert schon in allen grösseren Kirchen Deutschlands eingeführt und übten nicht nur einen grossen Einfluss auf die weitere Entwicklung des deutchen Kirchengesangs, sondern auch auf den Volksgesang aus.

1) Es macht einen höchst betrübenden Eindruck, dass diese Pflegstätte ächter Kunst in kurzer Zeit so tief sank, dass im Jahr 1291 das ganze Kapitel mit seinem Abte nicht schreiben konnte. Siehe Arx: Geschichte von St. Gallen I 470.

2) Monumenta 32 bei Sohnbiger.

3) Wie die Schiffer früher die Venus, die Göttin der Liebe, die Schaumgeborene, um glückliche Schiffahrt anriefen, so übertrugen sie dies nun auf die Jungfrau Maria und sangen ihr Lieder; so namentlich das Salve regina bei Sturm und Wetter, welche Weise aus diesem Grunde auch den Namen Schifferlied erhielt.

Zu erwähnen sind auch noch die Sequenzen von einem gewissen Mönch Heinrich, welcher an einer unbekannten süddeutschen Klosterschule Lehrer der Tonkunst war. Zu grosser Berühmtheit gelangte dessen Sequenz: „Ave praeclara maris stella." Endlich sei noch Wipo, ein Zeitgenosse Herrmann's von Reichenau, angeführt, der Verfasser des berühmten Ostergesangs: „Victimae paschali laudes." Derselbe war Priester und Hofcaplan unter Konrad II., sowie Heinrich III., und ein Schüler Bruno's, eines Elsässers, welcher Kapellan bei der kaiserlichen Kapelle war, später zum Erzbischof von Toul gewählt wurde und bald darauf als Leo IX. den päbstlichen Stuhl bestieg; er starb 1054.

Wipo's Sequenzen halten insoweit die Notker'sche Form noch bei, als der erste Satz mit einer selbständigen Melodie anftritt und die übrigen Sätze je zwei und zwei einander vollkommen entsprechen; nur schliesst Wipo seinen Gesang ohne einen selbständigen Satz ab, welches Verfahren von seinen Nachfolgern auch eingehalten wurde. Die oben angeführte Ostersequenz Wipo's wurde namentlich bei der liturgischen Feier der Auferstehung als Wechselgesang zwischen Magdalena und dem Chor gesungen. Das im 13. Jahrhundert entstandene Lied „Christ ist erstanden" ist eine Nachbildung der Wipon'schen Sequenz. In der katholischen Kirche wird diese Sequenz heute noch in der Liturgie benützt, und in der evangelischen Kirche wurde sie die Grundlage des Chorals: „Christ lag in Todesbanden."

Ausser diesen Sequenzen entstanden um diese Zeit auch geistliche Volksgesänge, welche vom Volk bei Bittgängen, kirchlichen Umzügen u. s. w. gesungen wurden und eine Mittelstellung zwischen Volkslied und Sequenz einnehmen. Wir werden im letzten Abschnitt hierauf zurückkommen.

Das Singen und Psalmodiren galt für eine Aeusserung grosser Frömmigkeit. Es wurden sogar Stiftungen gemacht zu dem Zweck, dass in der betreffenden Kirche beständig fortgesungen werde und Mönche wie Kleriker angestellt wurden, die sich im Psalmsingen Tag und Nacht ablösten. „Man liess es nicht dabei bewenden, während der Communion in der Kirche zu singen, man sang auch ausser der Kirche, während das Brod zum Messopfer bereitet und gebacken wurde. In den früheren Zeiten mussten sich die Mönche mit mancherlei Handarbeiten in ihren Klöstern beschäftigen und während der Arbeit einen beständigen Gesang unterhalten. Kurz es wurde so viel gesungen, dass nothwendig theils schädliche, theils thörichte Missbräuche daraus entstehen mussten. Wenn z. B. ein Kranker mit dem Tode rang und wenig Hoffnung zu dessen Wiedergenesung übrig war, kamen die Geistlichen vor sein Sterbebette, und sangen ihm so lang Lieder vor, bis er seinen Geist aufgab. Während dem Singen nahmen sie ihn aus dem Sterbebette heraus, legten ihn auf ein im Zimmer ausgebreitetes haarichtes Tuch (cilicium) und fuhren so lange mit ihrem Gesange fort, bis ihm die Seele ausfuhr. Wenn sie zu lange verweilte, entfernte sich zwar ein Theil der geistlichen Sänger, einige mussten aber beständig bei dem Kranken bleiben und ihren Psalmengesang ununterbrochen fortsetzen. Man hatte besondere Gesänge, die zu diesem Gebrauche ausdrücklich vorgeschrieben waren. Ein Kranker, der sich vielleicht wieder erholt hätte, wenn er in Ruhe geblieben wäre, konnte auf diese Weise leicht zu Tode gesungen werden.

Wenn er gestorben war, wurde bis zu seiner Beerdigung noch immer fortgesungen. Gewöhnlich wurde der Leichnam in die Kirche gestellt und ebenfalls dabei gesungen. Gerbert (de cant. et mus. sacr.) führt eine Ordnung aus dem 11. Jahrhundert an, worin genau bestimmt ist, wie lange eine Leiche in der Kirche stehen und wie die Eintheilung der singenden Mönche gemacht werden musste. Einiges von diesen Gebräuchen hat sich noch bis in die neueren Jahrhunderte, sogar in der protestantischen Kirche erhalten.

Man begnügte sich in diesen Zeiten aber nicht damit, bei vielen Gelegenheiten zu singen, man wollte sogar ewig singen. Es wurden daher ordentliche Stiftungen gemacht, um einen solchen ewigen Gesang in gewissen Kirchen und Klöstern einzuführen. Es wurden so viele Mönche und Geistliche angestellt, dass sie einander im Psalmsingen Tag und Nacht ablösen konnten. In Burgund wurde schon im sechsten Jahrhundert ein solcher ewiger Chorgesang vom König Sigismund gestiftet. Die Wuth zu singen war so gross, dass sich gewisse Personen gar nicht satt singen konnten. Die heilige Radegunde, eine Königin von Frankreich im sechsten Jahrhundert, war ein merkwürdiges Beispiel hievon. Ihr Lebensbeschreiber bei Mabillon (Act. Ord. S. Bened. Saec. I p. 332) rühmt von ihr, dass sie ganze Nächte hindurch und so lange gesungen habe, bis sie einschlief, und dass sie selbst im Schlafe noch fortsang, welches wir auch hätten hören mögen" [1]).

Dass übrigens in Deutschland keine geringen Anforderungen an den Sänger gestellt wurden, beweist folgende, auch heute noch sehr beherzenswerthe Vorschrift des berühmten Rhabanus Maurus, Erzbischof von Mainz. „Der Psalmist muss in Stimme und Kunstfertigkeit sich dermassen auszeichnen, dass er durch süssen Reiz die Gemüther in Erregung setzt. Seine Stimme darf nicht rauh, nicht heiser, nicht misstönend sein, sie muss vielmehr einen vollen Klang entfalten, muss lieblich und hell tönen, zugleich biegsam sein und die Fähigkeit besitzen, die Töne und Melodien so wiederzugeben, wie es die Heiligkeit der Religion verlangt, nämlich ohne tragische Exclamationen, und in ihrer Modulation die christliche Einfachheit abspiegeln. Auch soll sie nicht den Character der weltlichen Musik oder gar der theatralischen Kunst verrathen, sondern vielmehr das Gefühl der Zerknirschung im Hörer erzeugen. Eine vollkommene Stimme muss hoch, hell und angenehm sein; hoch, damit sie steigen kann, hell, um mit ihrem Klange die Ohren zu erfüllen, angenehm, um der Seele des Hörenden zu schmeicheln. Die Alten enthielten sich, wenn sie singen mussten, schon den Tag vorher der gewöhnlichen Speisen; sie nahmen, um ihre Stimme gut zu erhalten, nur einige magere Gemüse zu sich, weshalb man die Sänger Bohnenesser zu nennen pflegte. Wenn schon die Heiden so etwas thaten, um ihre Stimme zu schonen, um wie viel mehr wäre es die Pflicht der Christen, sich aller sinnlichen Lust zu enthalten, da sie nicht nur für ihre Stimme, sondern auch für ihre Tugend Sorge tragen sollen" [2]). Ob

---
1) Forkel II §. 24.
2) Schelle a. a. O. S. 152 u. 153.

diese Verordnung etwas genützt haben wird, dürfte billig zu bezweifeln sein. So viel steht jedoch fest, dass der Gregorianische Kirchengesang, dessen Einfluss sogar auf die Gesänge des Volkes sich erstreckte, im elften und zwölften Jahrhundert, Dank den Bemühungen der Päbste, Bischöfe und Klöster, sowohl in Deutschland als in Italien, England und Frankreich festen Fuss gefasst und den Grund zur gleichartigen Entwicklung der europäisch-abendländischen Musik gelegt hat.

II.
Die Entwicklung der Notenschrift. Hucbald-Guido von Arezzo. Solmisation. Die Orgel. Farciesgesänge

Wenn auch die Zeichen der antiken Tonschrift, welche äusserst complicirt waren und ein förmliches Studium beanspruchten, die angedeuteten Töne mit ziemlicher Sicherheit erkennen liessen, so war die Neumenschrift, obwohl sie letzteres nicht vermochte, doch ein entschiedener Fortschritt gegenüber der antiken Bezeichnungsweise, da sie das Steigen und Sinken der Töne sinnenfällig darstellte und ausdrückte, und sich die neuere Notenschrift aus ihr entwickelte, was sie aus der antiken nie vermocht hätte. So entstand z. B. aus der aufrechten Virga die Longa (lange Note), aus der liegenden Virga die Brevis (kurze Note), aus dem Punkt die noch kürzere Semibrevis.

Die Neumen boten jedoch den Sängern keinen sicheren Anhaltspunkt, wie weit er steigen oder fallen dürfe, und war der Mangel einer allgemein fasslichen Notenschrift auch die Ursache, dass der Gregorianische Gesang, wenn auch wie wir eben sahen, von einzelnen Klosterschulen gepflegt und weitergeführt, um so mehr ausarten musste, als der Unterricht in den Schulen oft äusserst dürftig und mechanisch ertheilt wurde.

Die Unzuverlässigkeit der Neumenschrift zeigte sich am schlagendsten darin, dass keine Schule die betreffenden Neumen auf gleiche Weise sang. „Sagt einer — so berichtet Johann

Cottonius, der Commentator Guidos — so hat mich's Meister Trado gelehrt, so wendet der Zweite ein, so habe ich es von Meister Albinus gelernt und der Dritte schreit, Meister Salomo singt ganz anders. Wo einer die kleine Terz oder die Quarte singt, lässt ein Anderer die grosse Terz und die Quinte hören; es stimmen wunderselten nur ihrer Drei überein, weil sich jeder auf seinen Lehrer beruft und es endlich so viel Singmanieren in der Welt gibt als einzelne Singmeister" [1]).

Wie wir schon gesehen, fehlte es nicht an Versuchen, das Lesen der Neumen zu erleichtern. So Roman, welcher den Neumen kleine Buchstaben beifügte, deren Bedeutung aus dem von Schubiger mitgetheilten Briefe Notker Balbulus an seinen Freund Landpert hervorgeht. So bedeutete z. B. e (equaliter) dass derselbe Ton anzugeben sei; t (tonus) der Ganzton; ts (tonus cum semitono) die kleine Terz; tt (duotoni ditonus) die grosse Terz; D (Diatesseron) die Quarte u. s. w.

Hucbald, gelehrter und durch mehrere Werke musikwissenschaftlichen Inhalts berühmt gewordener Mönch aus dem Kloster St. Amand in der Diöcese Tournay in französisch Flandern, geboren gegen das Jahr 840, gestorben 930 oder 932, versuchte ebenfalls die Neumenschrift durch eine bessere und practischere Notenschrift zu ersetzen. Seine verschiedenen Anweisungen zur Notation waren jedoch wenig praktisch. Zunächst nahm er aus der griechischen Semiotik des Boethius gewisse Buchstaben, welche er zur Bezeichnung der Töne unter die Texte setzte. So sollte z. B. I die Mese = A (den mittlern Ton des griechischen Systems), M die Lichanos meson = G, P die Parypate = F, C die Hypate meson = E u. s. w. bezeichnen.

Seinem zweiten Notirungsversuche legte er das alte Zeichen des Spiritus asper zu Grunde, welches er mit dem Buchstaben S und C theils oben am Kopf, theils unten am Fuss verband, wodurch dieses Zeichen Aehnlichkeit mit dem Buchstaben F erhielt. Diese Tonbezeichnung war wenn auch deutlicher so doch noch unbehilflicher als die erste [2]).

---

[1] Gerbert: Scriptores eccl. de mus. sacr. II. 258.
[2] Wir verweisen Jene, welche sich näher für diese Notation, die wir

Zu seiner dritten Notirungsweise zog er Hilfslinien, zwischen welchen er die Textessilben schichtete, während er durch die Buchstaben T und S links am Rande andeutete, ob von einer Linie zur andern der Schritt einen ganzen oder einen halben Ton bedeute und kurze Diagonalstriche das Auge von einer Linie zur andern leiten; z. B.

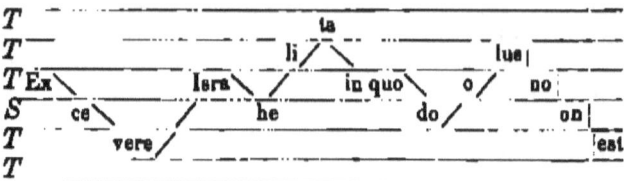

Er verband des Weitern seine Linien mit seiner Zeichenschrift, indem er seinen Archoos gravis, Deuteros gravis u. s. w. als Schlüssel links an den Rand setzte. Ambros macht über diese Notirungsart mit Recht die Bemerkung, dass diese Schreibart etwas ungemein Unbehilfliches und Schwerfälliges an sich habe und dass Auge und Sinn, auf solche Weise unaufhörlich über die Linienstufen auf- und abgeführt, bald eine Ermüdung fühlen jener ähnlich, die man empfinde, wenn man in einer alten Ritterburg oder einem alten Kloster über fusshohe Treppenstufen steigen muss. Doch war immerhin die Anwendung des Liniensystems mit vorangestellten Schlüsselzeichen ein entschiedener Fortschritt, und hätte Hucbald die Stelle des Tones auf den Linien durch einen Punkt bezeichnet und nicht bloss die Zwischenräume, sondern auch die Linien selbst in solcher Weise benützt, so wäre die Grundlage unserer heutigen Notenschrift gegeben gewesen. Uebrigens soll Athanasius Kircher in einem ebenfalls dem zehnten Jahrhundert angehörenden Manuscript in der Bibliothek des Klosters St. Salvator bei Messina eine der Hucbald'schen ähnliche Notirungsweise gefunden haben, welche derselbe in seiner Musurgia mittheilt. Es waren acht Linien gezogen, denen am Rande

---

hier nur andeuten können, interessiren, auf Ambros II 129—132, sowie auf Forkel II §. 55, Cousemaker: Traité sur Hucbald und Schlecht a. a. O. Beilage 3—5 Seite 275—225.

eben so viele Buchstaben entsprachen; nur war das Auf- und Absteigen der Stimme auf den Linien in Punkten angedeutet [1]).

Erst Guido von Arezzo, Mönch des Klosters Pomposa im Grossherzogthum Toskana, geboren zu Arezzo gegen Ende des zehnten Jahrhunderts, verdankt die Musikgeschichte die Grundlage der heutigen Notenschrift. Er sah zuerst ein, dass die Kirchensänger zu ihrer Ausbildung nicht der philosophischen und mathematischen, sondern einer einfachen, vernünftigen und practischen Methode bedürfen. Er polemisirt sowohl gegen die Unbeholfenheit und Ignoranz der Singlehrer als der Sänger und klagt darüber, dass wenn der Gottesdienst gefeiert werde, es oft klinge, nicht als ob man Gott lobe, sondern als ob man untereinander in Zank gerathen sei. Die Schwierigkeit und Schwerfälligkeit der Methode, oder vielmehr der gänzliche Mangel einer solchen, führte ihn zu einem vereinfachten Verfahren, nach welchem er in seinem Kloster die Novizen und Knaben mit solchem Erfolge unterrichtete, dass er den Neid der übrigen Mönche erregte, welche ihm beim Abt durch boshafte Verläumdungen zu schaden trachteten, so dass er vorzog, das Kloster zu verlassen. Nachdem er nach verschiedenen Wanderungen sich in's Benedictinerkloster zu Arezzo zurückgezogen hatte, traf ihn dortselbst die Aufforderung des Pabstes Johann XIX (1024—1033), welcher von seinen Erfolgen im Gesangunterricht gehört und seine Methode kennen lernen wollte, nach Rom zu kommen. Gleich in der ersten Lection erkannte der Pabst die grossen Vortheile der Methode, welche ihn in Stand setzte, nach kurzer Zeit den Ton einer Antiphone zu finden und zu singen. In Rom traf er auch den Abt seines früheren Klosters, welcher, nachdem er sich ebenfalls von der Vortrefflichkeit seiner Arbeiten und Versuche überzeugt, ihn bat, wieder in sein Kloster zurückzukehren. Ob er dieser Aufforderung gefolgt oder nicht, wissen wir so wenig als seine weiteren Lebensumstände.

Guido [2]) werden alle möglichen Erfindungen zugeschrieben,

---
1) Siehe Ambros II 134, sowie Forkel II.
2) Siehe Forkel II §. 28—45.

doch steht nur soviel historisch fest, dass er das Liniensystem mit Benützung der Zwischenräume (Spatien) vervollkommnete, eine practischere Unterrichtsmethode für den Gesang schuf, die practischen Hülfsmittel des ut re mi fa sol la in den Singschulen einführte, die Grundlage der Solmisation legte und das System der Hexachorde (sechsstufige Tonleiter aus vier Ganztönen und einem Halbton bestehend, welch' letzterer zwischen der dritten und vierten Stufe der Scala sich befinden musste) begründete [1]). Sein Hauptverdienst besteht darin, dass er, anstatt wie bisher die Neumen dem blossen Augenmasse sowohl des Abschreibers als des Sängers zu überlassen, Linien anwandte und den zwei früher schon bekannten Linien noch zwei hinzu fügte. Man besass nämlich schon vor Guido in Oberitalien die rothe Hülfslinie, welche quer durch die Neumen gezogen wurde und den Ton F bezeichnete; die Neumen über der Linie waren höher, die unter derselben tiefer. Dieser rothen Linie fügte man eine zweite gelbe, auch oft grüne Linie hinzu, welche die Dominante C bedeutete. Guido fügte diesen beiden Linien noch zwei hinzu, und nunmehr konnten die Neumen ziemlich genau bezeichnet werden. Die Erfindung des Punktes als Note gebührt ihm nicht, wenn er auch dieselbe zuweilen anwandte. Nach Forkel wird in den Annalen des Benedictiner Klosters von Mabillon aus einer alten Chronik erzählt, dass die Erfindung des Punktes als Note zuerst im Kloster Corbie in Frankreich gegen das Jahr 986 gemacht worden sei. Diese Tonzeichen, von welchen Forkel [2]) eine Probe mittheilt, kommen der Gestalt unserer Note ziemlich nahe. Auch Kircher behauptet, im Kloster Vallombrosa im florentinischen Gebiet alte, vor Guido entstandene Chorbücher vorgefunden zu haben, in welchen die Melodien eine rothe Linie sowie Punkte darüber und darunter enthalten. Mit Sicherheit darf jedoch angenommen werden, dass Guido und seinen Zeitgenossen eine brauchbare Notenschrift (Mensuralnote) sowie das verschiedene Zeitmass der Töne unbekannt war.

1) Ueber dessen Weiterbildung des Huchald'schen Organums siehe den folgenden Abschnitt.
2) Forkel a. a. O. S. 274.

Aus den beiden oben angeführten farbigen mit F und C bezeichneten Linien entstanden unsere F und C Schlüssel, da man später, als die Linien nicht mehr gefärbt wurden, diese beiden Buchstaben denselben vorausstellte und sie mit dem Griffel in das Pergament eingrub und wie die Neumen schwärzte. Die Neumen behielten ihre Formen bei; erst später bezeichnete man die Töne durch Punkte, durch quadratische oder rautenförmige Figuren. Uebrigens wurde die Notation noch lange nicht zu einer überall gleichmässigen, sondern dieselbe war nach dem Lande und den Schulen eine verschiedene. So setzte man noch lange nachher die Buchstaben, welche die Töne andeuteten, neben einander; auch suchte man das Steigen oder Fallen der Stimme durch die Stellung der Buchstaben zu versinnlichen. In der Regel setzte man dieselben nebeneinander über die Textsilben.

Für den ersten Gesangunterricht, ehe der Schüler es zur richtigen Intonation gebracht, bediente Guido sich des Monochords, eines schon im alten Griechenland bekannten Instruments, welches aus einem einfachen Brett oder länglichen Kasten bestand, dessen Länge und Breite durch die darüber zu spannende Saite bestimmt war. Die den einzelnen Intervallen entsprechenden Saitentheile waren genau bestimmt, und konnten durch einen verschiebbaren Steg so abgegrenzt werden, dass die Saite jenen Ton, welchen man gerade wollte, angab. Nach Guido's Zeit kam die sogenannte viertheilige Figur des Monochords auf. Diese bestand nach Ambros darin, dass in ähnlicher Art, wie auf manchen Thermometerscalen die Grade nach Reaumür und Celsius zur Vergleichung nebeneinander gestellt sind, auf dem Brett des Monochords auf vier, mit der Saite parallel laufenden Linien, die Grade angegeben waren, nach denen man die Tonstufen des ersten, des zweiten u. s. w. Kirchentones nacheinander hören lassen konnte, wenn man den beweglichen Steg auf diese Grade hinführte. Jede Linie enthielt die Intervalle von zwei Kirchentönen, des authentischen mit seinem Plagalton; mit Hilfe der ersten konnte man daher die Scala von A—d, auf der zweiten von H—e u. s. w. zu Gehör bringen [1]).

---

1) Ambros II S. 194.

Wir kommen nun zur Solmisation. Hierunter versteht man die Benennung der sechs ersten Töne der Tonleiter und zwar gebrauchte Guido hiezu, zugleich um seinen Schülern ein leichteres Treffen der Töne beizubringen, die Anfangssilben der sechs Halbverse des dem im achten Jahrhundert lebenden Paulus Diaconus zugeschriebenen Hymnus auf den heiligen Johannes, welcher Hymnus als wirksames Palliativ gegen Heiserkeit galt.

Ut queant laxis	Resonare fibris
Mira gestorum	Famuli tuorum
Solve polluti	Labii reatum
Sancte	Johannes.

Dass Guido sich dieser Silben beim Unterricht bediente [1], geht aus seinem Brief an seinen Freund Michael im Kloster Pomposa hervor, worin er demselben mittheilt, dass er sich beim Unterricht folgender Melodie bediene:

C D F D̄ E D	D D C D E E
Ut queant la-xis	Resonare fibris
E F G E D E C D	F G a G F E D D
Mi- ra gestorum	Famuli tu- o - rum
G a G E F G D	a G a F G a a
Sol- ve polluti	Labii reatum
G F D	D C E. D
Sancte	Johannes.

Es sollte dies ein Hilfsmittel sein, um dem Schüler die Intervallverhältnisse der verschiedenen Kirchentöne einzuprägen. Sieht der Schüler z. B. den Ton a in irgend einer Melodie, so hat er sich das Labii reatum, beim Ton G das Solve polluti in's Gedächtniss zurückzurufen. „Du siehst, (schreibt Guido seinem Freunde) dass dieser Gesang in seinen sechs Abtheilungen mit sechs verschiedenen Tönen anfängt. Wenn nun jemand den Umfang einer jeden Abtheilung so gelernt hat, dass er einen jeden derselben, welchen er will, sogleich mit Sicherheit angeben kann, so wird er auch diese sechs

---

[1] Fétis in seiner Biogr. univ. art. Guido führt an, dass die Deutschen, Engländer und Franzosen sich schon in der ersten Hälfte des elften Jahrhunderts dieser Silben bedienten und dass letztere schon vor Guidos Zeit dazu gedient hätten, die sechs Töne der Kirchentonarten zu bezeichnen.

Töne, wo er sie findet, nach ihren Eigenschaften leicht angeben können. Wenn Du irgend ein nicht in Noten gesetztes Neuma hörst, so untersuche, welche von den Partikeln mit dem Ende des Neuma am besten übereinstimmt, so dass die Endnote des Neuma mit der Partikel im Einklang steht, und glaube sicher, dass das Neuma aus demjenigen Tone geht, in welchem die damit übereinstimmende Partikel anfängt. Wenn Du aber einen unbekannten in Noten gesetzten Gesang singen willst, so siehe zu, dass Du jedes Neuma recht endigst und das Ende eines jeden Neuma auf einerlei Art mit dem Anfang der Partikel, die in der nehmlichen Note anfängt, in welcher das Neuma endigt, verbunden werde. Auf diese Art wirst Du im Stande sein, nicht nur jeden neuen Gesang nach Noten zu singen, sondern Du wirst auch einen, der nicht in Noten gesetzt ist, sogleich aufschreiben können; hiezu wird Dir diese Regel sehr behülflich sein" [1]).

Die Solmisation theilte sämmtliche Töne in Gruppen von sechs Tönen in der Weise, dass der Halbton immer, wie schon bemerkt, von der dritten zur vierten Stufe zu liegen kam. Da die damalige Gesangspraxis schon unser erniedrigtes h, das sogenannte weiche b im Gegensatz zum harten b (unser h) kannte, so konnte man nicht bloss von G und C, sondern auch von F aus ein mit dem ersteren vollständig übereinstimmendes Hexachord herstellen. Dasjenige Hexachord welches mit dem Ton C begann, also: C D E F G A, wurde das natürliche (natura), das mit G beginnende: G A H̄ C D E das harte (b-durum) und das mit F beginnende: F G A̅ B C D das weiche (b-molle) genannt. Nun bestand das damalige Tonsystem aus folgenden Tönen:

Γ A B C D E F G a b c d e f g aa bb cc dd ee, so dass sich folgende sieben Hexachorde ergaben:

---

1) Forkel II 266.

```
ee . . . . . . . . . .  la
dd . . . . . . . . .  la   sol
cc . . . . . . . . . sol   fa
bb . . . . . . . .  fa    mi
aa . . . . . . . la   mi   re
g  . . . . . . sol   re   ut   Hartes    Hexachord.
f  . . . . . . fa    ut   . . Weiches       „
e  . . . . . la   mi
d  . . . . la   sol   re
c  . . . . sol   fa   ut  . . . Natürliches   „
b  . . . . fa   mi
a  . . la   mi   re
G  . . sol  re   ut  . . . . . Hartes       „
F  . . fa   ut   . . . . . . . Weiches      „
E  la   mi
D  sol  re
C  fa   ut  . . . . . . . . . Natürliches   „
B  mi
A  re
Γ  ut  . . . . . . . . . . . Hartes        „
```

Die Schwierigkeit des Solmisationssystems bestand in der sogenannten Mutation, worunter man den Uebergang einer Melodie von einer Sechstonreihe zur andern verstand, wobei jener Ton, welcher in das andere Hexachord überleitete, schon im Sinne des letztern benannt werden musste. Solcher Mutationen gab es 28. Eine grosse Scharfsinnigkeit ist dem System der Solmisation nicht abzusprechen; indem dasselbe jedoch Schwierigkeiten beseitigen wollte, setzte es nur noch grössere an deren Stelle. Trotzdem erhielt sich dasselbe bis zu Anfang des vorigen Jahrhunderts und die Mutation wurde nur „das Kreuz der armen Singknaben" (crux tenellorum puerorum) genannt, „dieweil solche Art singen zu lernen nicht allein auss der Maassen schwer, sondern auch gar sehr verwirret ist, darüber denn mancher wie ein elender Hund sich muss blüwen und schlagen lassen, und kömmet doch wohl nicht zur gewüntzschten Ende der singe Kunst." Buttstett meint jedoch: „Ob nun wohl dieses eine Kunst und schöne

Wissenschaft ist, welche keinem auf einem Butterfladen oder mit dem Brei kann eingestrichen werden, so ist es doch auch keine Tortura, sondern ist durch einiges Nachdenken und Exercitium zu erlangen" [1]). Matthesou in seiner Streitschrift gegen Buttstett sorgte jedoch dafür, dass diese „schöne Wissenschaft" ein seliges Ende fand.

Zur Erleichterung des Anfängers und behufs besserer Einprägung der Töne entstand die sogenannte Guidonische Hand. Man fand nämlich, dass die menschliche Hand, die Fingerspitzen eingerechnet, gerade so viele Gelenke zähle, als die Guidonische Scala Töne in sich fasst, wenn das b als ein Ton genommen wird. Sie war also ein mnemotechnisches Hülfsmittel, da durch dieselbe der Schüler das Solmisationsschema in seiner linken Hand stets bei sich habe; die linke Hand wählte man, weil dieselbe dem Herzen näher liege und desshalb bequemer zum Unterricht sei. „Diese Hand war im grössten Ansehen, ohne sie durfte niemand hoffen den Gesang je richtig zu erlernen, wogegen ihre Kenntniss allein, wie man meinte, hinreichend war, die volle Einsicht in das Wesen des Gesanges zu verschaffen. Sie allein schuf den kunstgebildeten Sänger; wer ohne sie sang, war ein Naturalist, ein Kunstvagabund" [2]).

Die ersten Schüler Guido's waren Johannes Cotton und Aribo Scholasticus. Letzterer war ein Deutscher und soll im Bisthum Freising gelebt haben, ersterer ein Engländer gewesen sein. Mendel's Lexikon hält Cottonius und Johannes Scholasticus für ein und dieselbe Person, während nach Ambros letzterer in der Abtei St. Mathias bei Trier als Mönch gelebt haben soll [3]).

In Deutschland, Frankreich, England, Ungarn sowie bei den cisalpinischen Völkern wurden die Noten mit den Guidonischen Silben bezeichnet und nur in den Niederlanden fanden die Guidonischen Lehren erst im zwölften Jahrhundert durch

---

1) Ambros II S. 172.
2) Ambros II 176.
3) Auch Gerbert in seiner mus. sacr. II hält Beide für ein und dieselbe Person, welche gegen 1047 gelebt haben soll.

einen Geistlichen Namens Rodulph in der Diöcese von Lüttich Eingang. Im zehnten und elften Jahrhundert fand auch die Orgel eine grössere Verbreitung, ohne jedoch, wie dies später der Fall war, einen wesentlichen Bestandtheil der Kirchenmusik zu bilden. Man könne sie, ohne ein Sacrilegium zu begehen, wohl entbehren, meinte der Bischof Baldrik von Dol in der Bretagne ¹). Wo solche sich wie in Kathedral- und Klosterkirchen befanden, wurden sie nur an den hohen Festtagen benützt. Uebrigens war die Beschaffenheit des Instruments noch höchst primitiver Natur. Das im Jahr 951 von Bischof Elfeg für die Kirche von Winchester angeschaffte Werk, von einem Benedictinermönch und Sänger der dortigen Abtei gebaut, soll 400 Pfeifen und 26 Blasbälge gehabt haben, zu deren Behandlung man 70 Mann ²) gebraucht habe, welche, wie Wolstan berichtet, ungemein schwitzten und sich gegenseitig zur Arbeit aufmunterten, während sie rastlos die Arme rührten.

Gewöhnlich besorgten zwei Organisten das Orgelspiel, von denen jeder sein Alphabet, das heisst jene Partie des Klaviers, welche der andern entsprach, bearbeitete, ein Spiel zu vier Ellenbogen, wie Ambros es nennt. Da nämlich bis zum 14. Jahrhundert jede Taste ungefähr eine Elle lang, fünf bis sieben Zoll breit und 1½ Zoll dick war, so wurde sie vom Spieler ungefähr einen Fuss tief niedergeschlagen oder durch den Ellenbogen niedergedrückt. Die erste Orgel in Deutschland wird wohl diejenige zu Aachen gewesen sein, welche Karl der Grosse im Jahr 812 nach dem Modell derjenigen in Compiègne erbauen liess, welche König Pipin vom griechischen Kaiser Constantin Kopronymus etwa 50 Jahre früher erhalten hatte ³). Im zehnten Jahrhundert besassen München, Erfurt, Magdeburg und Halberstadt bereits be-

---

1) Forkel II 374.
2) Fétis in seiner Histoire de la mus. T. IV 428 bezweifelt die Richtigkeit dieser Zahlenangabe.
3) Siehe Chrysander's Jahrbücher für musikalische Wissenschaft Bd. II S. 67.

deutende Orgelwerke. „Im elften Jahrhundert erhielt sogar Magdeburg eine bedeutende zweite Orgel mit sechzehn Tasten und bald darauf vervielfachte man jeden Ton um zwei, drei und noch mehr Pfeifen entweder in der Quinte oder Octave, später auch in der Terz und Decime. Durch diese Bereicherung wurde die Orgel in eine Mixtur verwandelt und blieb es Jahrhunderte lang, bis man auf den Gedanken kam, eine Scheidung des Pfeifenwerks vorzunehmen" [1]).

Die Einführung der Orgel stiess lange auf den Widerspruch der kirchlichen Obern, was bei der mangelhaften Beschaffenheit des Instruments, welches sich, da jeder angeschlagene Ton zugleich seine Oberquinte und Octave wie wir sahen miterklingen liess, durch ein intensives Geschrei ausgezeichnet haben mag, wohl zu begreifen und zu erklären ist. Sie konnte in diesem primitiven Zustande höchstens dazu benützt werden, den Gesang der Priester zu unterstützen, d. h. seinen Intonationen den richtigen Ton anzugeben, oder es schlug der Orgelbändiger mit seinen Fäusten die Choralmelodie. Erst im vierzehnten Jahrhundert wurden die Tasten schmäler und durch die Erfindung des Pedals und sonstige Verbesserungen wie die Anbringung von chromatischen Tönen und Vervollkommnung der Claviatur, so dass die Tasten nunmehr von den Fingern niedergedrückt werden konnten, wurde die Orgel auch von der Kirche gestattet und als das für das Gotteshaus passendste Instrument empfohlen; nur die sixtinische Kapelle besitzt bis heute noch keine Orgel. Die Erfindung des Pedals wurde bis vor kurzem Bernhard dem Deutschen zugeschrieben; doch fand man beim Abbruch einer alten Orgel in Beeskow bei Frankfurt a/Oder in zwei Principalpfeifen des Pedals die Jahreszahl 1418, also fünfzig Jahr früher als Bernhard die Erfindung gemacht haben soll, welcher diese Neuerung wohl in Venedig eingeführt haben wird und in Italien als der Erfinder alsdann ausgegeben wurde. Das Pedal war jedoch noch nicht selbständig, sondern der tiefsten Octave des Manuals angehängt. [2]) —

---

1) Chrysander a. a. O. S. 67.
2) Chrysander a. a. O. S. 69.

Wir sahen schon oben wie Guido über den Verfall des Gesanges sich beklagte, und es ist leicht verständlich, dass bei der keinen sichern Anhaltspunkt bietenden Notirungsweise und der grossen Unwissenheit der Sänger der Gregorianische Kirchengesang in seiner Ursprünglichkeit wohl nur an wenigen Orten noch bestand. Manche Gesänge wurden für gregorianisch gehalten und als solche verehrt, welche es schon längst nicht mehr waren. Die Zeit von Hucbald bis Guido ist zwar für den Historiker in Dunkel gehüllt, doch sollen im zwölften Jahrhundert z. B. in Frankreich die verschiedenen Gesangbücher gar nicht mehr untereinander gestimmt haben, was den Cisterzienserabt von Citeaux bestimmte, die Singschule zu Metz um eine Copie des durch Pabst Hadrian I. auf den Wunsch Kaiser Karls dorthin gesandten Antiphonar's zu bitten. Er forderte hierauf den heiligen Bernhard von Clairveaux sowie die vornehmsten Sänger der Cisterzienserklöster auf, die Gesangbücher ihrer Abteien nach dieser Copie zu vergleichen und die nöthigen Verbesserungen anzubringen. Da jedoch das Metzer Manuscript eine grosse Anzahl Verzierungen und lange Reihen von Tönen über einer Silbe enthielt, so waren der heilige Bernhard und die übrigen Sänger von Citeaux der Ansicht, dass dieses Manuscript den reinen Gregorianischen Gesang nicht (? es würde dieser Umstand ja gerade für die Aechtheit des Antiphonars gesprochen haben) enthalte und die heiligen Väter erklärten den in demselben enthaltenen Gesang für das Gotteshaus entwürdigend. Sie merzten nun viele Verzierungen aus den Gesängen aus, beschränkten die langen Notenreihen über eine Silbe bei den Offertorien und Communionen, indem sie dieselben um die Hälfte bis zu drei Viertheilen kürzten; ebenso vereinfachten sie die Gesänge des Introitus und der Gradualresponsorien. Diese vereinfachte Gesangsweise blieb zunächst auf die Gesangbücher des Cisterzienserordens beschränkt, da diejenigen des dreizehnten Jahrhunderts diese sogenannten Vocalisen noch vollständig enthalten sollen, also wahrscheinlich auch gesungen worden sind. Erst im vierzehnten und fünfzehnten Jahrhundert seien die alten kirchlichen Gesänge bedeutend abgekürzt worden, wie die noch erhaltenen Manuscripte ausweisen, in welchen Centimeter von

Vocalisen wie von einem Schwamm weggewischt erscheinen sollen [1]).

Da der Cisterzienserorden sehr ausgebreitet war, — zählte derselbe doch im 13. Jahrhundert über 160 Klöster, welche durch ganz Europa verbreitet waren — so darf angenommen werden, dass die meisten Kirchen und Klöster, zumal die Gesangbücher des 14. Jahrhunderts ähnliche Aenderungen enthalten, die Antiphone der Cisterzienser angenommen hatten. Sogar in Italien war dies der Fall mit Ausnahme der Mailänder Kirche, welche immer noch zum Theil wenigstens den Ambrosianischen Gesang gepflegt haben soll. In Frankreich wurde dieser vereinfachte Gesang zunächst in den Diöcesen Sens, Langres, Rouen, Lyon, Châlons u. s. w. eingeführt [2]). Uebrigens hatten zu jener Zeit die verschiedenen Klöster wieder ihre eigenen Gesänge; so gab es Gesangbücher der Dominikaner, Augustiner, Kapuziner u. s. w.

Vom 15. Jahrhundert an fieng man allgemein und zwar unter Billigung und Zustimmung der kirchlichen Behörden an, ganze Phrasen wegzustreichen und die Gesänge überhaupt zu ändern. So beschloss das Concil von Cameracense im Jahr 1565, dass wenn die Musik auch dem Zweck der Kirche dienen soll, man doch jene Weitschweifigkeit meiden solle, welche nicht zur Sache gehöre, mit welcher am Ende der Antiphonen in Cathedralen Missbrauch getrieben werde. So verordnete auch das Concil von Rheims im Jahr 1564, dass das Neoma nur noch bei den letzten Antiphonen der Vespern, Nocturnen, Magnificat's und Benedictus gesungen werden soll, und dass, wenn eine Silbe mehr Noten als dahin gehören, enthalte, der Gesang möglichst gekürzt werde [3]).

Eine eigenthümliche Art des Gesanges bildeten in Frankreich die sogenannten Farcies — epistolae cum farsia, oratoriae auch Complaintes oder Sermons genannt. — Es waren dies Gesänge, welche zwischen den Worten der Epistel eingeschaltet (farcire d. i. entremêler, mélanger) wurden.

---

1) Fétis a. a. O. V S. 98.
2) Fétis a. a. O.
3) Schlecht a. a. O. S. 63.

Sie bestanden aus Lob- und Klagliedern auf die Heiligen, waren meistens nur Paraphrasen der lateinischen Sequenzen auf diese Heiligen und wurden im Wechselgesang abgesungen, welche Sitte aus dem gallicanischen Ritus auch nach Einführung der römischen Liturgie in Frankreich beibehalten werden durfte [1]).

Zu den lateinischen Farciesgesängen gehörte auch das zu Anfang der Messe nach dem Introitus gesungene Kyrie eleison. Anstatt drei Mal hintereinander Kyrie eleison zu singen, schob man unter andern folgende Zwischensätze ein:

Kyrie fons bonitatis, pater ingenite a quo bona cuncta procedunt, eleison;
Christe coelitus adsis nostris precibus, quas pro viribus, ore, corde, actuque psallimus, eleison;
Kyrie spiritus alme, pectora nostra succende, ut digni pariter proclamare semper possimus, eleison [3]).

Diese Farciesgesänge, deren Melodien sich von jenen der Sequenzen dadurch unterschieden, dass dieselbe Melodie bald ganz, bald theilweise, bald unverändert, bald mit grössern oder geringern Veränderungen wiederholt wurde, dass sie also nicht aus einer Reihe verschiedener melodischer Sätze, sondern eigentlich nur aus einer bald mehr bald weniger variirten Grundmelodie bestanden, wurden nur an hohen Festtagen gesungen [2]).

Kirchengesang in romanischer Sprache treffen wir bereits im 12. Jahrhundert an. So wurde z. B. die Epistel (épître farcie) von einem Diacon in der lateinischen, die Paraphrase vom andern in der romanischen Sprache gesungen. Oft gieng der Epistel auch ein Prolog in romanischer Sprache voraus.

In Deutschland waren seit dem zehnten Jahrhundert, wie wir bereits sahen, die Sequenzen, jedoch nur in lateinischer

---

1) Wolf a. a. O. S. 801.
2) Fétis V. S. 99.
3) In Dufay's Messen findet man auch noch solcher Farcituren; siehe auch Ambros II 412.

Sprache, in den verschiedenen Kirchen üblich. Das Volk war überall vom eigentlichen Kirchengesang, das heisst von der Betheiligung am Gesang innerhalb der Kirche, welcher nur von den Klerikern und zwar in lateinischer Sprache ausgeübt wurde, ausgeschlossen. Ueber die Entwicklung des deutschen Kirchengesangs und des deutschen Kirchenlieds werden wir im letzten Abschnitt weiter berichten.

III.
Mensuralmusik, Mensuralnotenschrift. Entwicklung des mehrstimmigen Gesanges. Organum. Discantus.

Mit der Entstehung und Entwicklung des mehrstimmigen Gesanges — worüber nachher — stellte sich auch das dringende Bedürfniss einer Notenschrift ein, welche nicht nur die ganz bestimmte Höhe, sondern auch die genaue Zeitdauer der Töne fest und bestimmt ausdrückte. Im Ambrosianischen Gesang besassen die Töne auch verschiedenen Zeitwerth, welcher jedoch durch die sprachliche Rythmik bedingt und an die Prosodie gebunden war. Der Gregorianische Gesang, wenn auch nicht mehr von der Prosodie abhängig, behielt die beiden Notenzeitwerthe, welche die Länge und Kürze, bei den metrisch gegliederten Gesängen die Zeilenabschlüsse bezeichneten, bei; der Rythmus der gregorianischen Gesänge war somit ein mehr oratorischer als musikalischer. Mit der Entwicklung der mehrstimmigen Musik konnte aber die einfache Länge und Kürze nicht mehr genügen, und wie die Länge in mannigfachen Kürzungen verschiedener Art zerlegt wurde, so konnte auch eine metrisch kurze Silbe lang gebraucht werden.

Die bedeutendsten Mensuralisten sind Franco von Köln, Walther Odington (ein Mönch von Evesham um 1240), Hieronymus de Moravia, ein Geistlicher des Predigerordens um 1260, sowie der pseudonyme Verfasser eines dem Beda venerabilis im siebten Jahrhundert zugeschriebenen Traktats, sämmtliche im dreizehnten Jahrhundert lebend. Kiesewetter [1]) glaubt, dass die Lehren der Mensur durch Ueberlieferung sich fortgepflanzt haben und dass als historisch sicher angenommen werden könne, dass die letzte Hälfte des dreizehnten Jahrhunderts, das Zeitalter Marchettus die Epoche sei, in welcher die aufgesammelte Kenntniss vom einfachen Contrapunkt und der Mensur, sowie die Figuralmusik in die Praxis übergiengen. Kiesewetter's Ansicht über Entstehung und Fortgang der Mensural- und Figuralmusik ist die, dass nach der Verbreitung der Lehren und Methoden Guido's, und nachdem die Note gefunden und eingeführt (wahrscheinlich Anfang des zwölften Jahrhunderts), Versuche angestellt wurden, das poetische Metrum und selbst die Prosodie dem Sänger bemerklich zu machen. Die Wahrnehmung, dass eine lange Silbe zweien kurzen in der Dauer gleich sei, führte dazu, dass man sich Töne von gleicher Dauer dachte, auf welche zwei jener einfach langen und vier jener kürzeren kamen u. s. w.; so sei oder könnte vielmehr die Mensur entstanden sein.

Zwei Notenfiguren, die Longa und Brevis genügten vorläufig, um die Prosodie und das poetische Metrum im musikalischen Vortrag zu bezeichnen. Das Bedürfniss jedoch eines noch längern, gedehnten, beziehungsweise gekürzten Zeitmasses, welches beim Organum und beim blossen Discantus (siehe unten) entbehrlich war, führte zur duplex Longa oder Maxima und Semibrevis und verdankt seine Entstehung wahrscheinlich dem gemischten Contrapunkt, von welchem wenigstens eine Idee vorhanden sein musste, ehe man überhaupt auf die Mensur vorfiel. Die musikalischen Schriftsteller des elften und zwölften Jahrhunderts wissen aber vom Contrapunkt gar nichts und erwähnen denselben in ihren Schriften auch dem Namen nach nirgends; eben so wenig der Mensur und somit können die ersten Versuche zur Erfindung eines musikalischen Zeitmasses höchstens in die erste Hälfte des zwölften Jahrhunderts gesetzt werden und die fortgeschrittenen Lehren, welche Franco mit dem Prädicat antiqui bezeichnet, erst im dreizehn-

---

[1] Siehe den Aufsatz Kiesewetters in Nro. 48—50 in der Leipz. Allgem. Mus. Zeitg. vom Jahr 1828.

ten Jahrhundert geblüht, somit auch Franco nicht im elften sondern im dreizehnten Jahrhundert gelebt haben.

Zur Bestimmung der Zeiteinheit wurde die Brevis genommen und Mensura temporis oder kurzweg Tempus genannt. Die Dauer derselben wurde durch einen Schlag mit der Hand markirt und hieraus dürfte wohl die spätere Bezeichnung Taktus (Takt) entstanden sein. Später wurde an die Stelle der Brevis die Semibrevis (unsere ganze Taktnote) zur Eintheilungsnote sowohl des geraden als des ungeraden Taktes genommen. Wurde das Stück im gradtheiligen Takte ausgeführt, so zerfiel diese Grundnote in Nieder- und Aufschlag (Thesis und Arsis), und zwei Minimae; im ungeraden Takt liegt auf jeder Semibrevis ein einziger Schlag, sofern nicht der ³/₂ Takt eintritt, wo dann die einzelnen Schläge auf die Minima fallen.

Die Mensur war entweder perfect (vollkommen) oder imperfect (unvollkommen); im ersteren Falle war die Taktart eine dreitheilige, ungerade, (³/₁ Takt), im letztern eine zweitheilige, gerade und entsprach unserem ²/₁ oder ⁴/₂, dem alla breve Takt. Das dreitheilige Mass wurde für das vollkommenste gehalten, weil in der Zahl drei alle Vollkommenheit enthalten sei und dasselbe zugleich an die Trinität erinnere. Das Tempus imperfectum tritt als selbstständiges Mass erst im vierzehnten Jahrhundert auf.

Im Tempus imperfectum [1]) werden sämmtliche Notengattungen zweizeitig gemessen, d. h. die Brevis enthält zwei Semibreves, die Semibrevis zwei Minimæ, eine Minima zwei Semiminimæ, eine Semiminima zwei Fusa u. s. w.; zwei Breves sind gleich einer Longa und zwei Longæ bilden eine Maxima. Die Hinzusetzung eines Punktes auf die rechte Seite einer Note verlängert dieselbe wie bei unserer Notenschrift um die Hälfte ihres Werthes; dieser Punkt hiess das Punctum additionis. Im Tempus perfectum gilt die Brevis drei Semibreves, die andern Notengattungen unterliegen jedoch der zweitheiligen Messung. „Es sind also die einzelnen Noten der ³/₁ Takte,

---

[1]) Siehe hierüber Heinrich Bellermann: Die Mensuralnoten und Taktzeichen des 15. und 16. Jahrhunderts. Berlin 1858.

wie auch für gewöhnlich bei uns zweitheilig (nicht Triolen) und die Takte sind zu grösseren zweitheiligen (nicht dreitheiligen) Perioden verbunden, zur Longa mit zwei, und zur Maxima mit vier dreizeitigen Breves" [1]). Um die Dreizeitigkeit einer Brevis zu erkennen, bestand die Regel, dass die Dreizeitigkeit nur gelte, wenn ihr wiederum eine Brevis oder eine für solche stehende Pause, oder die Note einer grösseren Gattung, Longa oder Maxima, folgt; folgen dagegen kleinere Notengattungen (Semibreves, Minimae u. s. w.) oder die ihnen entsprechenden Pausen, so ist sie zweizeitig [2]).

Die wechselnden Werthe der verschiedenen Notengattungen waren äusserst verwickelter Natur, da der Werth der einzelnen Note bald ein zwei-, bald ein dreitheiliger war, ohne dass die äussere Gestalt derselben eine Veränderung erlitt. Ein genaueres Eingehen hierauf würde uns zu weit führen und die Grenze unserer Aufgabe überschreiten; wir verweisen deshalb die sich hiefür Interessirenden ausser auf das schon angeführte ausgezeichnete Werk Bellermanns auf die Arbeiten eines Coussemaker [3]), Ambros [4]) sowie Böhme [5]).

Erwähnen wollen wir noch die sogenannten Ligaturen (Bindungen). Schon die Neumen hatte man, wenn mehrere Noten auf einer Textsilbe zu singen waren, in Gruppen verbunden; eine ähnliche Verbindung mehrerer Mensuralnoten zu einer zusammenhängenden Gruppe nannte man Ligatura.

„Der Werth der Ligaturen wird bedingt zum Theil durch ihre Gestalt, zum grössten Theil aber durch die Stellung des Striches, ob derselbe an der rechten oder linken Seite, auf- oder abwärts gezogen ist, abweichend von den einfachen Noten, wo diess ganz ohne Einfluss bleibt. Eine Ligatur kann aus zwei, drei oder einer ganzen Reihe von Noten bestehen. Die erste Note der Ligatur heisst die Nota initialis oder die Anfangsnote, die letzte die Nota finalis oder die Schluss-

---

1) Bellermann a. a. O. S. 17.
2) Bellermann a. a. O. S. 17.
3) Coussemaker: Histoire de l'harmonie au moyen-âge. Paris 1852. Chap. VIII.
4) Ambros a. a. O. II S. 359 u. ff.
5) Boehme: Altdeutsches Liederbuch. Leipzig 1877. LV.

note und alle dazwischen liegenden die Notae mediae oder die mittleren" [1]).

Zur Bezeichnung des zwei- und dreitheiligen Masses hatte man bestimmte Zeichen. So bezeichnete der Kreis das Tempus perfectum, auch zwei gegeneinandergestellte Halbkreise; ein nach rechts offener Halbkreis das Tempus imperfectum. War der Kreis durchstrichen, so war die Bewegung zu verdoppeln, war demselben die Zahl 3 beigefügt, zu verdreifachen. Die Prolatio war ein Punkt im Zeichen des Tempus und besagte, dass die Semibrevis drei Minimæ gelte; fehlte der

---

[1] Die Regeln hierüber bei Dellermann S. 7—15.
Ambros II. S. 509 theilt die von Martin Agricola übersetzten Gedächtnissregeln über die Ligaturen mit, welche wir hier ebenfalls folgen lassen:

Von den ersten Noten der Ligaturen.

Die Erste ohne Schwantz ist Longa vorwar
So die andere unter sich steiget gar
Die Erst ohne schwantz ist Brevis genant,
So die andere hynauff steigt sur hant,
Die erst niddergeschwentzt an der linken
Thut allzeit nach einer Brevi winken,
Wenn der ersten Schwantz lincks auff thut wandern
So ist sie Semibreff mit der andern.

Von den mittelsten.

Die werden alle mittelste geacht
Zwischen der ersten und letzten gemacht
Igliche Nota ym mittel gesatzt
Wird von den Sengern ein Brevis geschatzt,
Ausgenommen wenn die erst geschwentzt ye
Ist sie und die andern Semibrevis
Wie oben im vierten regel gemelt,
Merck in allen regeln hernach gestalt.

Von den letzten.

Die letzt quadrat, so sie nidder steiget
Wird für eine lang angezeiget,
Ist die letste quadrat hinauff gemalt,
So wird sie für eine Brevem gezahlt
Brevis ist igliche letzt Obliqua
Ein ding ob sie auff oder nidder ga
Maxima dieweil sie ist die grőste
Bleibt sie allzeit yan yhrem gerüste.

Punkt, oder war der Kreis durchstrichen, so war die Semibrevis imperfect und galt zwei Minimæ u. a. w. [1]) Die Pausen entsprachen so ziemlich den heute üblichen; man unterschied Maxima- und Longapausa, Semipausa (Brevis), Suspirium, Semisuspirium.

Die Mensuralnote — viereckige schwarze Note, da die weisse Note erst in der zweiten Hälfte des vierzehnten Jahrhunderts in Frankreich aufkam und von den niederländischen Tonsetzern in allgemeine Aufnahme gebracht wurde —, welche sich allmählig aus den Neumenzeichen herausgebildet hatte [2]), ist nicht zu verwechseln mit der römischen Choralnote. Die Neumen bildeten in den Büchern des römischen Kirchengesangs noch bis zum vierzehnten Jahrhundert die einzig gültige Notenschrift und erst als die Mensuralnotenschrift schon verschiedene Entwicklungsstadien durchlaufen, liess man für den Choralgesang die Nota quadriquarta, eine der Mensuralnote ähnliche viereckige Note gelten. Daher hiess auch die Mensuralmusik mit ihren viereckigen Mensuralnoten im Gegensatz zu der in Neumen notirten Musica plana — Musica quadrata und wegen der bunten Figuren, welche die Mensuralnote in den Ligaturen bildete, Musica figuralis.

Darüber dürfte wohl kein Zweifel mehr bestehen, dass durch das sogenannte Organum oder Diaphonie das grundlegende Moment zur Entwicklung der Mehrstimmigkeit gegeben war, so roh und unnatürlich auch die Mehrstimmigkeit des Organums klingen mochte, wenn man solche Parallelfortschreitungen überhaupt mehrstimmig heissen kann.

Unter Harmonie verstehen wir bekanntlich das gleichzeitige Erklingen mehrerer Töne, während die Griechen damit die Folge einzelner Töne nach ihrer Tonleiter bezeichneten und Melodie eine Folge dieser harmonischen Töne nach den Regeln des Rythmus hiess. Das was wir Melodie nennen, be-

---

1) Bellermann S. 78; über die Bezeichnung der Taktverhältnisse S. 55—91.

2) Ueber die allmählige Transformation der Neumen in mensurirte viereckige Noten siehe Coussemaker: Histoire de l'harmonie au moyen-âge Ch. 7, woselbst in erschöpfender Weise nachgewiesen wird, dass und wie die viereckige Note aus den Neumen sich herausgebildet.

greift somit was die Griechen unter Harmonie und Melodie verstanden, in sich. Im neunten und zehnten Jahrhundert bedeuteten Organum und Diaphonie schon das, was wir unter Harmonie verstehen, obwohl jene Quinten- und Octavenparallelen nichts weniger als harmonische Zusammenklänge sind. Die Entstehung des Organums wird gewöhnlich dem Satze der griechischen Musiklehre zugeschrieben, dass nur die Quarte, die Quinte und die Octave consonirende Intervalle seien. Es entstand nun die Meinung, dass, wenn die Quarte mit irgend einem Tone gleichzeitig erklinge, eine angenehme Symphonie (Akkord) entstehe, dass überhaupt die gleichzeitige Fortschreitung mehrerer Stimmen in Consonanzen angenehm klingen müsse. Hucbald erklärt zweierlei Arten des Organums, denn dass dasselbe keine Erfindung Hucbald's war und schon zu Anfang des neunten Jahrhunderts existirte, haben Ambros[1]) und namentlich Coussemaker[2]) nachgewiesen. Schon Isidor von Sevilla, welcher im siebten Jahrhundert lebte, spricht von einer musikalischen Harmonie, unter welcher er theils das Auf- und Absteigen der Stimme, theils die Uebereinstimmung mehrerer gleichzeitig verbundener Töne versteht; ebenso definirte Remi von Auxerre, welcher zu Anfang des neunten Jahrhunderts lebte, die Harmonie als eine gleichzeitige Verbindung der Stimmen[3]); auch der Philosoph Scotus Erigena — Anfang des neunten Jahrhunderts — erwähnt des Organums als einer allgemein bekannten Sache.

Hucbald erklärt also zweierlei Arten des Organums. Bei der ersteren Art giengen eine oder mehrere Stimmen mit der Prinzipalstimme in Quinten oder in Quinten und Octaven; die zweite Art, das sogenannte schweifende Organum, enthielt ausser Quart- oder Quart- und Octavenparallelen, Secunden und Terzen, jedoch durften nie zwei Terzen aufeinander folgen. Letztere Art wurde von Hucbald nur zweistimmig angewandt, erstere vierstimmig, d. h. die zwei obern oder untern Stimmen wurden verdoppelt.

1) Ambros II S. 140—142.
2) Coussemaker a. a. O. und Traité sur Hucbald.
3) Gerbert Script. I.

Kiesewetter[1]) hält es nicht für glaublich, dass das Organum in den christlichen Gesang eingeführt worden, noch überhaupt je gesungen worden sei; eben so wenig, bemerkt derselbe mit beissender Ironie, wird das Anhören oder Singen desselben unter den Pönitenzen und Kasteiungen der Ordensregel gemeint sein können, da eine solche Strafe doch gar zu empfindlich gewesen wäre.

Dass die Fortschreitungen des Organums unsern Ohren barbarisch klingen, ist nun aber kein Beweis dafür, dass dasselbe nie gesungen wurde. Den damaligen Ohren wenigstens muss das Organum äusserst lieblich geklungen haben, da die verschiedenen Schriftsteller jener Zeit die Süssigkeit desselben nicht genug rühmen und preisen können. Hucbald selbst hat an der herrlichen Wirkung des Organums auch nie gezweifelt; denn — sagt er — singen ihrer zwei oder mehr mit bedächtiger Gravität zusammen wie es diese Singweise erheischt, so wirst du aus der Vermischung der Stimmen einen angenehmen Zusammenklang entstehen sehen[2]); und über das verdoppelte Organum: mit mässigem Zögern gesungen und genau ausgeführt, wird die Annehmlichkeit dieses Gesanges ausgezeichnet heissen dürfen. Dass in Quarten und Quinten gesungen wurde, beweisen nicht bloss verschiedene Schriftsteller, welche davon als einer ganz bekannten Sache sprechen, sondern auch Ausdrücke wie Quintiren, bei den Franzosen quintoyer, sowie Diatessaronare für den Gesang in Quarten[3]), welche für diese Art des Gesanges ganz gang und gäbe waren. Erwähnt doch noch Brant in seinem Narrenschiff des Quintirens:

„sie wissen als viel vom Kirchen regiren
als müllers esel vom quintiren"[4]).

Seth Calvisius in einem Briefe an Praetorius[5]) findet Anklänge an das alte Organum in dem Gebrauch zweier Instrumente von der alten Musica, als die Sackpfeife und die

1) Kiesewetter a. a. O. S. 18.
2) Gerbert a. a. O. I. 166.
3) Forkel a. a. O. II. 451.
4) Siehe auch Coussemaker a. a. O.
5) Syntagma mus. II. 100.

— 65 —

Leyer; „in denselben klingen besonders für und für eine Consonantia; auf der Sackpfeife nur eine Quinta, auf der Leyre aber wohl drei oder vier Saiten, als nämlich eine Quinta und Octava zugleich durch drei Saiten: Und wird darnach auf andern Clavieren, welche die vierte Saite anrühren und treffen, etwas anderes im fuglichen Choral darin modulirt. Solches ist ohne Zweifel stets in den Kirchen blieben und man hat auf den Orgeln, zu den Consonantiis eine andere sonderliche Reihe Pfeifen haben müssen, in welchen man allezeit die Consonantias gezogen, welche sich zum Choral Clave schicken und reimen, wie auf der Leyre geschieht, als c g c oder d a d oder e h e u. s. w. Dieselben Claves haben sie stets gehen und tönen lassen und darnach einen Choral, der aus dem c, d oder e gegangen und sein Fundament darinnen hat, dareingeschlagen, wie man auf dem Instrument einen Schäfertanz schlägt" [1]).

Die muthmaassliche Entstehung des Organums hat schon eine stattliche Reihe von Hypothesen hervorgerufen. Die Einen erklären die Entstehung desselben, wie schon oben bemerkt, aus dem Satz der griechischen Musiklehre, welcher die Quarte und Quinte als Consonansen ansah, woraus die Annahme leicht entstehen konnte, dass gleichzeitige Fortschreitungen mehrerer Stimmen in solchen consonirenden Intervallen auch consonirend, wohlklingend sein müssten. Diese Hypo-

---

1) Oscar Paul in seiner Geschichte des Klavierspiels bestreitet die Annahme einer Mehrstimmigkeit in der Form des Organums als historisch nicht nachweisbar. Die von Gerbert angeführten Beispiele seien Antiphonien, welche in der Weise gesungen worden wären, dass Männer und Knaben zusammen eine Melodie vorgetragen und dieselbe auf der Quinte und deren Oktave wiederholt hätten. Der historische Nachweis seiner Behauptung dürfte aber Oscar Paul um so schwerer fallen, als gerade die Abhandlungen Hucbalds über Symphonie und Diaphonie seine Aufstellung direct und schlagend widerlegen. Einen weiteren, wenn auch indirecten Beweis dafür, dass das Organum in oben bezeichneter Weise wirklich gesungen wurde, enthält die weiter unten vollständig mitgetheilte Verordnung Johann XXII, welcher an Festtagen oder bei feierlichen Messen einige „melodische Consonanzen" als die Oktave, Quinte, Quarte und dergleichen, da dieselben das Ohr erfreuen, über dem einfachen Kirchengesang beizubehalten gestattete.

Sittard, Compendium. 5

these hat vieles für sich. Kiesewetter glaubt, dass das Organum der Orgel seine Entstehung verdanke. Die ältesten Orgeln besassen, wie wir im vorigen Abschnitt sahen, einen halben Schuh breite Tasten, welche entweder mit den Fäusten geschlagen oder mit dem Ellbogen niedergedrückt werden mussten. Eine wesentliche Stütze konnte natürlich der Gesang in einem solch' unvollkommenen Instrument nicht finden und Kiesewetter meint, dass wie die Sänger oft über einen Orgelton wie über einen Dudelsack ihren Gesang fortführten, vielleicht irgend ein Mal ein solcher Orgelbändiger zufällig zum Grundton die Quinte presste und ob der guten Wirkung in ein „angenehmes Erschrecken" gerathen sei [1]).

Ambros [2]) vollends führt aus, dass, weil die Geigen der nordischen Völker mit flachem Stege und mehreren Saiten versehen waren, dieselben den Spieler nöthigten, mit dem Bogen sämmtliche Saiten zugleich ertönen zu machen, und so die tiefern Saiten Grundton und Quinte zur Oberstimme (Melodie) angaben und das Ohr daran gewöhnt wurde. Ebenso habe die Orgel zur Entstehung des Organums beigetragen, wo der Organist mit zwei Fäusten die Orgel und in Erinnerung (?) an die Geigeninstrumente (?) ähnliche Wirkungen zu erzielen versuchte, indem er zu einem mit der linken Hand gleichsam als Orgelpunkt constant festgehaltenen Ton in der rechten einige oder vielleicht eine ganze Reihe Noten hören liess, oder zuweilen einem Tone die Quinte zugesellte.

Wäre es wohl nicht die einfachste und natürlichste Lösung, die Entstehung des Organums in den verschiedenen Klangweisen der menschlichen Stimme zu suchen? Es ist ja bekannt, und man kann es heute noch in der katholischen Kirche beim gemeinsamen Beten sowie überhaupt bei den Gesängen des Volkes beobachten, dass die verschiedenen Stimmen sich in Quarten- und Quintenparallelen bewegen.

---

1) Die Annahme Kiesewetters in seiner Schrift: Die Verdienste der Niederländer u. s. w. Amsterdam 1829 S. 12, dass das Organum eine blosse Nachahmung der Orgelmixtur gewesen sei, ist schon desswegen hinfällig, weil die Mixtur erst im zwölften Jahrhundert entstand.

2) Ambros II B. 123.

Die Tenorstimme klingt in der Regel eine Quarte höher als die Bassstimme, die Sopranstimme eine Octave höher als der Tenor und die Altstimme eine Quarte tiefer als der Sopran resp. eine Octave höher als die Bassstimme. Hier hätten wir das natürliche Vorbild des Organums und dies wäre auch eine viel natürlichere Erklärung als die vielen künstlichen, weit hergeholten Entstehungsursachen. Vielleicht könnte der Wechselgesang zur Entstehung desselben beigetragen haben. So bestand der Gesang z. B. der Therapeuten, einer jüdischen Secte, in Wechselchören zwischen Männern und Frauen. Nachdem jeder Chor seine religiösen Empfindungen einzeln ausgesprochen, mischte sich in den herüber- und hinübertönenden Weisen, nach den Schilderungen Philo's, zu dem tiefen Ton der Männer der höhere der Frauen und so bildete sich eine harmonische und wirkliche Symphonie. Wie wir in der Einleitung sahen, wurden Wechselchöre auch zwischen den Männern einerseits und den Frauen und Kindern andererseits ausgeführt, und es bestärkt uns dieser Umstand nur noch in der Annahme, dass die Entstehung des Organums in den Klangweisen der menschlichen Stimme seine natürliche Erklärung finden dürfte.

Das Naturwidrige solcher Parallelfortschreitungen wie diejenigen des Organums wurde nach und nach doch vom Ohr empfunden und die Sänger schalteten zwischen zwei oder drei solcher Parallelen eine Octave oder Sexte ein, schlossen auch im Einklang. Schon Guido ersezte die Quintenparallelen durch Quartenparallelen, und liess die Stimmen sich am Schlusse nähern und im Einklang schliessen. Im schweifenden Organum will er ebenfalls die Quarte angewandt wissen; auch andere Intervalle, wie die grosse und die kleine Terz lässt er als Durchgangstöne gelten, ja er lässt sogar eine Stimme auf einem und demselben Ton aushalten, während die Hauptstimme, wie Ambros sich ausdrückt, taumelnd um denselben sich bewegt. In der Eliminirung der reinen Quintenfolgen lag ein grosser Fortschritt gegenüber dem Hucbald'schen Organum. Schelle[1] glaubt, dass das freie oder schweifende Organum

---

[1] Schelle a. a. O. S. 180.

Guido's in der Kirche in der Weise verwendet wurde, „dass es, zumal das Organum mit dem orgelpunktartigen Bass, nach dem Verse, der in Quarten gesungen wurde, als Schlusscadenz oder Neuma angehängt wurde. Es milderte somit die Eintönigkeit des Gesangs und hob diesen zugleich durch einen Effect, der einen um so imponirenderen Eindruck machte, als das Organum in der römischen Kirche zunächst nur bei gewissen Gelegenheiten gehört wurde. So trugen die Sänger am Weihnachtstage nach der Messe, während der Mahlzeit des Pabstes, die übliche grosse Sequenz im Organum vor, dessgleichen geschah auch am Ostertage, und aus einzelnen Andeutungen geht hervor, dass an bestimmten Festtagen das Organum auch in der Messe, wenn auch nur sparsam, zur Verwendung kam. Es liesse sich vermuthen, dass im Munde der römischen Sänger die Quarte als eine zu grosse Härte sich nach und nach abschliff, die wohlklingende Terz ihre Stelle einnahm, fortan dem Cantus firmus als Begleitungsintervall zur Seite ging, und nur in den Cadenzen (Neumen) vorübergehend Quinten oder Quartenfolgen als die Reminiscenzen des alten Organums auftauchten. In solcher Gestalt hat sich das letztere noch bis auf den heutigen Tag in der päbstlichen Schule allerdings mit gewissen Modificationen erhalten. Den Cantus firmus geben die Bässe und Contraalte, die Tenore und Soprane übernehmen die begleitende Terz. Das Gesetz des Parallelismus wird dabei in seiner ganzen Strenge befolgt und der Charakter der Tonarten dergestalt berücksichtigt, dass im ersten, zweiten, dritten, vierten, siebenten und achten Ton, wo das b im Schlusse nicht vorkommt, dieser Halbton in dem Begleitungsintervall stets vermieden wird, selbst wenn der Cantus firmus vorübergehend das b anschlägt und die Gefahr eines Querstandes unvermeidlich ist oder in Folge des Ganges der Modulation die übermässige Quarte und die falsche Quinte, diese gefürchteten Spuckgeister in der alten Kirchenmusik, mit ihrer Erscheinung drohen sollten."

Johannes Cottonius, welcher nach Guido lebte (siehe oben), erwähnt auch verschiedener Arten des Organums, welche gegenüber dem Hucbald'schen einen nicht unbedeutenden Fortschritt bezeichnen. Die Diaphonie, berichtet uns derselbe, ist ein gleichzeitiges Erklingen verschiedener Töne, dieselbe wird von mindestens zweien Sängern in der Weise ausgeführt, dass während der eine die Hauptmelodie singt, der andere dieselbe mit verschiedenen Tönen umschreibt. Beide Stimmen schliessen im Einklang oder in der Oktave. Diese Art des Gesanges nannte man Organum. Er erwähnt noch mehrere Arten desselben, so z. B. dass während die eine Stimme stieg, die andere fiel und umgekehrt [1]).

Neben dieser Art der Diaphonie hatte sich gegen Ende des elften und Anfang des zwölften Jahrhunderts eine andere Art von Harmonie entwickelt, welche Discantus (von dis zwei und cantus Gesang, also Zwiegesang) französisch Déchant genannt wurde und aus einem gegebenen bestimmten Gesang — cantus firmus — und einer hiezu gesetzten Melodie bestand. Im dreizehnten Jahrhundert verstand man jeden zwei-, drei-, oder vierstimmigen mensurirten Gesang hierunter.

Der Hauptunterschied zwischen der Diaphonie und dem Discantus bestand darin, dass letzterer mensurirter Gesang war, dass derselbe also nicht im gleichzeitigen Erklingen verschiedener gleichwerthiger Töne bestand, sondern vielmehr eine Art Contrapunkt zweier oder mehrerer Noten gegen eine oder mehrere andere war, und die verschiedenen Noten auch verschiedenen Werth unter sich besassen, die Dauer derselben also eine verschiedene sein konnte. So definirt auch Franco von Köln den Discantus als ein harmonisches Ensemble verschiedener Gesänge, welche unter sich durch Longen, Breven und Semibreven einheitlich verbunden waren. Ebenso J. Tinctoris [2]): Discantus ist ein durch verschiedene Stimmen und durch Noten von bestimmtem Zeitwerth hervorgebrachter Gesang.

Ueber die Entstehung des Discantus weiss man nichts Zuverlässiges. Coussemaker [3]) ist der Ansicht, dass man die dem Gesang beigegebene zweite Stimme irgend einem Responsoriengesang oder sonst einem Gesang entnahm und den ur-

---

[1]) Gerbert a. a. O. I. 263. u. Coussemaker a. a. O. S. 25 u. 26.
[2]) Joannis Tinctoris „Terminorum Musicae Diffinitorium", Lateinisch und Deutsch mit erläuternden Anmerkungen von Bellermann in Chrysander's Jahrbüchern Bd. 1 S. 55—114.
[3]) Coussemaker a. a. O. 29.

sprünglichen Werth der Noten modificirte, indem man die eine so lange verlängerte und die andere verkürzte, bis der Gesang der Hauptmelodie angepasst war; wollte man noch eine dritte Stimme hinzufügen, so musste dieselbe sich der gleichen Procedur unterwerfen. In Frankreich war der Discantus unter dem Namen Déchant schon frühzeitig bekannt. Derselbe wurde zunächst nicht mensurirt, sondern syllabisch oder in melismatischer Weise über den gehaltenen Tönen eines Cantus firmus ausgeführt. Es gab zweierlei Arten des Déchant. Bei der ersten Art sangen beide Stimmen meistens im Einklang, und nur an einzelnen Stellen trennte sich die discantisirende Stimme, indem sie um eine Stufe stieg wenn die andere fiel, oder umgekehrt; geschlossen wurde immer im Einklang. Diese Art von Discantus unterschied sich also vom Organum in keiner Weise. Bei der zweiten Art führte der Discantisirende über die gehaltenen Töne des Cantus firmus bunte Passagen, sogenannte Fleurettes aus, welche meistens der freien Erfindung des Sängers überlassen waren. Dieser Discantus, welcher aus dem Stegreife zu einer Choralmelodie vorgetragen wurde, hiess auch „Contrapunctus a mente", französisch „Chant sur le livre" im Gegensatz zum ausgearbeiteten Contrapunctus a penna und bestand neben letzterem noch bis in das fünfzehnte Jahrhundert. Diese Art des Déchant wurde auch oft zugleich in mehreren Stimmen und in verschiedenen Intervallen ausgeübt. Eine weitere beliebte, aber nicht minder geschmacklose Manier im Déchantgesang war der sogenannte Schluchzer (Ochetus). Derselbe bestand darin, dass der Sänger einzelne, durch Pausen unterbrochene, kurz abgestossene Töne hören liess. Diese Geschmacklosigkeiten werden wohl ein Hauptgrund gewesen sein, dass Pabst Johann XXII. den Déchant gänzlich vom Kirchengesang ausgeschlossen haben wollte. Zu erwähnen ist noch jene Art des damaligen französischen Kirchengesangs, welche unter dem Namen Faux-bourdon, italienisch Falso bordone längere Zeit geübt wurde. Es war dies eine Art dreistimmigen Gesangs über bekannte Melodien der Psalmodie der acht Kirchentöne. Entweder sang der Sopran oder Contraalt den Cantus firmus, die Mittelstimme (Tenor oder

Contraalt) in der Quarte unter der ersten Stimme, die dritte Stimme, (Bass, Bourdon oder Tenor) die Sexte unter der ersten Stimme im Major- oder Minorton nach der diatonischen Tonleiter. Der Schluss der ersten und dritten Stimme geschah in der Consonanz, derjenige der Mittelstimme in der Quinte. Faux bourdon, Falso bordone, falscher Bass wurde diese Art des Gesanges genannt, weil der eigentliche Bass der Sopran oder Contraalt war, welcher als höchste Stimme in der Sexte der als Bass erscheinenden Stimme die eigentliche Melodie des Cantus firmus sang, daher der Bass oder Tenor — der Bourdon —, indem er die Sexte von unten sang, in der Terz der Melodie ging. Am Schluss schritt wie schon berührt, die Oberstimme in die Oktave, die Mittelstimme in die Quinte die Unterstimme in den Grundton. Eine zweite, später entstandene Art des Falso bordone bestand in der Ausführung von vier Stimmen im Contrapunkt von lauter Consonanzen mit Ligaturen in der Cadenz, wo in einer der vier Stimmen, also nicht mehr ausschliesslich in der Oberstimme, die Kirchenmelodie des Cantus firmus lag [1]). Eine weitere Art von Falso bordone, welche im sechzehnten und siebzehnten Jahrhundert in Rom beliebt gewesen sein soll, bestand darin, dass der Cantus firmus auf der Orgel gespielt wurde, während Sopran Alt, Tenor und Bass abwechselnd einen Contrappunto alla mente mit allerlei Arten von Passagen, Trillern und Fiorituren darüber zum Besten gaben.

Die erstere Art von Falso bordone wurde nach der sogenannten Avignon'schen Gefangenschaft von den Päbsten in die päbstliche Kapelle [2]) zu Rom eingeführt, woselbst sich

---

1) Kandler: Ueber das Leben und die Werke G. P. da Palestrina nach dem gleichnamigen Werke Baini's bearbeitet. Leipzig 1834. S. 54.

2) Nach der Verlegung der päbstlichen Residenz nach Avignon unter Clemens V. im Jahr 1305 war der Vorsteher — Primicerius — der römischen Sängerschule in Rom zurückgeblieben; als nun nach der Rückverlegung des päbstlichen Sitzes nach Rom im Jahr 1377 die in Avignon neu gegründete päbstliche Kapelle mit nach Rom übersiedelte, wurde erstere, welche dem Gregorianischen Kirchengesang treu geblieben war, mit der Avignon'schen Kapelle vereinigt und erhielt den Namen „päbstliche Kapelle".

diese Gesangsweise auch nach Einführung des figurirten Contrapunkts erhalten haben soll [1]).

Zu den oben angeführten Ausschreitungen des Kirchengesangs kam auch die Unsitte auf, dass zu einem weltlichen Text die zweite Stimme einen lateinischen geistlichen sang. Schon Franco von Köln erwähnt derselben: „der Discant wird entweder mit einerlei Text oder mit verschiedenen Texten gemacht, oder auch zusammen mit und ohne Text. Macht man ihn mit Text, so gibt es wieder zweierlei: mit demselben Text oder mit verschiedenem. Mit einem und demselben Text macht man den Discant bei Cantilenen, den Rondellen (eine Art von Kanon) und im Kirchengesang. Mit verschiedenen Texten macht man den bei Motetten [2]), die einen Triplus (eine dritte Stimme) haben, oder einen Tenor, der sich mit einem selbständigen Text geltend macht. Mit und ohne Text wird der Discant bei den Conducten [3]) gemacht und in der Art Kirchengesang, der mit dem eigenthümlichen Namen Organum bezeichnet wird. In allen übrigen Gattungen wird in gleicher Weise verfahren, mit Ausnahme der Conducte; denn in allen übrigen nimmt man einen schon vorher gemachten Gesang dazu, der Tenor genannt wird, weil er den Discant hält (tenet) und letzterer von ihm seinen Ursprung hat. Bei den Conducten ist es nicht so, hier macht der Tonsetzer den Gesang (cantus d. i. Tenor) und den Discant. Daher heisst

---

1) Siehe auch Kiesewetter a. a. O. und Schlecht S. 72.

2) Motettus wurde der Gesang genannt, wenn über einem in gehaltenen Tönen sich bewegenden Tenor die anderen Stimmen in schnelleren Noten sich bewegten. Ambros glaubt, dass die Bezeichnung Motettus daher kommt, dass dem Tenor gewöhnlich ein Denkspruch (ein Motte, mot) unterlegt war. Später nahm man Bibelsprüche, Psalmstellen oder Verse aus alten Kirchenhymnen und nannte alsdann derartige Compositionen Motetten.

3) Unter Conductus verstand man einen Gesang, in welchem alle Stimmen mit einem frei gebildeten Tenor sich in aller Freiheit und Mannigfaltigkeit bewegten; dem Tenor durfte auch ein frei gebildeter Discant — Gegenmelodie — entgegengesetzt werden, was bei andern Gattungen nicht der Fall sein durfte, da als Gegenstimme zum Tenor ein bekannter Gesang genommen werden musste. Ebenso war die Copula eine Art Discantus, wo eine Stimme in rasch aufeinanderfolgenden Noten einen festgehaltenen Ton umschrieb.

der Discant aus zwei Gründen so: einmal weil er der Gesang verschiedener (dis-cantus wie dis-sensus oder dis-cordia), dann weil er aus dem Cantus gebildet ist" ¹).

In Frankreich wurde zur Verstärkung der Oberstimme (Triplum) bei feierlichen Gottesdiensten die sogenannte Treble (eine Art Trompete) angewendet. So heisst es in den Annalen Ludwig IX.: „comme devotement il fit chanter la messe et tout le service a chant et a dechant a ogre (Orgel) et a treble" ²). Der damalige französische Kirchengesang bestand hiernach aus dem einfachen Gesang (chant) mit verzierendem Discant (déchant) mit Begleitung der Orgel und der die Oberstimme verdoppelnden Trompete. Der Déchant wurde überhaupt in Frankreich mit besonderer Vorliebe gepflegt. So wurden an den Hauptkirchen auch Unterrichtsanstalten gegründet, wo die richtige Art des Fauxbourdonisirens und Déchantirens gelehrt wurde. In diesen Schulen — Maîtrisen — wurden vom Singmeister — Maître — die bekanntesten und beliebtesten Gesänge eingeübt und beim Gottesdienst gesungen. Auch Stiftungen wurden zu diesem Zweck gemacht; so fundirte Pabst Urban V. (1362) zu Toulouse einen Singmeister mit sieben Knaben, welch' letztere beim Hochamt zu singen hatten. Die höchste Kunst scheint jedoch damals in Frankreich darin bestanden zu haben, zu einem Tenor während der Ausführung einen Déchant zu improvisiren und denselben so reichlich wie möglich auszugestalten.

Diese geschmacklosen Gesangsmanieren blieben nicht ohne Widerspruch und Tadel. So vergleicht unter Andern Joh. Cottonius die déchantirenden Sänger mit Betrunkenen, die zwar glücklich nach Hause kommen, jedoch nicht wissen auf was für Wegen und Stegen, und Johannes de Muris (im vierzehnten Jahrhundert) äussert sich folgendermassen: „In unsern Zeiten suchen Einige ihre Unwissenheit durch eine leere Phrase zu beschönigen. Dieses, sagen sie, neue Consonanzen in Anwendung zu bringen, ist die neue Weise zu discantiren; sie beleidigen den Verstand derer, welche solche Fehler

---

1) Ambros II 836.
2) Ambros II 839.

merken und beleidigen das Gefühl; denn während sie Wohlgefallen erregen sollen, erregen sie Missfallen. O schlechte Beschönigung, unvernünftige Entschuldigung. O arger Missbrauch, arge Unwissenheit, arge Verthierung, den Esel für den Menschen, die Ziege statt des Löwen, das Schaf für den Fisch, die Schlange für den Salm zu nehmen! Denn die Dissonanzen werden derart mit den Consonanzen vermengt, dass durchaus keine von den andern mehr unterschieden werden kann" u. s. w. Pabst Johann XXII. verbot endlich (1322) den Gebrauch des Discantus in der Kirche. Wir lassen hier die Verordnung wörtlich folgen, weil sie zugleich ein unschauliches Bild des damaligen Kirchengesangs gibt. „Einige Zöglinge der neuesten Schule wenden ihre ganze Aufmerksamkeit dem Einhalten der Zeitmaasse und allerlei neuen Noten zu, wobei sie dann lieber ihre eigenen Einfälle als das wohlhergebrachte Alte vortragen mögen. Die Kirchenmelodien werden in Semibreven und Minimen ausgeführt und mit kleinen Noten überschüttet. Denn die Sänger zerschneiden die Melodie mit Hoqueten, machen sie durch Discante üppig, zwingen ihr zuweilen gemeine Tripla und Motetten auf, so dass sie mitunter die dem Antiphonare und Graduale entnommenen Grundlagen geradezu verachten und keine Kenntniss von dem haben, worüber sie bauen, und die Kirchentöne, von denen sie keine Kenntniss haben, nicht nur nicht unterscheiden sondern durcheinander werfen, indem in solcher Notenmenge das zuchtvolle Aufsteigen, das gemässigte Absteigen des Choralgesangs, als wodurch sich die Tonarten von einander unterscheiden, unkenntlich werden. Denn sie laufen ruhelos, berauschen das Gehör anstatt es zu erquicken, suchen durch Geberden auszudrücken, was sie vortragen; das Ergebniss ist, dass die Andacht, um welche es sich doch handelt, bei Seite gesetzt und tadelhafter Leichtsinn verbreitet wird. Doch wollen wir damit nicht verboten haben, dass zuweilen, besonders an Festtagen oder feierlichen Messen, beim Gottesdienste einige melodiöse Consonanzen als die Octave, Quinte und Quarte und dergleichen über dem einfachen Kirchengesang angebracht werden, doch so, dass der letztere vollkommen unangetastet bleibe und von der wohlgearteten Musik nichts verändert werde, da diese Consonanzen das Ohr erfreuen, Andacht wecken und die Seele derjenigen, welche zur Ehre Gottes singen, vor Abspannung bewahren" [1]).

Gibt uns diese Verordnung ein ungefähres Bild des damaligen Kirchengesangs, so ist dieselbe doch auch bezeichnend für die musikalische Beschränktheit des Pabstes Johann, welcher mit Gewalt die Entwicklung einer Kunstform zu hemmen versuchte, welche, wenn auch noch in unbeholfener und geschmackloser Weise gehandhabt, für die Entwicklung der contrapunktischen Formen von ungeheurem Werth war.

Auch in den an Frankreich angrenzenden Theilen Deutschlands scheinen die kirchlichen Gesänge der Prosen und Soquenzen nach Art des Déchant gesungen worden zu sein. Doch wird der Discantus nur an wenigen Orten in Deutschland ausgeübt worden sein, da der eigentliche Kirchengesang dortselbst, ähnlich dem römischen Choral, einen eintönigen Character besass. Auch gab es keine Lehranstalten, an welchen der Discantus und die Figuralmusik gelehrt worden wäre. Auch in Italien war der mehrstimmige Gesang aus der Kirche ausgeschlossen, bis Pabst Urban V. (1362—1370) denselben in der päbstlichen Kapelle einführte.

Der Kirchengesang der damaligen Zeit muss überhaupt sehr im Argen gelegen sein, da verschiedene Schriftsteller jener Epoche sich gegen das „Ochsengebrüll" der Sänger in der Kirche wenden. So hätten in den Kirchen Sachsens und der Ostseeländer die Sänger „ganz erschrecklich" losgelegt und das Concilium von Trier sah sich im Jahr 1227 zu der Verordnung genöthigt, dass die Kirchenvorsteher nicht jedem Gassen- oder Bänkelsänger das Singen in der Kirche gestatten dürften.

Von Frankreich aus verbreitete sich die Kunst des Discantisirens nach den Niederlanden, woselbst sie wesentlich zur Entwicklung des Contrapunkts beitrug. Auch die geschmacklose Zusammenfügung zweier nicht zusammen gehörender Gesänge führte in der Folge, bei zunehmender Uebung und

---

[1] Ambros II S. 347 und ff

geläutertem Geschmack, zu jenen meisterhaften Arbeiten mit doppeltem Cantus firmus.

Eine Art von extemperirtem Contrapunkt [1]) finden wir im fünfzehnten Jahrhundert noch in Italien und es war derselbe sogar in der päbstlischen Kapelle an den Festtagen unter dem Namen Canto piano maggiore im Gebrauch. Wie derselbe beschaffen war, wird uns nicht gesagt; wahrscheinlich war es ein von den päbstlichen Sängern von Avignon mit nach Italien gebrachter Falso bordone oder Contrappunto alla mente (siehe oben), also ein von den Sängern frei improvisirter Contrapunkt.

Verdienste um die Entwicklung der Mensuralmusik und der Harmonie erwarben sich in diesem Zeitraum hauptsächlich:

Marchettus, Marchetto oder Marcheto, von Padua, welcher Ende des dreizehnten und Anfang des vierzehnten Jahrhunderts lebte, sowie

Joannes de Muris (Jean de Meurs) gegen das Jahr 1300 in der Normandie geboren, Magister der Sorbonne, Canonicus und Dekan zu Paris, er starb 1370.

Beide stellten die Fundamentallehre der Harmonie auf, dass reine Consonanzen wie Octaven Quarten und Quinten nicht in gerader Bewegung aufeinander folgen dürfen und dass jede Dissonanz sich in die nächstfolgende Consonanz aufzulösen habe.

Von Componisten kirchlicher Musik im vierzehnten Jahrhundert nennen wir Guillaume de Machau, geboren 1284 im Dorfe Machau in der Champagne, 1307 Kammerdiener des Königs Philipp des Schönen von Frankreich, später, 1316, Geheimschreiber der Könige Johann und Karl V.; sein Todesjahr ist unbekannt, doch soll er im Jahr 1369 noch gelebt haben. Er schrieb zwei- und dreistimmige französische und lateinische Motetten und eine Krönungsmesse für Karl V. Ferner

Francesco Landino, auch Francesco cicco, der blinde Francesco genannt, weil er schon in jungen Jahren die Sehkraft eingebüsst hatte; man hiess ihn auch Francesco degli organi, weil er ein ausgezeichneter Orgelspieler gewesen sein

---

1) Kandler a. a. O. S. 25.

soll. Er wurde im Jahr 1325 zu Florenz geboren und starb dortselbst 1390.

IV.
Weitere Entwicklung des mehrstimmigen Gesangs. Die Tonsetzer kirchlicher Werke vom 14.—16. Jahrhundert.

Wir sahen im vorigen Abschnitt, dass die Kunst des Discantisirens hauptsächlich darin bestand, dass die Sänger — und der Unterricht derselben zielte auch hauptsächlich darauf hin — dem Cantus firmus eine oder mehrere selbständige Stimmen gegenüberstellten resp. improvisirten. Man sollte nun annehmen dürfen, dass Frankreich, wo der Discantus hauptsächlich gepflegt wurde und durch die von Coussemaker, Fétis und Anderen aus dem Staub der Archive zu Tage geförderten Werke der Beweis erbracht worden ist, dass schon damals eine ausgebildetere Contrapunktik bestand [1]), welche, wenn auch von unserem Standpunkt aus noch roh zu nennen, doch immerhin die Grundlage bildete, auf welcher Dufay und seine Zeitgenossen weiter schufen, — dass Frankreich der Boden hätte werden sollen, woselbst sich der mehrstimmige Satz zu freierer künstlerischer Entfaltung entwickelt haben würde. Dem ist jedoch nicht so; sondern die Niederlande waren es, wo jener Keim gelegt, jener a capella Stil ausgebildet wurde, welcher später in Palestrina und seiner Schule so wunderbare Kunstwerke schuf. In Rom selbst wurde der mehrstimmige Gesang, welcher, wie wir sahen, in dem von Frankreich mit herüber gebrachten Discantus und falso bordone bestand, erst nach der Rückverlegung der päbstlichen Residenz nach Rom im Jahr 1377 in die dortige Sängerschule, in welcher bis dorthin keine Veränderung des einstimmigen Gregorianischen Gesangs vorgenommen worden war, durch Urban V. einge-

---

1) Siehe namentlich Coussemaker: L'art harmonique aux XII. et XIII. siècles. Paris 1865.

führt. Im übrigen Italien stand es auch nicht besser. Auch der in Deutschland bestehende Kirchengesang besass ähnlich dem römischen Cantus planus einen eintönigen Character und die Melodien der Minne- und Meistersänger hatten auf die Entwicklung des Kirchengesangs gar keinen Einfluss, da ihr Gesang in einer monotonen Psalmodie bestand. In der kaiserlichen Kapelle zu Wien wurde sogar erst im Jahr 1498 ein Sängerchor errichtet, dessen Sänger „brabandisch" zu discantisiren hatten. Auch in den Singschulen beschränkte sich der Unterricht noch lange ausschliesslich auf den Choralgesang und der Figuralgesang wurde nur dort gepflegt, wo der betreffende Bischof denselben kannte und bevorzugte. Erst vom 15. Jahrhundert an wurde derselbe nach und nach in den Kirchen eingeführt. In England fand die Mensuralmusik und der mehrstimmige Gesang im 13. und 14. Jahrhundert Eingang, ohne dass derselbe eine Weiterführung und Weiterentwicklung dortselbst gefunden hätte.

So waren es unter allen Nationen nur die Niederländer, welche sich das grosse Verdienst erwarben, die aus den noch ziemlich rohen und unbehilflichen Versuchen des Discantus herausgebildeten und von den musikalischen Theoretikern wie Franco von Köln, Marchettus und Johannes de Muris in ein bestimmtes System gebrachten Regeln in ihren Tonschöpfungen praktisch verwerthet und organische Kunstwerke geschaffen, sowie der ganzen Entwicklung der Musik jene Richtung gegeben zu haben, welche sie, man kann wohl sagen, bis zur Reformation, wenn auch immer höhere Stufen erreichend, beibehielt. Wenn auch Franzosen, Italiener und Deutsche hiebei mitgewirkt haben, so bleibt doch das Hauptverdienst den Niederländern, welche überallhin berufen wurden und an den Höfen von Italien, Frankreich und Deutschland, sogar am polnischen Hofe ihre Wirksamkeit entfalteten.

Nach Friedrich Arnold [1] wäre freilich schon vor den Niederländern der Contrapunkt in Deutschland in hoher Blüthe gestanden. Indem er nämlich aus Gründen, die immerhin be-

---

[1] In seiner Abhandlung über das Lochheimer Liederbuch im 2. Band der Chrysander'schen Jahrbücher, S. 26.

achtenswerth sind, nachzuweisen versucht, dass der Inhalt des Locheimer Liederbuchs aus dem Jahre 1390—1420 herrühren müsse und die Melodien desselben gegenüber der homophonen Weise der romanischen Melodien sich durch den polyphonen Grundcharacter auszeichnen, da jeder Ton der altdeutschen Melodie zugleich eine bestimmte Harmonie, das heisst, jeder Tonschritt in der Melodie zugleich einen bedeutsamen Harmonieschritt in sich schliesse, zieht Arnold aus dieser polyphonen Eigenthümlichkeit der altdeutschen Weise den Schluss und zugleich den sichersten (?) und unumstösslichsten (?) Beweis, dass die Harmonie n u r in Deutschland entstanden sein könne, weil sie hier einer innern Nothwendigkeit entflossen sei. Schon der Herausgeber der Jahrbücher selbst machte jedoch mit Recht darauf aufmerksam [1]), dass Arnold's Annahme, dass die Deutschen in der Musik alles aus sich selber schöpfen konnten und kein Bedürfniss gehabt haben sollen, von andern Nationen zu lernen, im Widerspruch mit dem Gesetz jeder Kunstentwicklung stehe, nach welchem Ursprünglichkeit und wahre Originalität des Stils niemals durch völlige Selbsterzeugung des Stoffes bedingt ist, sondern sehr wohl ein Nachbilden fremder Muster verträgt, ja in allen grossen Erzeugnissen anfänglich auf einen derartigen fremden Anstoss zurückgeht, dessen Bewältigung und siegreiche Ueberwindung eben erst wahre Künstlergrösse erzeugt und auch nationale Kraft am schönsten zur Geltung bringt. „Wie enge wäre der Lauf der Kunst, wie beschränkt das Gebiet ihrer Entwicklung, wenn sie bei Sprach- und Völkerscheiden ihre Grenzen fände."

Für uns steht so viel historisch fest, dass, während beim Discantus die Stimmen nach Willkür zum Cantus firmus von den Sängern gesetzt resp. improvisirt wurden, die niederländischen Meister sich bestrebten, die einzelnen Stimmen aus dem Ganzen organisch herauswachsen zu lassen und denselben, trotz der scheinbaren Unterordnung untereinander, ihre Selbständigkeit zu bewahren. Nicht nur am kirchlichen Hymnus vollzog sich dieser Prozess, sondern auch an dem namentlich in Frankreich und den Niederlanden schon zu grosser Beliebtheit gelangten

---

1) A. a. O. S. 233.

Volkslied, welches, wie Ambros mit Recht bemerkt, neben dem Gregorianischen Gesang die zweite Hauptmacht in der Geschichte der europäisch-abendländischen Musik bildet, da gerade das Volkslied von einschneidender Bedeutung und Wichtigkeit für die Tonkunst war. Entnahmen doch unsere Meister des Tonsatzes demselben ihre Melodien, indem sie es theils zu kunstvollen mehrstimmigen Liedern umbildeten, theils geistliche Tonstücke daraus schufen.

Die Grundlage der kirchlichen Tonschöpfungen der Niederländer war in der Regel der gregorianische Choral, nur dass sie die alten Weisen der Kirche sowie diejenigen ihrer Volkslieder nach höheren und reiferen Kunstgesetzen verarbeiteten. Das Ritualmotiv wurde gewöhnlich dem Tenor (cantus firmus) gegeben, welches jedoch durch die schon lebhafter geführten Gegenstimmen in seiner früheren Bestimmtheit und Klarheit seiner Melodie nicht mehr erkannt wurde. Der Cantus firmus wurde dann auch mehr thematisch verarbeitet, oder man entnahm demselben ein Motiv und führte dasselbe in selbständiger Weise durch, oder man umschrieb auch den ursprünglichen Cantus firmus gleichsam mit Tonarabesken. Ebenso verfuhr man mit den zu kirchlichen Compositionen verwendeten weltlichen Weisen.

Darin, dass weltliche Lieder zum Theil kirchlichen Gesangswerken unterlegt wurden — man verwendete eben so oft kirchliche Weisen für weltliche Texte —, lag durchaus nichts profanirendes, da die Tonkunst als religiöse Kunst angesehen und ausgeübt wurde; desshalb standen auch die Componisten und Sänger, welche sehr oft in einer Person vereinigt waren, in hohem Ansehen und nahmen in den für den kirchlichen Gottesdienst bestimmten Kapellen eine angesehene Stellung ein. „Die Bessern und Besten unter den Meistern der älteren religiösen Kunst wurden mit geistlichen Beneficien belohnt. Dazu machte die Art der Kunstübung eine gründliche wissenschaftliche Bildung nothwendig, der echte Musiker musste zugleich in seiner Art ein Gelehrter sein. Die ernste, selbst trockene wissenschaftliche Partie der damaligen Kunstbildung half ihn vor den beiden Abwegen bewahren, auf welche der neuere Musiker so leicht geräth, nämlich vor der masslosen Steigerung des Subjektivismus, der krankhaften Ueberreizung des Gefühlslebens durch ein ganz einseitiges ideales Treiben, von dem eben desswegen ein rasch abschüssiger Weg zu den Sümpfen des Lebens herabführt, oder aber vor dem geistlosen Handwerkerthume, das sich künstlerhaft dünkt. Das wirklich ideale Element in jener alten Kunst erhielt aber seine Weihe und Kräftigung dadurch, dass es nicht gestaltlos ins Unbestimmte und Allgemeine verflatterte, sondern sich in der Form des Religiösen consolidirte. Für die Griechen, das geborene Künstlervolk, war der Gottesdienst Kunstschaffen gewesen, er bestand eben darin, dass Icktinos Tempel baute, Phidias Göttergestalten bildete; für die Tonmeister des 15. und 16. Jahrhunderts (wie für die Baumeister der hohen Dome, wie für die älteren Meister der Malerei) war umgekehrt das Kunstschaffen Gottesdienst. Das ist denn auch ihren Werken in unverlöschbaren Zügen aufgeprägt" [1]).

Mit dem idealen Element war es übrigens nicht immer so weit her. So hoch die Kunst des Tonsatzes durch die Niederländer gebracht wurde, so wurden doch sehr oft der Kirche und der Kunst unwürdige Spielereien getrieben und auf den Text in vielen Fällen nicht die geringste Rücksicht genommen. Ein Schüler Josquin's muss selbst zugeben, dass viele Tonsetzer der niederländischen Schule oft nicht einmal die Silbenquantitäten kannten; manche sollen sogar den Text erst dann beigefügt haben, wenn die Composition fertig war. Oft schrieb man auch nur die Anfangsworte hin, unbekümmert darum, ob die Silben zur melodischen Phrase ausreichend waren oder nicht. Man legte auch jetzt noch hie und da, wie zur Zeit des Discantus, einem mehrstimmigen kirchlichen Tonstück verschiedene Texte zugleich unter, so dass jede Stimme andere Worte sang, und Josquin soll nach Baini einen vierstimmigen Satz geschrieben haben, in welchem die eine Stimme das Ave Regina, die zweite das Regina coeli, die dritte das Alma redemptoris und die vierte das Inviolata integra singt. Die contrapunktischen Künsteleien wurden oft so weit getrieben, dass die kirchlichen Tonwerke schon mehr Rechenexempeln

---
[1] Ambros III S. 82.

glichen. So liess man oft den Sänger nicht nur die Eintritte der widerschlagenden Stimmen, sondern auch die Schlüssel und die Tonart errathen; statt der Schlüssel schrieb man Fragezeichen und trieb ähnliche der Kunst unwürdige Spielereien, welche zudem den Beruf des Sängers ausserordentlich erschwerten.

In der Form der Messe war dem Componisten ein Hauptfeld seiner Schaffenskraft gegeben. Die Gesänge derselben sind das Kyrie eleyson, das Gloria in excelsis Deo (Hymnus angelicus), das Credo, das Sanctus und Benedictus sowie endlich das Agnus Dei; zwischen der Epistel und dem Evangelium pflegte der Chor auch zuweilen das Graduale (siehe oben) zu singen. Neben dieser Messe besteht noch die Todtenmesse, Missa pro defunctis, welche folgende Gesänge enthält: Das Requiem aeternam dona eis Domine mit dem Kyrie, das Dies irae dies illa, das Domine Jesu Christe rex gloriae, das Sanctus und Benedictus und endlich das Agnus Dei mit dem Lux aeterna.

Eine der ältesten Formen des Figuralgesangs ist die Motette, welche weniger streng an einen besondern Cantus firmus gebunden und der freien individuellen Empfindung des Componisten mehr Spielraum gewährte als die fest bestimmten Formen der Messe. Sie enthielt auch weniger contrapunktische Spielereien und wirkte im Lauf der Zeit insofern auch reinigend und läuternd auf die Messe zurück, als die Tonsetzer in letzterer, wie Ambros bemerkt, gleichsam verpflichtet zu sein glaubten, musikalische Mirakel zu wirken. Auch Erzählungen aus der heiligen Schrift, Stellen aus den Evangelien und der Apostelgeschichte (Josquin soll sogar die beiden Stammbäume Christi aus Matthäus und Lucas durchcomponirt haben) wurden in Motettenform componirt. Ebenso gab das Magnificat, der sogenannte Lobgesang der Maria (Lucas I, 46—55) den Tonsetzern des 15. und 16. Jahrhunderts den Anstoss zu erhabenen Tonschöpfungen. Auch die Passionsgeschichte nach den evangelischen Berichten wurde von den Meistern dieser Epoche wenn auch nicht in der spätern dramatischen Weise in Musik gesetzt; ebenso die Lamentationen (von lamentatio Klage), die drei den Klageliedern des Jeremias entnommenen Abschnitte, welche heute noch in der Charwoche in der römischen Kirche gesungen werden.

Vom 14—17. Jahrhundert gab man den Messen nach den ihnen zu Grunde liegenden Motiven des Cantus firmus ihre Namen, und so waren die Messen, welchen weltliche Lieder zu Grunde lagen, eben so häufig als diejenigen, denen Antiphonare und Hymnen unterlegt wurden. Zu besonderer Berühmtheit gelangte das Lied l'omme armé [1]), welches in den meisten Messen der damaligen Zeit contrapunktirt wurde, so von Dufay, Forestier, Josquin des Près, Compère u. A., ja sogar noch von Palestrina und wie Baini berichtet, von Carissimi. Ueber das Lied: „Malheur me bat" schrieben Hobrecht, Josquin und Agricola, über „fortuna desperata" Hobrecht und Josquin Messen u. s. w.

Wenn eine Messe keinen solchen Tenor besass, so wurde sie sine nomine genannt. Später war man freilich auch oft nicht verlegen, über irgend einen Gassenhauer, sofern derselbe eine in das Ohr fallende Melodie besass, eine Messe oder Motette zu schreiben. Doch dachte dabei Niemand an Profanation des Heiligen, da sowohl das kirchliche wie das Volksleben eng miteinander verwachsen waren und die kirchliche Tonkunst an dem urgesunden und kräftigen Volksgesang sich nur erfrischen und stärken konnte.

Dem Tenor gab man in der Regel das Lied oder Antiphon- und Hymnusmotiv in langen, oder in langen und kurzen Noten, oder man liess dasselbe mehrere Male hintereinander auch rückwärts singen, liess bei der Wiederholung Noten wie die Minimen weg, oder anstatt terzaufwärts terzabwärts singen u. s. w., auch in verschiedenen Tempi, während die übrigen Stimmen in imitatorischer oder fugirter [1]) Weise den Cantus

---

1) Ein Fragment dieses Liedes ist erhalten geblieben und lautet folgendermassen:

      Lome, lome, lome armé
      Et Robinet tu m'as
      La mort donnée
      Quand tu t'en vas. .

2) Canon und Fuge (fuga ligata) bedeuten das gleiche, da unsere heutige Fuge erst im 17. Jahrhundert entstand. Unter Fuge verstand man nach der Erklärung Tinctoris die Gleichheit der Stimmen eines mehrstimmigen Gesanges in Bezug auf den Werth, den Namen und bisweilen auch auf die

firmus gleichsam umrankten. In den Werken der älteren niederländischen Schule, welche meistens drei- oder vierstimmig, seltener fünfstimmig — obwohl man die Chöre auch oft bis zu zwölf, sechszehn und vierundzwanzig Stimmen steigerte — und natürlich einchörig gesetzt sind, da erst Adrian Willaert für zwei und mehr Chöre zu schreiben begann, beginnen entweder alle Stimmen zugleich oder wenigstens zwei oder drei, ohne noch streng thematisch verarbeitet zu sein. Auch die Imitation ist noch keine streng durchgeführte und der Cantus firmus ist unverändert beibehalten. Beim dreistimmigen Gesangssatz ist gewöhnlich über dem Tenor die höhere Stimme (Superius), unter demselben die Grundstimme (Basis); wurde letztere zwischen Tenor und Superius gestellt, so hiess sie Contratenor.

Die alten Kirchentonarten lagen diesen Werken noch zu Grunde; doch konnte die alte gregorianische Gesangsweise mit ihrer unbeugsamen Diatonik im mehrstimmigen Satz nicht mehr in der alten Strenge beibehalten werden. Man nahm deshalb zur sogenannten musica ficta[1]) Zuflucht, das heisst

---

Stellung der Noten und ihrer Pausen; nur macht Bollermann a. a. O. S. 90 mit Recht darauf aufmerksam, dass die Erklärung Tinctoris bezüglich der Gleichheit des Zeitwerths der Noten in den verschiedenen Stimmen eine zu enge sei, da in den alten Fugen das Kunststück oft gerade darin bestand, dass eine jede Stimme die für sämmtliche Stimmen auf einem System geschriebenen Noten nach einem besondern Werthzeichen absingen musste.

1) Nach Fink in seinem Tract. mus. wird cantus fictus derjenige Gesang genannt, bei welchem ein Ton auf einer Stufe gesungen wird, auf welcher er seinem Wesen nach nicht ist, und Tinctoris in seiner Terminorum mus. diff.: „Eine umgebildete oder transponirte Musik nennt man den behufs der regelrechten Transposition der Hand (d. i. der Hexachordtabelle) verfassten Gesang". Bollermann bemerkt hiezu, dass die alten Mensuralisten fast ohne Ausnahme ihre Compositionen in der natürlichen diatonischen Tonleiter ohne Versetzungszeichen, oder im genus molle mit der Vorzeichnung eines b niederzuschreiben pflegten und wenn der Umfang der Stimmen eine andere Intonation verlangte, sie andere Schlüssel wählten, obwohl sie recht gut gewusst hätten, mit Hilfe der Versetzungszeichen die diatonische Reihe auch auf andere Tonstufen zu übertragen und sich alte Stimmbücher mit einer Vorzeichnung von zwei und drei been finden. Alle solche mit Hilfe dieser Zeichen hervorgebrachten Scalen hiessen toni transportati

man transponirte die betreffende Tonart auf andere Tonstufen, indem man Versetzungszeichen — Accidentien — anwandte. Hatte schon bei der dorischen Tonart der Tritonus F-H zu einer Erniedrigung des H geführt, ebenso bei der lydischen, wodurch letztere zur jonischen wurde, so führte dies mit der Zeit dazu, sämmtliche Tonarten durch Be- und Kreuzzeichen zu versetzen. Zunächst entstand das Systema durum, indem man die Kirchentonarten in ihrer Originallage mit ♮ = h notirte, und alsdann das Systema molle, indem man das Auflösungszeichen durch ein b ersetzte, wodurch der betreffende Kirchenton in die Oberquinte oder Unterquarte transponirt wurde. So wurde durch letzteres Zeichen z. B. die mixolydische Tonart zur dorischen, die dorische zur äolischen, die jonische zur mixolydischen u. s. w. Dann erhöhte man auch den siebten Ton — Subsemitonium — der dorischen, mixolydischen und äolischen Tonart (bei der jonischen und lydischen lag schon die grosse Septime, unser Leitton, in der Tonleiter selbst) und nur die phrygische behielt ihren ursprünglichen Subsemitonium bei.

In der Regel wurden die kirchlichen Gesangswerke ohne alle und jede Instrumentalbegleitung, als reine Vocalsätze ausgeführt; in der päbstlichen Kapelle war ja nicht einmal die Orgel geduldet. Es sind jedoch auch Anzeichen dafür vorhanden, dass im 15. Jahrhundert in manchen Kirchen, besonders in den Niederlanden, kirchliche Tonwerke mit Instrumentalbegleitung — eine selbständige Instrumentalmusik bestand damals noch nicht — aufgeführt wurden; dieselbe wird jedoch wohl nur in der Verdoppelung der Stimmen bestanden haben. Ambros[1]) führt als Beweis (?) das berühmte Genter Altarwerk der Brüder van Eyck an, welches auf dem linken Flügel acht

---

oder tonl ficll und ein in einer solchen transponirten Tonart niedergeschriebener Gesang eine musica ficta. '

Coussemaker in l'harmonie du moyen-âge S. 39: Ces signes accidentels qui servaient à élever ou à baisser une note d'un demi ton, s'appelaient musique feinte ou musique fausse, „musica ficta, musica falsa", parce que les notes ainsi altérées étaient étrangères à la gamme diatonique. Siehe auch Ambros II.

1) Ambros III S. 85.

Sänger darstelle, welche vor einem Pulte mit einem jener grossen Musikbücher stehen, wie sie sich in prächtiger Ausstattung als Erbschaft aus der burgundisch-niederländischen Hofcapelle noch in Wien und Brüssel befinden sollen. Es sei kein improvisirter Contrapunkt, kein sogenannter Discantus, meint Ambros, welchen dieselben singen, sondern Figuralmusik, da der erste Sänger mensuralgerecht mit auf- und niederschlagender rechter Hand taktire; auf dem correspondirenden Flügel rechts ist die Instrumentalmusik dargestellt. „Voran die heilige Cäcilia, die Orgel spielend, dahinter Instrumentalspieler, von welchen ein in entzücktes Horchen versunkener pausirender Gambaspieler seinem Nachbar, einem Harfenisten, den Takt mit leichtem Finger vorsorglich auf die Schulter klopft, damit er den Wiedereintritt nicht vergesse."?! — [1])

Da die Frauen- und Knabenstimmen, welch' letztere nur zum Choralgesang verwendet wurden, vom Chorgesang ausgeschlossen waren, — die Frauenstimmen sind in der päbstlichen Kapelle heute noch nicht zugelassen — so wurden die Sopran- und Altstimmen in den Vocalwerken des 15. und 16. Jahrhunderts in den damaligen Sängercapellen von sogenannten Falsetisten, auch Tenori acuti oder Alti naturali genannt, ausgeführt. Diese Falsetisten waren keine Castraten, welche erstmalig im Jahr 1562 in der baierischen Kapelle vorkommen, sondern Sänger, deren Falset besonders stark entwickelt war. Spanien lieferte die berühmtesten Falsetisten und der letzte Falsetist der päbstlichen Kapelle war Giovanni de Sanctos, welcher 1625 starb.

Aus diesem Grunde und aus dem richtigen Gefühl der alten Meister, dass die höchsten Töne der Discantstimme wie überhaupt zu hohe, erzwungene Töne, der Würde des Kirchengesangs nicht angemessen erscheinen, ist auch zu erklären, warum der Umfang der Stimmen in mässigen Grenzen sich hielt. Die Discantstimme bewegte sich gewöhnlich zwischen h und ē, die Altstimme zwischen o und a, der Tenor zwischen c und f und der Bass zwischen F und h.

Die damaligen Sänger banden sich übrigens nicht an die gegebene Tonart, sondern transponirten dieselbe, wie es ihnen

---

[1]) So macht man hie und da historische Beweise.

eben geschickt war, in der Regel in die höhere Quarte. Als man später anfieng, die Gesänge mit der Orgel zu begleiten, war die Kunst des Transponirens für den Organisten äusserst wichtig und gewöhnlich durch per Quartam de primitur, una quarta bassa u. s. w. angezeigt [1]).

Ausser des Sopran-, Alt-, Tenor- und Bassschlüssels bediente man sich des F-Schlüssels auf der fünften Linie für tief gehaltene Bässe; auch besass man einen G-Schlüssel auf der ersten Linie — der sogenannte französische Violinschlüssel; der Discant erscheint auch öfter in unserem Violin- oder Alt- und Mezzosopranschlüssel (c auf der zweiten Linie), der Tenor im Altschlüssel und der Bass im Tenor- oder Barytonschlüssel.

Der erste niederländische Meister war
Wilhelm Dufay, nach Fétis zwischen 1350—1355 zu Chimay im Hennegau geboren. Nach Baini gehörte derselbe als Tenor der päbstlichen Kapelle [2]) von 1380—1432 an, welch' letztere Bezeichnung, wie schon bemerkt, die römische Sängerschule erhielt, als dieselbe nach der Rückverlegung der päbstlichen Residenz von Avignon nach Rom unter Gregor XI. im Jahr 1377 mit der von Avignon nach Rom mitgenommenen Kapelle verschmolzen wurde. Die Sänger der Kapelle besassen damals noch keine geschriebenen contrapunktischen Gesänge, sondern sangen den in Frankreich eingelernten Discantus und Falso bordone [3]).

---
1) Siehe Kandler S. 83 u. 84 sowie Kiesewetter: Schicksale u. Beschaffenheit des weltlichen Gesanges, Leipzig 1841 XII und Leipziger Allgem. Musik. Ztg. 1828 Nro. 46.

2) Fr. Arnold a. a. O. bestreitet dies und sucht S. 48—64 sowie S. 68 u. ff. nachzuweisen, dass der Contrapunktist und der päbstliche Kapellensänger Dufay zwei ganz verschiedene Persönlichkeiten gewesen seien, die ein halbes Jahrhundert von einander trennte. Der Contrapunktist Dufay wäre nach Arnold zwischen den Jahren 1400 und 1405 geboren. Seine Hypothese, dass Deutschland das Land der Erfindung und der Entwicklung des Contrapunktes sei, würde, wenn die Aufstellung Arnolds sich bewähren sollte, an Wahrscheinlichkeit gewinnen. Auf jeden Fall geht so viel aus dem von Arnold mitgetheilten Locheimerliederbuch sowie der Ars organisandi von Conrad Paumann hervor, dass der Contrapunkt viel früher als man glaubte in Deutschland in hoher Blüthe stand, da, wie schon oben berührt, Arnold den Inhalt der Handschrift als in den Jahren 1390—1420 entstanden annimmt.

3) Siehe auch Bobelle a. a. O. S. 199.

Dufay starb im Jahr 1432. Von demselben sind vierstimmige Messen¹) erhalten, deren Manuscripte das Archiv der päbstlichen Kapelle besitzt, sowie drei dreistimmige und drei vierstimmige, welche im Besitz der königlichen Bibliothek zu Brüssel sind.

Zeitgenosse Dufay's und nach ihm der berühmteste Componist jener Zeit ist

Binchois (Egidius) geboren in Binche im Hennegau im 14. Jahrhundert; derselbe trat in den geistlichen Stand und wurde 1425 zweiter Sänger in der Kapelle Philipps des Grossmüthigen von Burgund. Sein Todesjahr ist unbekannt. Es existiren von ihm mehrere dreistimmige Motetten in der Vatikanischen Bibliothek sowie eine von Fétis²) in der königlichen Bibliothek aufgefundene dreistimmige Messe mit farcirtem Kyrie.

Diese schon oben erwähnten Farcituren — Einschubverse in den Ritualtext —, welche später vom Tridentiner Concil verboten wurden, finden sich auch in den Messen von Josquin, Morales, namentlich aber bei den französischen Componisten de la Rue, Gaspard und Richefort. Letzterer führt z. B. durch die Sätze seines sechsstimmigen Requiems den Doppeltenor des Canon in der Oberquinte: „Circum dederunt me gemitus mortis"; in dies rituelle lateinische Motiv rufen nun plötzlich zwei Tenore mit sich steigerndem Ausdruck des Schmerzes immer einander zu: „c'est douleur non pareille"; sowohl dieser Ausruf als das musikalische Motiv sind einem weltlichen Lied entnommen, dessen Anfang lautet: „faulte d'argent c'est douleur non pareille."

Zu erwähnen ist noch

Vincent Faugues (Fagus, La Fage). Von seinen nähern Lebensumständen ist nichts bekannt. Nach Baini wurden dessen Messen und Motetten in der päbstlichen Kapelle zur Zeit Nicolaus V. (1447—1455) gesungen. Von seiner omme armé Messe hat Kiesewetter in seiner Geschichte der europ.-abendländischen Musik das Kyrie mitgetheilt.

---

1) Da unsere Arbeit nur die Geschichte der Kirchenmusik zu behandeln hat, so werden wir auch bloss diejenigen Werke der Componisten anführen, welche kirchlichen Charakter besitzen.

2) Fétis: Biogr. univ. 2. édition. T. I. p. 419.

Den Uebergang zur zweiten niederländischen Schule bildete Anton Busnois, welcher 1467 als Sänger in die Kapelle Karl's des Kühnen von Burgund trat, später eine Präbende zu Mons erhielt und zuletzt Dechant zu Voorne in Holland war. Er schrieb verschiedene Motetten, ein dreistimmiges Magnificat, verschiedene vierstimmige Messen u. s. w. Der Fortschritt gegenüber den Werken Dufay's soll nach Ambros darin bestehen, dass nicht nur die reine und klangvolle Harmonie an Kern und Körper, sondern auch die contrapunktische Behandlung an freier und selbständiger Gestaltung gewonnen habe.

Caron oder Carontis, nach Fétis, welcher einige seiner Motetten in moderne Notirung gebracht und in Partitur gesetzt hat, ungefähr im Jahr 1420 geboren.

Johann Regis (De Roy) lebte ebenfalls um die Mitte oder Ende des 15. Jahrhunderts. Ottavio Petrucci [1]) aus Fossombrone im Kirchenstaat veröffentlichte von demselben fünfstimmige Motetten, sowie ein vierstimmiges Credo.

Das Haupt der sogenannten zweiten niederländischen Schule ist Johannes Okeghem, auch Ockenheim genannt, wahrscheinlich zwischen 1420 und 1430 in Flandern geboren. Im Jahr 1461 finden wir denselben als Sänger am Hofe Karl VII. und Ludwig XI. von Frankreich; 1476 war er erster Capellan unter Ludwig XI., 1484 Tresorier an der Kirche St. Martin in Tours, eine Ehrenauszeichnung, welche wahrscheinlich mit einer einträglichen Präbende verbunden

---

1) Der Erfinder des Notendrucks mit beweglichen Typen, welche Erfindung eines der wichtigsten Förderungsmittel der Musik in diesem Jahrhundert wurde, da durch dieselbe wie durch die Erfindung der Buchdruckerkunst die Musik das Gemeingut Aller werden konnte, indem vorher die Kirchenmusik in Bücher von ungeheurem Format mit fast zwei Zoll hohen viereckigen Noten geplnselt wurde. Im Jahr 1501 erschien das erste von Petrucci gedruckte Werk, eine Sammlung von 96 drei- und vierstimmigen Compositionen unter dem Titel: Harmonice musices Odhecaton. In Deutschland folgte 1507 Erhard Oeglin in Augsburg, welcher eine Druckerei besass, mit der Herausgabe der Molopoim, dem ältesten Notendruck Deutschlands, Tonsätze zu antiken Oden von Peter Tritonius enthaltend; im Jahr 1536 Johannes Petrejus in Nürnberg, welcher mit seiner Druckerei einen Notendruck mit Lettern, in welchen Noten und Linien vereinigt waren, verband.

war. Er starb, nachdem er 40 Jahre dem französischen Königshause gedient, nach Fétis[1]) im Jahr 1512.

Was Okeghem von seinen Vorgängern unterscheidet, ist, abgesehen von der ausgebildeteren contrapunktischen Arbeit seiner Werke, die grössere musikalische Individualisirung; er haucht seinen Werken „die singende Seele ein und formt ihr einen tüchtig harmonisch gegliederten Leib, und kleidet diese in das feine Kunstgewebe sinnreicher schematischer Führungen, engerer und weiterer Nachahmungen"[1]). Kiesewetter[2]) urtheilt über seine Werke, dass sie nicht mehr so ganz und gar unberechenbares Ergebniss der contrapunktischen Operation, sondern meistens schon sinnig mit irgend einer Absicht angelegt waren, wie sie sich auch durch eine grössere Gewandtheit im contrapunktischen Verfahren und grössern Reichthum der Erfindung im Vergleich zu den Werken der älteren Schule auszeichnen. Okeghem schrieb verschiedene noch erhaltene Messen und Motetten. Aus seiner Messe Gaudeamus hat Kiesewetter a. a. O. das Kyrie und Christe mitgetheilt.

Uebrigens ist derselbe von auf die Spitze getriebenen contrapunktischen Künsteleien nicht frei zu sprechen; so schrieb er einen Canon zu 36 Stimmen, eine Messe (Missa prolationis), welche aus zwei Stimmen besteht, aus welchen sich durch den Unterschied des Tempus und der Prolongation die zwei anderen Stimmen ergeben; auch schrieb er eine Messe ohne Verzeichnung eines Schlüssels.

Jacob Hobrecht auch Obrecht, Obertus, Obrcht geschrieben, ist einer der grössten Contrapunktisten des 15. Jahrhunderts. Derselbe wurde 1430 zu Utrecht geboren, woselbst er im Jahr 1465 Kapellmeister am Dome war; nach dem Tode Barbireau's wurde er im Jahr 1492 dessen Nachfolger als Kapellmeister an der Nôtredame-Kirche in Antwerpen. Er starb 1507.

Ambros hält Hobrecht unter den Meistern vor Josquin

---

1) Fétis a. a. O. VI p. 361; nach Kiesewetter a. a. O. S. 50 im Jahr 1513.
2) Ambros III S. 173.
3) Kiesewetter a. a. O. S. 52.

für den grössten. „Der Tonsatz ist bei ihm schon beträchtlich entwickelter, die Harmonie volltöniger als bei Okeghem, mit dem er übrigens alle Eigenheiten der Schule, alle Feinheiten, Spitzfindigkeiten und Satzkünste gemein hat" [1]). Von seinen Werken gab Petrucci fünf Messen sowie eine Anzahl von Motetten heraus; ebenso Georg Rhaw in seinen Sacr. hymn. lib. I; siehe auch Forkel [2]). Auch eine lateinische Passion nach Matthäus setzte er in Musik und zwar einschliesslich der Reden des Evangelisten vierstimmig.

Der bedeutendste Schüler Okeghem's ist

Josquin des Près, lateinisch Jodocus Pratensis oder a Prato, italienisch Giosquino del Prato, der grösste Tonsetzer seiner Zeit, von welchem seine Zeitgenossen mit der grössten Bewunderung reden. Sowohl Deutschland wie Frankreich und Italien streiten sich um seinen Geburtsort; höchst wahrscheinlich stammt er aus dem Hennegau [3]). Sein Geburtsjahr ist unbekannt, doch wird er wohl nicht später als 1450 geboren sein, da er im Jahr 1484 unter Pabst Sixtus IV. Mitglied der päbstlichen Kapelle war; nach Kiesewetter [4]) von 1471—1484.

Nach dem Tode des Pabstes Sixtus begab er sich an den Hof Hercules I. von Ferrara und von dort aus nach Cambray und wurde 1498 von Ludwig XII. als erster Sänger in seine Kapelle berufen. Er starb den 27. August 1521 als Probst des Domkapitels von Condé.

Kiesewetter [5]) sagt von den Werken Josquin's, dass sie sich von den zahllosen Arbeiten seiner Kunstgenossen und Nachahmer durch einen Zug des Genius auszeichnen, wenn auch er die musikalischen Witze und Künsteleien auf eine übermässige Höhe getrieben habe [6]). Luther nennt Josquin

---
1) Ambros III 179 und 180.
2) Forkel a. a. O. II S. 521—537.
3) Siehe Fétis a. a. O. II. S. 472 und 473, Leipziger Allgem. Musik. Zeitg. 1835 S. 398 u. ff, sowie Coussemaker: Notes historiques sur la maitrise de S. Quentin etc. Ambros a. a. O. S. 200 und Forkel II S. 550.
4) Kiesewetter: Schicksale und Beschaffenheit u. s. w. S. 16.
5) Kiesewetter: Geschichte der europ.-abendl. Musik S. 57.
6) Siehe auch Forkel II S. 552 und ff.

der Noten Meister; „diese haben thun müssen wie er gewollt, andere Componisten müssen thun, wie die Noten wollen." Seine Werke seien fein fröhlich, willig, milde und lieblich, nicht gezwungen noch genöthigt und nicht an die Regel strack und schnurgleich gebunden, sondern frei wie des Finken Gesang.

Die Werke Josquin's zeichnen sich hauptsächlich dadurch aus, dass, da er die Formen unumschränkt beherrschte, der musikalische Ausdruck der Bedeutung des Wortes mehr angepasst ist, da die Kunst der meisten Tonsetzer vor ihm doch hauptsächlich darin bestand, einen Cantus firmus mit contrapunktirenden Stimmen zu umgeben und derselbe in der Regel zu allen möglichen contrapunktischen Künsteleien und Spitzfindigkeiten benützt wurde. Seine Melodiebildungen — natürlich nicht in der heutigen Bedeutung aufzufassen, nicht die liedmässige auf Tonica und Dominante gebaute Melodie, sondern eine mehr melodische Phrase — sind oft von einer überraschenden Neuheit. Er ist eigentlich als der Begründer eines neuen Stiles anzusehen, welcher durch seine Schüler noch grössere Kraft und Wohlklang erhielt und die Werke eines Palestrina vorbereiten half.

Von seinen Werken sind hauptsächlich seine Motetten zu erwähnen; weiter schrieb er viele Messen, deren die päbstliche Kapelle allein über zwanzig besitzen soll, verschiedene Ave maria, ein Stabat mater, verschiedene Psalmen u. s. w. Das vollständige Verzeichniss bei Fétis II. 479—482[1]).

War bis jetzt ausschliesslich dem Tenor die Führung des Cantus firmus zugefallen, so entstand nun der sogenannte gemischte Contrapunkt, da jede Stimme gleichberechtigt war. Auch die Ligaturen sowie die vielen oft schwer zu enträthselnden Taktzeichen beginnen immer mehr und mehr zu verschwinden, ebenso die Devisen, Räthsel und Häckeleien der Fugen ad minimam und wie die verschiedenen contrapunktischen Künsteleien und Spielereien alle heissen, oder wurden wenigstens nur noch in beschränkter Weise angewendet.

---

1) Der sechste Band der Publicationen älterer und theoretischer Musikwerke enthält von Josquin eine omme armd-Messe sowie sonstige kirchliche Compositionen.

Zeitgenossen Josquin's und Schüler Okeghem's waren ferner:

Pierre de la Rue, auch Petrus Platensis, Pierchon (Pierre) genannt; derselbe war gebürtig aus der Picardie und lebte in der zweiten Hälfte des 15. und Anfang des 16. Jahrhunderts. Nach Ambros war er schon im Jahr 1477 Sänger in der Kapelle des burgundischen Hofes, in welcher Stellung er, zugleich im Besitz einer Präbende an der Kirche St. Aubin in Namur, bis 1510 verblieb, wo er auf dieselbe zu Gunsten eines Canonicats in einem Collegiatstift des Landes verzichtete. Sein Todesjahr ist ebenso unbekannt wie sein Geburtsjahr. Er schrieb verschiedene Messen, Motetten, Salve regina, Stabat mater u. s. w. Ambros bewundert die geistige Kraft, die aus der kühnen und reichen Tektonik seines Tonsatzes spreche.

Antonius Brumel (Bromel). Von dessen nähern Lebensumständen weiss man nichts, als dass er in Flandern geboren wurde und im Jahr 1500 noch lebte. Ein vierstimmiges Laudate dominum, welches Forkel [1] mittheilt, documentirt seine hohe Begabung; er schrieb Messen, Motetten und sonstige kirchliche Werke.

Alexander Agricola, ebenfalls in den Niederlanden ungefähr gegen das Jahr 1466 geboren [2] lebte in Madrid als Kapellmeister König Philipps und starb 1526 oder 1527 zu Valladolid. Petrucci hat verschiedene Messen und Motetten von demselben veröffentlicht.

Gaspard auch Gaspar, sein eigentlicher Name war Caspar von Weerbeke, ist gegen 1440 in Oudenarde in Flandern geboren. In Mailand stand er in den Diensten der Sforza, von wo aus er 1490 in seine Vaterstadt zurückkehrte. Auch von dessen Werken hat Petrucci verschiedene veröffentlicht.

Loyset Compère ist nach Fétis in Französisch Flandern geboren. Zuerst Chorknabe an der Kirche St.

---

[1] Bd. II S. 629—647.
[2] Fétis I S. 83.

Martin in St. Quentin, starb er 1518 als Kanoniker und Kanzler der Kathedrale zu St. Quentin.

Johannes Prioris lebte gegen Ende des 15. und Anfang des 16. Jahrhunderts.

Von weitern kirchlichen Tonsetzern Ende des 15. und Anfang des 16. Jahrhunderts und zum Theil Schülern Josquin's, welche im Geiste der niederländischen Schule wirkten, nennen wir noch:

de Orto (du Jardin, de Horte), Diritis, auch le Riche genannt, Kammersänger des Königs Ludwig XII., Lupus, Andreas Silva, Moulu, Carpentras, Antonius de Fevin, Mouton, Gombert, Richafort, Verdelot, Courtois, Benedictus Ducis, Arcadelt.

An Werken kirchlicher Musik war demnach kein Mangel, obwohl auf Viele das scharfe Urtheil Ambros Anwendung finden mag, dass neben vorzüglichen Werken man auch flüchtigen Sudeleien begegne, wo der Contrapunkt seine Töne rasch und leicht wie ein Dominospieler seine Steinchen zusammengefügt und zusammengeschoben hat, die aber auch gar nichts sagen. Hauptsächlich beziehen sich diese Worte auf die Werke der französischen Kirchencomponisten. „Die Messen der französischen Tonsetzer, soweit sie im Druck erschienen sind, kommen weder an Zahl noch an Gehalt und Gediegenheit den niederländischen gleich, und wo sie z. B. in der Todtenmesse einmal recht ernst werden sollen und wollen, gerathen sie in ihrem Streben nach Einfachheit sehr nahe an den alten Fauxbourdon, ohne doch in die einfachen Akkorde jenen unsagbaren Zauber legen zu können, wie ihn z. B. Palestrina seinen Improperien gegeben."

Zu den bedeutendsten französischen Kirchencomponisten der damaligen Zeit gehören

Pierre Colin mit dem Beinamen Chamault, Kameel, welcher von 1532—1536 als Sänger in der Kapelle Franz I. wirkte und später Vorsteher der Maîtrise an der Kathedrale zu Autun wurde.

Jacob Arcadelt, in den Niederlanden geboren, 1536 Singmeister der Chorknaben zu St. Peter im Vatican, 1540 päbstlicher Sänger, 1544 Kämmerer (Camerlengo) der päbstlichen Kapelle, trat 1555 als Kapellmeister in die Dienste des Kardinals von Lothringen, Karl von Guise, mit welchem er nach Paris zog, woselbst er 1575 starb.

Jean Richafort von 1543—1547 Kapellmeister an der Kirche Saint Gilles in Brüssel; Dom énique Phinot u. A.

Schon zu Okeghem's Zeit begegnen wir in Deutschland einem bedeutenden Tonsetzer, nämlich

Heinrich Isaac (Isac, Ysac, Yzac) auch Isaac von Prag, von den Italienern Arrhigo Tedesco genannt, stammt wahrscheinlich aus Böhmen und zwar aus Prag und wurde im Jahr 1440 (?) geboren. Er hielt sich zu gleicher Zeit mit Josquin, Hobrecht u. A. am Hofe Lorenzo's in Florenz auf, woselbst er 1475 Kapellmeister an der Kirche San Giovanni war; später 1493—1519, soll er eine eben solche Stellung am Hofe Kaiser Maximilian's eingenommen haben [1]). Glarean in seinem Dodekachordon Basel 1545 rühmt dessen kirchlichen Werken eine besondere Kraft und Erhabenheit, sowie grossen Harmoniereichthum nach, entgegen dem Urtheil Burney's — welches oft ein höchst befangenes und einseitiges ist — welcher seiner Melodie und Harmonie die Anmuth und Schönheit abspricht, da sie hart, eckig und unbeholfen sei. Ambros [2]) zählt ihn den grössten Meistern der Tonkunst aller Zeiten bei.

Er schrieb viele Messen, sowie Motetten, welche ganz den niederländischen Character seiner Zeit tragen und sich auch in der Ausführung den Spitzfindigkeiten der niederländischen Schule anschliessen sollen, wenn er es auch verschmähe, den Leser durch räthselhafte Notirung zu fixiren,

---

1) Nach Ambros III S. 389 soll dies der Bischof Georg von Slatkonia gewesen sein, so dass man nicht weiss, wo Isaac sein Leben beendete. Auch nach Eitner im 4. Band der „Publicationen älterer und theoretischer Musikwerke" S. 61 soll Isaac das Amt eines kaiserlichen Kapellmeisters nie bekleidet haben, da derselbe in allen alten Druckwerken mit dem Titel „Musicus" belegt sei; Eitner verlegt dessen Tod spätestens in das Jahr 1517 oder 1518.

2) Ambros III S. 380.

wie es damals Sitte war, sondern deutlich niederschreibe, was er haben will [1]).

Sein Hauptwerk ist die Bearbeitung der Officien für alle Sonn- und Festtage des Kirchenjahres, — Motetten mit dem Cantus firmus in der Bassstimme. Proske [2]) nennt dasselbe eines der allerkostbarsten Denkmale musikalischer Vorzeit, das einen Schatz der lehrreichsten Muster für Studien des gregorianischen Chorals und des figurirten Contrapunkts in sich schliesst. Erwähnen wollen wir auch noch sein Lied: „Inspruk ich muss dich lassen," wolchem Herrmann Schein 1627 den Text: „O Welt ich muss dich lassen" unterlegte und das heute noch als Choral: „Nun ruhen alle Wälder" in der evangelischen Kirche gesungen wird.

Nach seinem Tode erschien eine Sammlung, in welcher die Liturgie des ganzen Kirchenjahres behandelt ist und die eine Harmonisirung der Psalmen enthält.

Dessen Schüler und einer der bedeutendsten Componisten des 16. Jahrhunderts ist Ludwig Senfl, Senfel, Senffel, Senffl, der Schweizer, wie er sich unterschrieb. Sein Geburtsort ist unbekannt; er ist wahrscheinlich Ende des 15. Jahrhunderts zwischen 1460 und 1483 [3]) geboren. Zuerst Chorknabe in der Kapelle Kaiser Maximilian's I., stand er im Jahr 1526 in Diensten des Herzog's Wilhelm von Baiern; 1530 wurde er Kapellmeister zu München und verblieb in dieser Stellung his zu seinem wahrscheinlich 1555 erfolgten Tode, da die vom 31. Januar 1556 datirte Vorrede des fünften Theils der Forster'schen Liedersammlung ihn „her Ludwig Senfl seliger" nennt.

Das Hauptfeld seiner Compositionsthätigkeit war die Motette, hier leistete er Grosses und Schönes. Auch um die vertieftere contrapunktische Ausgestaltung der Melodien des Gemeindegesangs hat er sich grosse Verdienste erworben; seine diesbezüglichen Werke wurden sowohl durch ihre Anlage wie durch das tiefe Erfassen des Inhalts als der tief-

---

1) Eitner im 4. Bande der Publicationen älterer und theoretischer Musikwerke N. 62.
2) Dr. C. Proske: Musica divina, Ratisbonae 1853. I. S. XV.
3) Siehe Eitner im 4. Band der Publicationen u. s. w. S. 71.

sinnigen canonischen und contrapunktischen Bearbeitung, wodurch seine kirchlichen Tonschöpfungen eine Macht und Gewalt des Ausdrucks erhielten wie bei nur Wenigen seiner Vorgänger, ein Vorbild sowie ein Wegweiser für die spätern polyphonen wunderbaren Gesänge eines Eccard und Bach. Luther schätzte ihn sehr und liess sich dessen Motetten in seinem Hause am liebsten singen. Von seinen geistlichen Liedern, namentlich von dem vierstimmigen: „Ewiger Gott, aus dess Gebot der Sun kam hie auf Erden" (in den 121 newn Liedern), sagt Ambros, dass aus denselben eine Glaubenskraft, eine Reinheit und Tiefe der religiösen Empfindung spreche, wie sie wenigstens in keinem der Gesänge der damaligen Zeit überboten erscheine. „Mit seinen mächtigen Harmonien, seiner reichen und doch so ernst-anspruchslosen Durchführung ist dieses nicht lange Stück ein bedeutendes Denkmal dessen, was damals die Besten und Edelsten in Deutschland belebte, es ist eines jener im grossen Sinne historischen Lieder, in denen sich der Geist einer ganzen Epoche gewaltig ausspricht" [1]). Ausserdem schrieb er noch verschiedene Psalmen und Mariengesänge sowie eine Messe [2]).

Zu erwähnen sind noch

Heinrich Finck; derselbe ist am 21. März 1527 zu Pirna in Sachsen geboren und starb wahrscheinlich zu Wittenberg im Jahr 1558 oder 1559 [3]). Unter seinen kirchlichen Compositionen ist namentlich ein fünfstimmiges: „Christ ist erstanden" und ein vierstimmiges: „In Gottesnam so faren wir" hervorzuheben. In beiden lebt eine urgewaltige Kraft, der Schluss des Pilgergesanges mit dem breit austönenden Kyrie eleison erinnert geradezu an die erhabenen Chöre und Chorschlüsse Händel's [4]). Eine Bearbeitung von 22 lateinischen Kirchenhymnen enthält Rhau's Sacr. hymn. lib. I. Wittenberg 1542.

Stephan Mahu; derselbe lebte zu Anfang des 16. Jahrhunderts und soll Sänger in der Kapelle des nachmaligen

---

1) Ambros III S. 409.
2) Die ersten Bände der „Publicationen" u. s. w. enthalten ausser weltlichen auch verschiedene geistliche vierstimmige Lieder von Senfl u. Isaac.
3) Siehe „Publicationen" u. s. w. Bd. VIII.
4) Ambros III S. 570.

Kaisers Ferdinand I. gewesen sein. Sein Hauptwerk sind seine vierstimmigen Lamentationen [1]), deren Stil ihn gewissermassen als einen Vorläufer Palestrina's erkennen lässt; zu erwähnen ist noch die fünfstimmige Motette: „Ecce Maria genuit nobis."

Weiter sind noch zu nennen:

Paul Hofheimer 1459—1537, der Componist der Originalmelodie eines weltlichen Liedes, welche später dem Choral: „Aus tiefer Noth" unterlegt wurde; Adam von Fulda 1460—?, Johann Galliculus, Wilhelm Breitengasser, Sixt Dietrich, Arnold von Bruck, Leonhard Paminger, Jacob Gallus, u. s. w. sämmtlich im 16. Jahrhundert lebend.

Wir schliessen diesen Abschnitt mit dem grössten und zugleich dem letzten Meister der niederländischen Schule, zugleich Zeitgenossen Palestrina's, nämlich

Orlandus Lassus, italienisch Orlando di Lasso, deutsch Roland Lassus genannt; sein ursprünglicher Name war Roland de Lattre. Derselbe ist zu Mons im Hennegau 1520 geboren. Zuerst Chorknabe in der St. Nicolauskirche zu Mons, ging er, zwölf Jahre alt, mit Ferdinand von Gonzaga, General des Vicekönigs von Sicilien nach Mailand [2]), woselbst er seine Studien fortsetzte, und dann nach Sicilien. Im 18. Jahre begab er sich mit Constantin Castriotto nach Neapel und verblieb dortselbst drei Jahre in Diensten des Marquis della Terza, im Jahr 1541 nach Rom, woselbst er im Palast des Erzbischofs von Florenz freundliche Unterkunft fand, um nach einem halben Jahr die Stelle eines Kapellmeisters an der Kirche S. Giovanni im Lateran zu übernehmen. Im Jahr 1548 verliess er Rom, um in seine Vaterstadt zurückzukehren; da er seine Eltern jedoch nicht mehr am Leben traf, durchreiste er mit einem Kunstfreund Namens Brancaccio England und Frankreich und nahm alsdann einen zweijährigen

---

[1]) Siehe die Abhandlung Carl Dreher's in den Monatsheften für Musikgeschichte Bd. VI sowie Ambros III S. 389—390.

[2]) Siehe Fétis V S. 209—214 sowie Dehn: Biographische Notiz über Roland de Lattre von Heinrich Delmotte. Berlin 1837.

Aufenthalt in Antwerpen. Von hier aus berief ihn 1556 Albert V. von Baiern nach München und übertrug ihm 1562 die Leitung seiner Kapelle¹). In der letzten Zeit seines Lebens, welches reich an grossen Ehren war, — Kaiser Maximilian verlieh ihm und seinen Nachkommen 1570 die Adelswürde und Pabst Gregor XIII. 1571 die Würde eines Ritters des goldnen Sporns — wurde sein Geist von düsterer Schwermuth umnachtet; er starb den 15. Juni 1594.

Proske²), wenn auch etwas übertrieben, sagt über ihn: „Orlandus de Lassus ist ein universeller Geist. Keiner seiner Zeitgenossen besass eine solche Klarheit des Willens, übte eine solche Herrschaft über alle Intentionen der Kunst, dass er stets mit sicherer Hand erfasste, was er für seine Tongebilde bedurfte. Vom Contemplativen der Kirche bis zum heitersten Wechsel profaner Gesangweisen fehlte ihm nie Zeit, Stimmung und Erfolg. Gross im Lyrischen und Epischen würde er am grössten im Dramatischen geworden sein, wenn seine Zeit diese Musikgattung besessen hätte. In seinen Werken finden sich Züge episch dramatischer Kraft und Wahrheit, dass man sich vom Geiste eines Dante und Michelangelo angeweht fühlt. Gross in der Kirche und Welt hatte Lassus das Nationale aller damaligen europäischen Musik dergestalt in sich aufgenommen, dass es als ein characteristisches Ganze in ihm ausgeprägt lag und man das speciell Italische, Niederländische, Deutsche und Französische nicht mehr nachzuweisen vermochte. Niemand war ihm hierin so ähnlich, als der grosse Händel, und wie in diesem der deutsche, italische und englische Genius des 18. Jahrhunderts, so war in Lassus die ganze Herrlichkeit der germanischen und romanischen Kunst seiner Zeit in einer grossen Erscheinung vereinigt."

Etwas übertrieben finden wir dieses Urtheil, da Lassus in seinen Werken doch nicht so ganz die niederländische Schule abgestreift hat und das melodische Element sich unter dem Druck der contrapunktischen Combinationen nicht immer

---

1) Die Kapelle war eine der besten Europas und zählte gegen 90 Musiker; hierunter 12 Bassisten, 15 Tenoristen, 13 Altisten, 16 Kapellknaben, 6 Kastraten sowie 30 Instrumentalisten.

2) Proske a. a. O. LII.

frei und ausdrucksvoll in seinen Werken entfaltet. Die Venetianische Schule — worüber im nächsten Abschnitt — war auch nicht ohne Einfluss auf sein Kunstschaffen geblieben. In seinen Motetten weicht er von seinen Vorgängern insofern ab, als er denselben dadurch eine neue Form schuf, dass er nicht wie bisher üblich, dieselben über einen gegebenen Cantus firmus, sondern oft über ein selbsterfundenes Thema aufbaut. Seine Werke, deren Zahl auf 2000 geschätzt wird, zeichnen sich hauptsächlich durch harmonischen Reichthum und die imposante Gesammtwirkung der Chorsätze aus. Das Verzeichniss seiner gedruckten Werke theilt Dehn a. a. O. mit; siehe auch Fétis V, S. 215—222. Dieselben umfassen Messen, Motetten, Hymnen, Psalmen u. s. w. Eines seiner bedeutendsten und berühmtesten Werke sind die sieben Busspsalmen, von welchen Ambros sagt, dass sie zu jenen grössten Denkmalen der Kunst gehören, an denen der Zeitenstrom, der das Geringere bringt und wegspült, machtlos vorüberrollt. Diese Gesänge haben, abgesehen von der meisterhaften Factur, eine ganz eigene Färbung geistiger Hoheit, etwas unsagbar Edles und Grosses, und ein zauberhafter Duft von Schönheit schwebt über ihnen. Der Ausdruck ist ein tief und gewaltig ergreifender, er erschüttert, aber er erhebt und tröstet auch in wunderbarer Weise.

V.
Die Kirchenmusik vom 16—19. Jahrhundert.

Mit Orlandus Lassus hatte die niederländische Schule, welche so bedeutend zur Entwicklung der Tonkunst beigetragen, ihren Abschluss gefunden. Adrian Willaert und seinen Schülern, der sogenannten venetianischen Schule war es vorbehalten, der Kunst neue Bahnen anzuweisen, auf welchen eine Weiterbildung derselben erfolgen konnte.

Wie wir bereits erfahren, waren die Tonstücke der niederländischen Meister vier- bis fünfstimmig und nur selten kam es vor, dass für mehr Stimmen geschrieben wurde; auch waren dieselben nur für einen Chor bestimmt. Bei Willaert und seinen Schülern finden wir zum ersten Male zwei oder noch mehr Chöre, welche zunächst noch aus Knaben- und Männerstimmen bestanden, selbständig gegeneinander gestellt, welche dem Ausdruck der Worte entsprechend, nach der Weise der alten Psalmodie, einander abwechseln und nur bei gewissen Stellen, bei Halb- und Ganzschlüssen sich vereinigen. Zu kunstvoller Schönheit veredeltes Psalmodiren nennt äusserst treffend Ambros diesen Gesang.

Während die Niederländer Note gegen Note setzten, wird hier Harmonie gegen Harmonie gestellt. An die Stelle des mensurirten Gesanges tritt der syllabische, das Wort und dessen Bedeutung gelangt mehr zur Geltung und wie sich eine selbständigere musikalische Rythmik namentlich in den kirchlichen Tonstücken entwickelt, so erfährt auch die Harmonik, deren Bedeutung jetzt immer mehr und mehr erkannt wird, eine grössere Ausbildung und mussten natürlicherweise auch neue und reichere Klangcombinationen entstehen. Ferner wurde für die weitere Entwicklung der Kirchenmusik die Pflege des kunstmässig weltlichen Gesanges sowie das Madrigal[1]), als dessen Begründer Willaert angesehen werden darf, von grosser Wichtigkeit, da durch dasselbe — in der Poetik ein 8—12zeiliges, die Liebe oder die Natur verherrlichendes Gedicht —, dessen Melodie im Gegensatz zur Motette oder der Messe, welche an ein gegebenes Thema gebunden waren, eine frei erfundene und dem Sinn des Wortes angemessene zu sein hatte, nicht nur die rythmische und melodische Entfaltung und Gestaltung, sondern auch die Entwicklung, namentlich des Einzelgesangs, wesentlich gefördert werden mussten. Das Madrigal, dessen Behandlungsweise übrigens die gleiche wie bei der Motette war und das ebenso aus kurzen imitirenden Sätzen bestand, führte weiter zu einer freien Behandlung der

---

[1]) Madrigal leitet Winterfeld in seinem Werk: Joh. Gabrieli und sein Zeitalter. Berlin 1834, 3 Bände, von materialis ab, das heisst, das Madrigal behandelte weltliche Gegenstände; den vielen geschraubten und gekünstelten Ableitungen gegenüber, scheint uns diese Definition die einfachere und näherliegendere zu sein.

alten, streng an die Diatonik gebundenen Kirchentonarten und zur Chromatik, wodurch Melodie und Harmonie sich nur um so reicher entfalten konnten.

Der Gründer der venetianischen Schule ist Adrian Willaert, auch Wigliart, Wigliar, Vuigliart genannt, zu Brügge in Flandern Ende des 15. Jahrhunderts, etwa gegen 1490 geboren [1]). In Paris studierte er zunächst die Rechte; doch überwog die Neigung zur Musik und er nahm Unterricht bei Jean Mouton, einem Schüler Josquin's. Im Jahre 1516 begab er sich nach Rom, von dort nach Ferrara, um alsdann als Sänger und Kapellmeister in die Dienste Ludwigs II., Königs von Böhmen und Ungarn, zu treten. Nach dessen im Jahr 1526 erfolgten Tode begab er sich nach Venedig, woselbst er am 12. Dezember 1527 zum Kapellmeister an der Markuskirche gewählt wurde, an welcher Kirche schon Ende des 15. Jahrhunderts ein zahlreicher Chor sowie zwei Organisten für die zwei Orgeln angestellt waren. Seine Organisten führte Venedig bis zum Jahr 1318 zurück. Willaert starb dortselbst den 7. Dezember 1562 [2]).

Er war der Erste, welcher den Gesang der Psalmen in Wechselchören — den alten antiphonischen Gesang — wieder einführte; die Chöre wechselten je nach der Bedeutung der Worte in ganzen und halben Versen ab. So berichtet Zarlino [3]), Schüler Willaert's, dass die Psalmen bei der Vesper oder andern Theilen des Gottesdienstes mit zwei oder mehr Chören, zu vier oder mehr Stimmen gesungen zu werden pflegen, die theils miteinander wechseln, theils, wo es schicklich ist, sich vereinigen. „Solche Chöre werden am Besten so eingerichtet, dass jeder Chor für sich selbständig und wohlklingend ist, als sei er ein wohlgesetzter vierstimmiger Gesang. Diese Art mit getheiltem Chor (a coro spezzato) hat der vortreffliche Adrian erfunden."

Ambros [4]) ist der Ansicht, dass Willaert durch die auf

---

1) Fétis VIII p. 470.
2) Fétis VIII p. 472; nach Winterfeld a. a. O. 1563.
3) Siehe Winterfeld a. a. O. I S. 71.
4) Ambros III S. 504.

eine zufällige architektonische Eigenthümlichkeit der Markuskirche gegründete venetianische Uebung auf den Gedanken für mehrere Chöre zu schreiben gekommen sei. In der nach byzantinischer Bauweise angelegten Markuskirche gliedert sich nämlich der verlängerte östliche Kreuzarm in drei Absiden, deren grosse mittlere den Hauptaltar enthält, während rechts und links in der Höhe der kleinern Seitenabsiden, in gleicher Flucht mit dem Schiffe, also einander gegenüber blickend, zwei Musikgallerien mit zwei Orgeln angebracht sind, für welche seit 1490 ein Maestro del organo primo und del organo secondo bestellt war. Responsorien mögen schon damals mit wechselnder Begleitung der beiden Orgeln auf den beiden Musikchören gesungen worden sein.

Zarlino führt folgende von Willaert komponirten vier- und fünfstimmigen Psalmen für mehrere Chöre an: „Confitebor tibi," „Laudate pueri," „Laudate Jerusalem," „De profundis," „Memento Domine David," „Dixit Dominus," „Laudate Dominum omnes gentes," „Lauda anima mea," „Laudate Dominum" [1]).

Die alte Kirchenmelodie beginnt bei Willaert schon zu verschwinden, und steht höchstens noch am Anfang; ebenso macht er von der kanonisch-contrapunktischen Satzweise nur mässigen Gebrauch, da er bei den Fortschreitungen der Stimmen in seinen Chören hauptsächlich nur auf compakte Harmoniefolgen sich beschränkt. Auch macht sich bei ihm schon eine Emancipation von den alten Kirchentonarten bemerkbar, da gewöhnlich der eine Chor zur Dominante hinaufführt, der andere zur Tonica zurückkehrt, womit die Grundlage unseres heutigen Tonsystems eigentlich schon gegeben war.

Willaerts Schüler und Nachfolger ist

Cyprian de Rore (van Rore), geboren zu Mecheln im Jahr 1516. Er kam in früher Jugend nach Venedig, woselbst er als Sänger an der dortigen Markuskirche angestellt wurde, und zugleich bei Willaert Unterricht genoss. Eine Zeit lang in Diensten des Herzogs von Ferrara, Hercules II., kehrte er nach dessen 1559 erfolgtem Tode nach Venedig

---

[1]) Ein Verzeichniss seiner Werke bei Fétis VIII S. 472—474.

zurück und versah die Stelle eines zweiten Kapellmeisters bis zum Tode Willaerts, welchem er in seinem Amte als erster Kapellmeister folgte. Er verblieb jedoch bloss 18 Monate in dieser Stellung, um das Amt eines Kapellmeisters beim Herzog von Parma und Piacenza, Octave Farnese, zu übernehmen; in dieser Stellung starb er schon 1565, erst 49 Jahre alt.

De Rore macht in seinen Werken von den chromatischen Tonfolgen und Intervallen einen ergiebigen Gebrauch und bahnte hiedurch eine freiere, subjective Empfindung und leidenschaftlicheren Ausdruck in der Musik an, wie er auch dem tieferen, bedeutungsvollen Ausdruck des Wortes gerecht zu werden sucht [1]). Winterfeld [2]) findet in dessen Werken den frühesten Keim des declamatorisch-recitativischen Gesanges.

Unter seinen Werken befinden sich achtstimmige Wechselchöre, vier- fünf- und sechsstimmige Messen, sowie zwei Passionsmusiken.

Fra Costanzo Porta, geboren zu Cremona, ebenfalls Schüler Willaert's, starb im Jahr 1601 als Kapellmeister an der Domkirche zu Padua [3]). Er schrieb Psalmen, Hymnen sowie vier- und sechsstimmige Messen.

Claudio Merulo, 1532 in Corregio geboren, 1557 Organist an der zweiten Orgel der Markuskirche in Venedig, 1566 an der ersten. Sein Ruf als glänzender Orgelspieler veranlasste den Herzog Ranuccio Farnese, denselben 1584 als Organist der Kirche der Steccata in Parma zu berufen, in welcher Stellung er bis zu seinem am 4. Mai 1604 erfolgten Tode verblieb. Seine Werke, worunter Messen, Litaneien, Motetten u. s. w. sollen sich durch ihre machtvolle Harmonik auszeichnen.

Wir nennen noch Baldassarre Donato, 1510 geboren, welcher 1590 Nachfolger Zarlino's — dessen Werke mehr theo-

---

1) Man kannte schon vor Cyprian die Töne b, cis, gis und es; die Gründe und Ursachen, welche zu diesen doppeltgestalteten Tönen führten, um hiedurch Leittöne für Kirchentonarten zu gewinnen, ist hier nicht der Ort, auseinanderzusetzen; Cyprian fügte denselben die Erhöhungen und Erniedrigungen der Töne d und a bei.
2) Winterfeld a. a. O. I S. 116.
3) Siehe Proske a. a. O. II S. XLVI.

retischen Inhalts waren — als Kapellmeister an der Markuskirche wurde; er starb 1603.

Ihren Höhepunkt erreichte die venetianische Schule in Andreas und Johannes Gabrieli.

Andreas Gabrieli ist in Venedig gegen das Jahr 1510 geboren. Seine musikalischen Studien machte er unter Willaert, trat 1536 als Sänger in die Kapelle des Dogen, wurde 1566 Nachfolger Merulo's als zweiter Organist der Markuskirche und starb im Jahr 1586 als erster Organist dieser Kirche.

In seinen meistens dreichörigen Werken weiss er wunderbare Klangeffecte zu erzielen; jedoch nicht des blossen Effects willen, sondern er benützt die ihm zu Gebot stehenden Massen- und Klangfarbenwirkungen zur musikalisch-poetischen Wiedergabe des Textes. So besteht häufig ein Chor nur aus hohen Knabenstimmen, der zweite aus Männer- und Knabenstimmen, der dritte nur aus Männerstimmen; oder der höchstliegende Chor wird von Sopran, Alt — natürlich Knaben — Tenor und Bass ausgeführt, zwischen beiden ein solcher von tiefen Sopran, Alt, Tenor und Bassstimmen.

Proske [1]) urtheilt über denselben: „Mehr als seine Vorgänger besass er die Kunst, in herrlichen Tonmassen zu bilden; vielstimmige, mannigfach gegliederte Chöre wusste er miteinander zu verbinden und zu immer neuen, höheren Effecten auszuprägen. So prachtvoll diese Wirkungen aber sind, so beschränken sie sich keineswegs auf eiteln Sinnesprunk, sondern diese Pracht schloss den hohen Ernst religiöser Würde und Begeisterung nicht aus, der Venedigs Verfassung und Volksgesinnung eigen war. Und hierin ragte Andreas Gabrieli über seine venetianischen Zeitgenossen weit hervor, majestätisch, feierlich, oft tief beschaulich setzte er sich niemals über die hohen Anforderungen der Kirche hinaus und verdient vor allen Venetianern mit dem damals in Rom mächtigen Gestirn verglichen, der Palestrina Venedigs genannt zu werden. Das würdigste Zeugniss seiner kirchlichen Künstlergrösse bieten die sechsstimmigen Busspsalmen, welche in abweichender Auffassung von der Behandlung früherer Componisten dieser Psalmen, den Gipfel heiliger Ausdrucksweise erreichen".

---

[1]) A. a. O. I. LV.

Johannes Gabrieli, Neffe und Schüler des Vorigen, ist 1557 geboren, wurde im Jahre 1585 Nachfolger Merulo's als Organist an der Markuskirche und starb am 12. August 1613. Seine Werke, in welchen er die Mehrchörigkeit bis zu vier Chören steigert, zeichnen sich durch characteristische musikalische Wiedergabe, durch die Farbenpracht der Harmonien und durch eine Stimmgruppirung aus, deren Klangwirkungen oft von wunderbarer Schönheit sind. Ein subjectiv innerlicher Zug durchweht seine Werke, wir schauen gleichsam mit was er gesehen, wir empfinden mit, was er gefühlt; auch eine gewisse Dramatik lässt sich manchen derselben nicht absprechen, so wenn er z. B. eine Stimme einzeln oder auch mit Instrumentalbegleitung [1]), oder auch zwei Stimmen miteinander singen und die Chöre alsdann mit aller Macht wieder einsetzen lässt. „Zwei- drei- auch vierstimmige Chöre bauen sich so zu einem überschwenglich prächtigen Ganzen auf, und so erreicht das von Willaert erdachte System der getheilten Chöre hier seine letzte Vollendung. Endlich genügt aber all dieser Reichthum noch immer nicht: Johannes Gabrieli zieht — wenigstens in seinen späteren Compositionen — auch noch den blendenden Glanz der Instrumente — Posaunen, Cornetti und Geigen — mit ihrer starken sinnlichen Klangwirkung heran. Dass er aber nun diese Mittel immer noch mit reinem künstlerischen Maasse in Bewegung setzt und nirgend in rohe Massenhäufung hineingeräth, sondern alles feinsinnig und so gegen einander stellt, als könne es nicht anders sein und sei eben das Rechte, kennzeichnet den wahrhaft grossen Meister" [2]).

Seine Werke, welche aus Messen, Motetten, Psalmen, Magnificats, Vespern, Miserere u. s. w. bestehen, findet man bei Winterfeld a. a. O. zusammengestellt.

Zu nennen sind noch

Marco Antonio Ingegneri, 1545 zu Pordenone im venetianischen Friaul, nach Fétis [3]) zu Cremona geboren, wo-

---

1) Die damals gebräuchlichsten Instrumente waren die verschiedenen Arten von Geigen, dann Fagotte, Zinken, Cornetten, Posaunen, Flöten und Querpfeifen.
2) Ambros III S. 528.
3) Fétis IV S. 898.

selbst er auch Kapellmeister an der Kathedralkirche war; später stand er in Diensten des Herzogs von Mantua. Unter seinen kirchlichen Compositionen befinden sich u. A. auch 16stimmige Motetten.

Leone Leoni geboren 1560, Kapellmeister an der Kathedrale zu Vicenza, schrieb fünfstimmige Psalmen und zwei- bis achtstimmige Motetten.

Giulio Cesare Martinengo in der zweiten Hälfte des 16. Jahrhunderts zu Verona geboren, zuerst Kapellmeister zu Udine in Friaul, seit 1609 an der Markuskirche zu Venedig; er starb bereits 1613.

Giovanni Giacomo Gastoldi zu Caravaggio um die Mitte des 16. Jahrhunderts geboren, Kapellmeister am Dome zu Mailand.

Giovanni Croce 1560 zu Chioggia bei Venedig geboren, ein Schüler Zarlino's und 1603 Donati's Nachfolger als Kapellmeister an der Markuskirche; er starb 1609. Am berühmtesten sind seine sieben Busspsalmen.

Durch Hans Leo Hasler, einen Schüler von Andreas Gabrieli und Heinrich Schütz, Schüler des Johannes Gabrieli, sowie durch italienische Meister aus der venetianischen Schule wie Tiburzio Massaini, welcher eine Zeit lang am Hofe des Kaisers Rudolf II. zu Prag sich aufhielt, Camillo Zanotti, Vicekapellmeister Rudolfs II. und Andere, gewannen die Einflüsse der venetianischen Schule auch in Deutschland Eingang.

Hans Leo Hasler, welchem wir später nochmals begegnen werden, ist zu Nürnberg im Jahr 1564 geboren und genoss den ersten Unterricht in der Musik bei seinem Vater Isaac Hasler; hierauf begab er sich im Jahr 1584 nach Venedig, woselbst er bei Andreas Gabrieli seine Studien fortsetzte; 1585 wurde er Organist im Fugger'schen Hause in Augsburg, 1601 trat er als Hofmusikus in die Kapelle des Kaisers Rudolf II. und endlich 1608 wurde ihm die Hoforganistenstelle in Dresden übertragen; er starb 1612. Da wir auf seine Bedeutung für das evangelische Kirchenlied noch zurückkommen werden, erwähnen wir hier, dass er nicht bloss einer der bedeutendsten Orgelspieler seiner Zeit war, sondern auch auf dem Gebiete der

Motette Unvergängliches geleistet hat. Hervorzuheben sind
namentlich seine fünf- bis achtstimmigen geistlichen Festgesänge
— 28 lateinische Motetten; ausserdem schrieb er vier-, fünf-,
sechs- und siebenstimmige Messen und sonstige 4—16stimmige
Gesänge. Proske sagt über Hasler, dass seine Schreibart im
Figuralsatze das Höchste und Schönste in sich vereinige, was
deutsche und italienische Kunst jener Zeit zu leisten vermochte. „Bei reichster Gedankenfülle sehen wir ihn immer
klar, bestimmt und fest; innerlich gehaltvoll, schwunghaft
und wirksam nach aussen, besonders im mehrchörigen Satze.
Neuere Bahnen betrat er vorsichtiger als der jüngere Gabrieli;
er hielt zwischen diesem und dem gemeinsamen grossen Lehrer
Andreas Gabrieli die Mitte. Ein edler Wetteifer dieser jungen
Künstler unter sich ist jedoch nicht zu verkennen; den sichersten Beweis davon liefert eine Sammlung [1]) der grossartigsten
Musiksätze, welche nach dem Tode dieser Meister erschien,
deren Kunstgehalt zu solcher Höhe gesteigert ist, dass man
vor Staunen und Bewunderung nicht zu entscheiden vermag,
welchem von Beiden der Preis gebührt."

Auch seine beiden jüngern Brüder, Jacob, geboren 1566,
welcher als Organist des Grafen von Hohenzollern zu Hechingen
starb, und Kaspar, geboren 1570, gestorben 1618 als Organist
in seiner Vaterstadt Nürnberg, thaten sich durch kirchliche
Compositionen als Messen, Magnificats, Psalmen u. s. w. hervor. Von Letzterem enthält die Symphoniae sacrae [2]) 4- bis
16stimmige Tonsätze.

Heinrich Schütz, auf welchen wir ebenfalls noch in
den beiden nächsten Abschnitten zu sprechen kommen werden,
ist am 8. Oktober 1585 zu Köstritz im sächsischen Voigtland
geboren. Im Jahr 1599 trat er als Kapellknabe in die Hofkapelle des Landgrafen Moriz von Sachsen; auf den Wunsch
seiner Eltern sollte er sich jedoch der Rechtswissenschaft wid-
men, und so bezog er die Universität Marburg. Im Begriff
sich zur Promotion vorzubereiten, bot ihm der Landgraf Moriz,

---

1) Reliquiae sacrorum concentuum Giov. Gabriolis et Leoni Has-
leri etc. motetta 6, 7, 8, 9, 10, 13, 14, 16, 18, 19 vocum. Nürnberg 1819.
2) Erster Theil Nürnberg 1598, zweiter Theil 1600.

welcher schon längst seine hohe musikalische Befähigung erkannt hatte, im Jahr 1609 auf zwei Jahre ein jährliches Stipendium von 200 Gulden an, damit er bei Johannes Gabrieli sich weiter ausbilde. Er nahm das fürstliche Anerbieten an und blieb in Venedig bis nach dem erfolgten Tode Gabrieli's. Hierauf kehrte er nach Deutschland zurück, wurde Organist des Landgrafen und im Jahr 1617, nachdem er inzwischen des Oeftern auf den Wunsch des Churfürsten von Sachsen, Johann Georg, längern Urlaub vom Landgrafen erhalten hatte, um die churfürstliche Kapelle zu dirigiren[1]), definitiv als Churfürstlich Sächsischer Kapellmeister angestellt, in welchem Amte er volle 55 Jahre bis zu seinem Tode verblieb.

Hier erwähnen wir nur, dass er geistliche Tonstücke für mehrere Chöre schrieb, mit Begleitung von Geigen, Cornetten und Posaunen, so die „Psalmen Davids sampt etlichen Moteten und Concerten mit acht und mehr Stimmen nebenst anderen zweyen Capellen, dass dero etliche auff 3 und 4 Chor nach Beliebung gebraucht werden können; wie auch mit beigefügten Basso continuo (siehe unten) vor die Orgel, Lauten u. s. w."

Anzuführen sind u. A. noch

Jacob Gallus, Hähnel auch Handl genannt, geboren 1550 zu Krain, starb als kaiserlicher Kapellmeister am 4. Juli 1591 zu Prag. Derselbe gehört zu den vorzüglichsten deutschen Tonsetzern; seine Compositionen sind für 4, 8, 12 und noch mehr Stimmen gesetzt, ein Gesang sogar für 24 Stimmen, in 4 sechsstimmige Chöre getheilt.

Adam Gumpoltzbaimer 1560 zu Trostberg in Oberbaiern geboren, trat 1575 als Musiker in die Dienste des Herzogs von Württemberg und bekleidete von 1581 bis zu seinem Tode, welcher Anfangs des 17. Jahrhunderts erfolgte, die Stelle eines Cantors in Augsburg. Er schrieb hauptsächlich mehrstimmige geistliche Lieder.

Christian Erbach zu Algesheim in der Pfalz geboren, im Jahr 1600 Organist des Max Fugger in Augsburg, später an der dortigen Domkirche.

---

[1]) Vergl. Dr. W. Schäfer: „Sachsen-Chronik", I. Serie. Dresden 1854, in welcher der Briefwechsel der beiden Fürsten veröffentlicht ist.

Melchior Franck geboren 1580 zu Zittau in der Lausitz, 1603 Kapellmeister am Coburg'schen Hofe, woselbst er am 6. Juni 1639 starb. Sein ältestes Werk ist: Sacrae melodiae 4, 5, 6, 7 et 8 vocum, München bei G. Willer; ausserdem schrieb er Psalmen und Motetten.

Gregor Aichinger 1565 in Augsburg geboren, ausgezeichneter Orgelspieler und Kirchencomponist, stand ebenfalls in Diensten der reichen Fugger; er schrieb 3—10stimmige Messen, Offertorien und Magnificats u. a. w. Sein bedeutendstes Werk sind die Liturgica sive sacra officia ad omnes festas. Augsburg 1593.

Werfen wir noch einen kurzen Blick auf England, so hatte die Mensuralmusik und der mehrstimmige Gesang im 13. und 14. Jahrhundert wohl Eingang dortselbst gefunden, ohne jedoch ersichtliche Fortschritte zu machen. Die dortige Kirchenmusik weist übrigens geübte Contrapunktiker auf, doch überwogen bei denselben immerhin die contrapunktischen Künsteleien, und von ihren Werken haben sich fast keine bis auf unsere Zeit erhalten. Zu erwähnen sind folgende englische Meister:

Thomas Tallis, Organist der Kapelle unter Heinrich VIII., Eduard VI., den Königinnen Maria und Elisabeth; er starb 1585. Unter seinen kirchlichen Tonwerken, welche meistens im Motettenstil gehalten sind, soll sich auch eine 40stimmige Composition für 8 Soprane, 8 Mezzosoprane, 8 Cantra-Tenöre, 8 Tenore und 8 Bassstimmen, nebst Bass continuo, befinden.

William Bird, Schüler Tallis', 1538 geboren, starb 4. Juli 1623. Im Jahr 1563 erhielt er die Organistenstelle an der Kathedrale zu Lincoln, 1569 trat er in die Kapelle der Königin Elisabeth ein, wurde Stellvertreter seines Lehrers und nach dessen 1585 erfolgtem Tode wahrscheinlich auch dessen Nachfolger. Er schrieb 5-, 6- und 8stimmige Motetten, Hymnen, Psalmen u. s. w.

Thomas Weelkes, dessen Geburtsort und Geburtsjahr unbekannt sind, doch wird letzteres wohl in die siebziger Jahre des 16. Jahrhunderts fallen, da er in einem seiner 1598 gedruckten Werke erklärt, dass er noch nicht volljährig sei [1]).

[1) Fétis a. a. O. VIII S. 437.

Er war zuerst Organist in Winchester, später an der Kathedrale in Chichester. Nach Fétis enthält ein handschriftliches altes Orgelbuch von Adrien Baten, welches im Besitz von Josef Warren (ein geschätzter englischer Organist dieses Jahrhunderts) sein soll, verschiedene 4- und 5stimmige Tedeum, Jubilate, Offertorien, Kyrie, Credo, Magnificat und Nunc dimittis.

In Frankreich wurde in diesem Zeitraum mehr die weltliche Musik gepflegt.

War durch die Meister der venetianischen Schule die Harmonik zu hoher Entfaltung gelangt und durch den weltlichen Kunstgesang, namentlich durch das Madrigal, der Kirchenmusik eine Kunstform zugeführt worden, welche nicht nur dem Künstler ermöglichte, das was ihn innerlich bewegte, durch Töne dem Gefühl auch wieder zu vermitteln, sondern auch die Fesseln einer künstlichen Contrapunktik sprengte, welche einen unmittelbaren Gefühlsausdruck nicht aufkommen lassen konnte, und somit das melodische Element zu einer höhern Entwicklung geführt wurde: so erklomm in Palestrina und der von ihm gegründeten römischen Schule die kirchliche Tonkunst nach einer ganz andern Richtung hin eine ungeahnte Höhe und man darf wohl diese Periode als die klassische Zeit der katholischen Kirchenmusik bezeichnen. Aus der französisch-niederländischen Schule hervorgegangen repräsentiren die Werke Palestrina's und seiner Schule die höchste Blüthe, den Abschluss einer zweihundertjährigen Entwicklung. Wie das Madrigal sowie die Theilung der Stimmen in verschiedene Chöre auch auf die römische Schule von Einfluss waren, so war es auch die emporblühende dramatische Musik. Schon bei Allegri machen sich die Einflüsse der Letztern geltend, wie auch die Diatonik durch die Chromatik, wenn auch noch in bescheidenen Grenzen sich haltend, durchbrochen ist. Ebenso fängt das subjective Empfindungsleben an, sich in die „unnahbare Hoheit" des frühern Kirchenstils einzudrängen und die Modulation sich in grösserer Freiheit zu bewegen. Vom Anfang des 17. Jahrhunderts beginnen beide Schulen die venetianische und die römische sich allmählig zu amalgamiren. Die neue Melodik und Chromatik sowie der concertirende Stil, all' die Elemente, welche einen grössern Gefühlsausdruck ermöglichen, übertragen sich mit der Zeit auch auf die Schüler der römischen Schule.

Als Vorläufer Palestrina's können betrachtet werden:

Costanzo Festa in Florenz geboren, trat 1517 als Sänger in die päbstliche Kapelle ein und starb als solcher am 10 April 1545. Er schrieb Messen, Motetten, Litaneien u. s. w. Sowohl Burney als Baini erklären denselben für den grössten Contrapunktisten der vorpalestrina'schen Epoche und Kiesewetter hält ihn ebenfalls für den frühesten des Namens würdigen italienischen Contrapunktisten.

Christofano Morales, 1520 zu Sevilla geboren, war ebenfalls Sänger der päbstlichen Kapelle. Von seinen Werken sind hauptsächlich die über die Melodien des gregorianischen Kirchengesangs nach den acht Kirchentönen componirten Magnificats, sowie die 4-, 5- und 6stimmigen Klagelieder Jeremia's zu nennen; ausserdem schrieb er 4-, 5- und 6stimmige Messen. In der niederländischen Schule erzogen, bildete sich in seinen Werken schon jener „Idealstil," wie Ambros ihn nennt, aus, welcher in Palestrina seine höchsten Triumphe feiern sollte.

Palestrina's Lehrer war:

Claude Goudimel, nach Fétis[1]) gegen 1510 in der Franche-Comté geboren. Derselbe gründete gegen 1540 in Rom eine Musikschule, aus welcher ein Palestrina, Giovanni Animuccia, Steffano Bettini, Giovanni Maria Nanini hervorgiengen. Er schrieb Messen und Motetten für 5, 6, 7, 8 und 12 Stimmen, deren Manuscripte im Vatican und im Kloster dell' Oratorio zu St. Maria in Vallicella sich befinden sollen. Seine Werke besitzen nach Ambros einen eigenthümlichen Reiz und gegenüber den mannhaft kräftigen Compositionen Morales' einen zarten, fast mädchenhaften Zug.

Giovanni Pierluigi da Palestrina[2]) ist nach Baini, Proske und Fétis im Jahr 1524, nach Kandler und Schelle 1514 in Palestrina, dem alten Präneste geboren, daher

---

1) Fétis IV S. 66.
2) Siehe für das folgende auch Kandler a. a. O. sowie Schelle S. 234 und ff.

er sich auch Giovanni Pierluigi da Palestrina nannte. Ueber seine frühesten Lebensumstände ist nichts Näheres bekannt, als dass er gegen 1540 nach Rom kam, um daselbst Musik zu studieren. Im Jahr 1551 wurde er als Singmeister der Knaben in der Kapelle Giulia angestellt. Pabst Julius II. (1505—1513) hatte nämlich vermittelst einer Bulle vom 19. Februar 1513 verordnet, dass, da durch das fortwährende Herbeiziehen von Fremden die Musik nie einheimisch werden könne, in der Kapelle Giulia, welche ständig zwölf Sänger zu unterhalten hatte, eben so viele Knaben erzogen und von zwei Meistern gründlich unterrichtet werden sollten, um die fremden Sänger in der päbstlichen Kapelle zu ersetzen. Auf den Wunsch des Pabstes Julius III. legte er diese Stelle nieder und trat am 13. Januar 1555 als Sänger in die päbstliche Kapelle ein, welches Amt er jedoch schon am 30. Juli desselben Jahres mit noch zwei andern Sängern verlassen musste, da der Nachfolger Julius' Paul IV. eine Verordnung erliess, wonach die drei „verheiratheten Individuen, die zum Scandal des Gottesdienstes und der Kirchengesetze mit den päbstlichen Kapellensängern zusammenleben", aus dem Collegio ausgestossen werden sollen. Am 1. October wurde ihm jedoch die Kapellmeisterstelle im Lateran übertragen, in welcher Stellung er bis zum Jahr 1561 verblieb, wo er alsdann zum Kapellmeister der liberianischen Hauptkirche — St. Maria Maggiore — ernannt wurde und in dieser Eigenschaft bis 1571 wirkte. In diese Zeit fällt seine sogenannte Rettung der Kirchenmusik vor den ihr drohenden Gefahren.

Auf dem Concil zu Trient waren nämlich die verschiedenen Missbräuche, welche in die Kirchenmusik eingedrungen, zur Sprache gekommen. Einige Eiferer, welchen nur der Ritus und nicht die Kunst am Herzen lag, wollten nur noch den gregorianischen Canto fermo beibehalten und alle Figuralmusik aus der Kirche verbannt wissen; doch beschloss man in der 22. Sitzung, nur die weltliche, Aergerniss gebende Musik aus der Kirche zu entfernen, damit das Gotteshaus nicht entweiht werde. Im Übrigen wurde es in der 24. Sitzung den Bischöfen und Provincialconcilien überlassen, etwaige nothwendig erscheinende Reformen vorzunehmen. In Folge dieses

Beschlusses ernannte Pius IV. am 2. August 1564 eine Congregation von acht Cardinälen, zu deren Berathungen auch acht Sänger der päbstlichen Kapelle zugezogen wurden, welche diesem Gegenstande ihre Aufmerksamkeit zuwenden sollten. Nach mehreren Sitzungen wurde eine Einigung über folgende drei Punkte erzielt:
1) dass weder Motetten noch Messen mit Vermischung von fremden Worten gesungen werden dürften;
2) dass keine Messen, welche über weltliche Themen und Lieder verfasst seien, mehr gesungen, und
3) Motetten über von Privatpersonen erfundene Worte auf immer von der päbstlichen Kapelle ausgeschlossen bleiben sollten.

Es entspann sich auch eine Discussion darüber, wie es möglich gemacht werden könnte, dass die vom Chor gesungenen heiligen Worte deutlicher verstanden werden könnten. Die Sänger machten hiegegen geltend, dass dies in der polyphonen Musik nicht immer möglich sei, namentlich nicht bei grösseren Stücken wie das Gloria, Credo u. s. w. Die Cardinäle hielten hierauf mit einem definitiven Beschluss zurück und es wurde zunächst Palestrina beauftragt, eine Messe zu schreiben, welche als Muster aufgestellt werden könnte; würde dieselbe den gestellten Anforderungen genügen, so wolle man von weiteren Verfügungen im Sinne des Trientiner Concils abstehen.

Palestrina schrieb hierauf 3 Messen, welche am 28. April 1565 im Palast des Cardinals Vitellozzo in Gegenwart der Cardinäle obenerwähnter Commission vorgetragen wurden. Dieselben erklärten sich nach Anhörung namentlich der dritten Messe, welcher Palestrina den Namen Missa papae Marcelli gab, für befriedigt und beschlossen, indem sie demselben empfohlen hatten, in diesem Stile fortzufahren, dass die Kirchenmusik keiner Veränderung unterworfen werden solle, die Figuralmusik also bestehen bleiben dürfe. Von nun an stand der Ruf Palestrina's fest, und verbreitete sich über den ganzen katholischen Erdkreis.

Zwei Monate später wurde die dritte Messe während der heiligen Handlung in Gegenwart des Pabstes Pius IV. aufgeführt, welcher am Schluss entzückt ausgerufen haben soll:

„Hier gibt ein Johannes im irdischen Jerusalem uns eine Vorempfindung von jenem Gesange, den der heilige Apostel Johannes im himmlischen Jerusalem einst in prophetischer Entzückung vernahm." Palestrina erhielt hierauf den neugeschaffenen Posten eines Tonsetzers der päbstlichen Kapelle. Er starb den 2. Februar 1594 und wurde in der Peterskirche vor dem Altar der Apostel Simon und Judas begraben.

Seine künstlerische Fruchtbarkeit war eine ungeheure. Er schrieb allein 78 Messen, eine grosse Anzahl Motetten auf alle Feste des Jahres, Hymnen, Lamentationen, die berühmten noch heute in der Charwoche in Rom gesungenen Improperien [1], Offertorien, Magnificats, geistliche Madrigale u. s. w. Eine vollständige Ausgabe seiner Werke erscheint zur Zeit bei Breitkopf und Härtel in Leipzig.

Gross, gewaltig und erhaben stehen Palestrina's Tonschöpfungen vor unserm geistigen Auge, und wenn er sich auch in den complicirtesten contrapunktischen Formen, aber überall mit der grössten Freiheit und Ungezwungenheit bewegt: aus allen weht uns der geistige Hauch des Genies entgegen. Im gregorianischen Gesang wurzelnd, unter Beibehaltung der Diatonik — die Chromatik wendet er selten an — und der alten Kirchentonarten, mit Ausschluss aller Instrumente, auch der Orgel, enthalten seine Meisterwerke, trotz gewisser Herben, unvergängliche Schönheiten; sie sind ein eben so getreues als grossartiges Abbild eines reichen innern Seelenlebens, ein Zug wahrhaft grosser Genialität ist allen aufgeprägt und sie werden bleiben ein herrliches Denkmal menschlichen Geistes- und Gemüthslebens, und ihr Werth wird nicht erblassen und verwelken, so lange eine Kunst bestehen bleibt, und so lange es Menschen geben wird, welche in einer roh-sinnlichen, nur für das Aeusserliche zugänglichen Zeit für das einfach Grosse und Erhabene ein offenes und warmes Herz haben.

Nach Palestrina ist einer der bedeutendsten Meister der römischen Schule:

---

[1] Es sind dies Gesänge, welche am Charfreitag, während die Gläubigen sich dem enthüllten Kreuze nähern, um demselben ihre Verehrung darzubringen, ertönen.

Giovanni Maria Nanini, gegen 1540 zu Vallerano geboren. Derselbe machte seine Studien ebenfalls unter Goudimel und kehrte alsdann in seine Vaterstadt zurück, woselbst er die Stelle eines Kapellmeisters erhielt. Im Jahr 1571 wurde er Kapellmeister an S. Maria Maggiore in Rom, woselbst er mit Palestrina eine Musikschule eröffnete; 1575 legte er sein Amt als Kapellmeister nieder und trat am 27. October 1577 als Sänger in das päbstliche Collegium ein. Er starb 11. März 1607.

Als schaffender Künstler — er war nämlich auch ein bedeutender Musikgelehrter — hält Proske Nanini für einen Stern erster Grösse, dessen Werke, wenn auch sein Genius nicht die reichen Schöpfungskräfte eines Palestrina besass, ihrer klassischen Ausprägung und vollendet reinen Form willen unmittelbar den Schöpfungen eines Palestrina angereiht zu werden verdienen.

Eines seiner berühmtesten Tonstücke ist das sechsstimmige: „Hodie nobis coelorum rex", welches noch heute am Weihnachtstage in der päbstlichen Kapelle gesungen wird. Er schrieb weiter 3-, 4-, 5-, 6- und 8stimmige Motetten, vierstimmige Lamentationen, Tedeums und achtstimmige Litaneien.

Giovanni Bernardo Nanini, ein jüngerer Bruder des Vorigen, ist ebenfalls in Vallerano geboren und wurde von seinem ältern Bruder in der Composition unterrichtet. Ueber seine nähern Lebensumstände weiss man nur so viel, dass er Kapellmeister in Damaso war. Proske, welcher vier Psalmen von demselben in Partitur veröffentlicht hat, rühmt dessen Werken, deren Manuscripte wie diejenigen seines Bruders zum grössten Theil in den Archiven Roms liegen, den Wohllaut in Melodie und Harmonie, Fluss und Rundung der Modulation, rythmische Präcision und die vollendete Reinheit des Stils nach [1]). Er ist der erste aus der römischen Schule hervorgegangene Meister, welcher Tonstücke mit Begleitung der Orgel schrieb, so unter Anderm ein „Venite, exultemus Domino" für drei Stimmen mit Orgelbegleitung. Der Abt Santini in Rom soll von diesem Meister die Manuscripte von

---

[1]) Proske a. a. O. III p. XV.

achtstimmigen Motetten und Psalmen, sowie ein zwölfstimmiges
„Salve regina" besitzen [1]).

Bedeutend in seinen kirchlichen Tonschöpfungen ist
Tomaso Ludovico da Vittoria, spanischer Priester
aus Avila, 1573 Kapellmeister am Collegium germanicum, 1575
an der Apollinarikirche zu Rom; später kehrte er in sein
Vaterland wieder zurück und erhielt den Titel „Kaiserlicher
Kapellan." Sowohl seine Landsleute Escobedo und Morales
als der Umgang mit Palestrina und Nanini dem Aeltern werden
fruchtbar auf sein künstlerisches Schaffen eingewirkt haben.
Unter seinen Werken befinden sich Psalmen, Motetten, Hymnen,
sowie die Turbae (Volkschöre) zu den zwei Passionen
nach Matthäus und Johannes, welche heute noch von der
päbstlichen Kapelle aufgeführt werden. Hervorzuheben ist
sein sechsstimmiges Officium Mortuorum, welches er 1605 für
die Exequien der Kaiserin in Madrid schrieb und drucken
liess. Proske fand die Stimmen dieses Werks im Musik-
archiv der spanischen Nationalkirche zum heiligen Jacob in
Rom und setzte sie in Partitur. Derselbe [2]) urtheilt über
diesen Meister, dass in ihm sich die edelsten Eigenschaften
spanischer und römischer Kunst vereinigt finden. „Von allen
Angehörigen der römischen Schule hat nächst Palestrina keiner
so sehr auf die vollendete Reinheit des Kirchenstils geachtet
als Vittoria; ja es lag in seinem Wesen, das Liturgisch-Ob-
jective, Typische noch inniger festzuhalten, als selbst Palestrina
nöthig fand. Dennoch fehlte ihm nicht eine reiche Originalität und subjective Ausdrucksweise, so dass er bei grösster
Mässigung im Gebrauch seiner Kunstmittel stets eigenthümlich von jedem Zeitgenossen, und in allen unter sich noch so
wesentlich abweichenden Compositionen gleich erkennbar bleibt.
Ohne der Klarheit seiner Melodie und Harmonie den mindesten
Eintrag zu thun, prägt sich in seinen Gesängen eine ernste,
hocherhabene Mystik aus, welche der reinsten Frömmigkeit
des Gemüths, das nur heilige Gefühl der Andacht ohne alle
Beimischung weltlicher Eindrücke zu athmen scheint, ent-

---

[1] Fétis VI. S. 379.
[2] Proske I. p. LIII und LIV.

sprungen ist und ihn unfähig machte, andere als geistliche Compositionen zu schaffen. Wärme und lebendige Selbstauffassung, Milde und Zartheit, innigster Fluss der kunstreichsten und strengsten Tonsätze, endlich ein hoher festlicher Aufschwung und die würdevollste Majestät vereinigen sich in diesem priesterlichen Spanier zu einem Bilde, das vom Sternenhimmel der Vorzeit wunderbar auf uns herüberleuchtet."

Durch ihn wurde die römische Schule nach Spanien verpflanzt, wo zugleich auch ein anderer bedeutender Meister, Fernando de las Infantas lebte, spanischer Priester zu Cordova.

Aus der römischen Schule gingen ferner hervor:

Felice Anerio, 1560 zu Rom geboren; derselbe wurde nach Palestrina's Tode von Cardinal Aldobrandini an die Spitze seiner Kammermusik gestellt und noch im selben Jahr von Pabst Clemens VIII. zum Tonsetzer der päbstlichen Kapelle ernannt; Anerio war der letzte, welcher mit dieser Würde betraut wurde. Er componirte zahlreiche Messen, Motetten, Psalmen u. s. w.

Francesco Giovanni Anerio, ein jüngerer Bruder des eben Genannten, ist 1567 zu Rom geboren, war eine Zeit lang Kapellmeister des König Sigismund III. von Polen, dann Musikdirector an der Kathedrale zu Verona, von 1600—1603 Musikmeister am päbstlichen Seminar und Kapellmeister an der Kirche San Giovanni im Lateran; sein Todesjahr ist unbekannt. Er war einer der Ersten, welche in ihren Compositionen kleinere Notenwerthe, wie Achtel- und Sechszehntheile und zum Theil obligat eingreifende Instrumente anwandten; seine Werke bestehen in Motetten, Litaneien u. s. w.

Giovanni Andrea Dragoni, geboren zu Moldola im Kirchenstaat gegen 1540, von 1576 bis zu seinem 1598 erfolgten Todo Beneficiat und Kapellmeister zu S. Giovanni im Lateran.

Giovanolli Rugiero, gegen 1560 zu Velletri geboren, 1587 Kapellmeister an der Kirche San Luigi de Francesi, später an jener des Collegium germanicum in Rom, und nach dem Tode Palestrina's, dessen Nachfolger an der Peterskirche; sein Todesjahr ist unbekannt. Er schrieb 5—8stimmige Motetten, Messen und Psalmen.

Francesco Soriano, zu Rom 1549 geboren, erhielt 1587 die Kapellmeisterstelle an S. Maria Maggiore, welche er 1589 mit der zu S. Luigi vertauschte; im Jahr 1599 erhielt er die gleiche Stellung an der Laterankirche und 1603 an der Kapelle des Vaticans; er starb 1620. Unter seinen Werken — 4-, 5- und 6stimmige Messen, Magnificats u. a. w. — soll sich auch eine vierstimmige Passionsmusik befinden, welche jedoch wie die oben angeführte von Vittoria nicht im dramatischen Stil und Ton der spätern protestantischen Passionen gehalten, sondern nur für den liturgischen Gebrauch in der Charwoche bestimmt war.

Vincenzo Ugolino, zu Perugio in der Mitte des 16. Jahrhunderts geboren, war 1603 Kapellmeister an Maria Maggiore zu Rom, 1615 an S. Luigi, 1620 an der Kapelle des Vaticans; er starb 1626. Ausser 8- und 12stimmigen Motetten, 12stimmigen Psalmen, soll er auch 1—4stimmige Motetten mit Basso continuo (siehe unten) geschrieben haben.

Einer der bedeutendsten Schüler der römischen Schule ist Gregorio Allegri, ein Nachkomme des berühmten Malers Antonio Allegri, in Rom 1586 geboren. Von seinen äussern Lebensumständen ist nichts Zuverlässiges bekannt, als dass er ein Tröster und Wohlthäter der Armen und Gefangenen war; er starb als Sänger der päbstlichen Kapelle den 18. Februar 1652.

Seine Berühmtheit verdankt er seinem grossen Miserere, welches heute noch in der Charwoche in der Sixtinischen Kapelle zu Rom aufgeführt wird. In dieser Composition, welcher der 51. Psalm zu Grunde liegt, wechselt ein fünf-, ein vierstimmiger, sowie ein in Octaven unisono auf denselben Ton gleichsam psalmodirender Chor ab, gegen Schluss vereinigen sich beide Chöre. Ueber dieses durch die Tradition berühmt gewordene Miserere [1]) spricht sich Mendelssohn [2]) in folgender Weise aus:

---

[1]) Auf Abnahme einer Copie desselben stand der Kirchenbann; nachdem jedoch Mozart das Miserere nach zweimaligem Anhören mit Hülfe seines riesigen Gedächtnisses aufgeschrieben hatte und dasselbe 1771 in London im Druck erschien, wurde das Verbot werthlos und Clemens XIII. soll 1773 dem König von England mit einer Abschrift des Originals ein Geschenk gemacht haben.

[2]) Mendelssohn: Reisebriefe Band I. 8. Auflage S. 144.

„Die Folge des Miserere ist eine einfache Akkordfolge, auf die entweder Tradition, oder, was mir wahrscheinlicher ist, ein geschickter Maestro, Verzierungen für einige schöne Stimmen [1]) und namentlich für einen hohen Sopran, den er hatte, gegründet hat; diese Verzierungen kehren bei denselben Akkorden in gleicher Weise wieder, und da sie gut ausgedacht und sehr schön für die Stimmen gelegt sind, so freut man sich immer, sie wieder zu hören. Das Unbegreifliche, Ueberirdische habe ich nicht finden können; es ist mir auch ganz genug, wenn es begreiflich und irdisch schön ist."

Zahlreiche Psalmen, Motetten, Messen, Concerti (siehe unten), Improperien, Lamentationen u. s. w. rühren von ihm her. Ueber letztere urtheilt Ambros [2]), dass mit den Lamentationen von Palestrina zusammengehalten, sie mehr als irgend ein anderes Werk Aehnlichkeit und Unterschied beider Meister erkennen lassen. „Die reine, keusche Hoheit des wie in Licht getauchten Stiles, die Factur, die überall auf's Einfach-Grosse geht, oder vielmehr deren technisch vollendete Durchbildung sich hinter anscheinend einfachen Formen birgt, der edle Ausdruck, die massvolle Schönheit, Haltung, Form und Färbung des Ganzen geben die Aehnlichkeit. Aber durch alle Zucht und Strenge klingen jene schärferen Accente der Empfindung durch, welche andeuten, die Musik befinde sich auf dem Wege vom Objectiv-gottesdienstlichen gegen den Ausdruck subjectiver Empfindung. Allegri lässt dissonirende Vorhalte herber und öfter verklingen als Palestrina, jenen musikalischen Schmerzensschrei, dessen früheste Anwendung allerdings schon auf Josquin zurückdatirt werden muss, von dem aber erst jene spätere Zeit des stark betonten, in den bildenden Künsten sogar bis zum Masslosen souverän gewordenen Affectes auch in der Musik öfter und absichtlicher Gebrauch zu machen anfing, wie er denn insbesondere für die damals emporblühende dramatische Musik ein kostbarer Fund war. Auch die strenge Dia-

---

1) Nach der Versicherung Baini's hat ein Originalmanuscript niemals existirt, sondern nur eine Bassstimme von 18—20 Takten und alles Andere soll erst mit der Zeit im Vortrag der Sänger durch Tradition sich gestaltet und gebildet haben.

2) Ambros IV S. 91.

tonik erhält durch modulatorische Wendungen, welche durch chromatische Schritte motivirt sind, eine besondere Färbung."

Wir nennen noch

Luca Marenzio, geboren in der zweiten Hälfte des 16. Jahrhunderts, starb als Mitglied der päbstlichen Kapelle den 22. August 1599; Antonio Cifra, Francesco Valentini, Francesco Foggia, Giuseppe Pitoni u. s. w.

Unter denjenigen Ausläufern der römischen Schule, welche sich im mehrchörigen Satze auszeichneten — Palestrina ist nie über 3 Chöre und 12 Stimmen hinausgegangen — dabei aber oft in das Ungeheuerliche verfielen, da die Stimmenhäufung nachgerade zur Manier wurde, sind zu nennen:

Antonio Maria Abbatini, 1595 in Tiferno geboren, welcher Kapellmeister an verschiedenen Kirchen Rom's war und 1677 starb. Er componirte Messen, Motetten und Psalmen zu 4, 16, 32 und 48 Stimmen, Antiphone für 12 Soprane und 12 Alt, auch solche für 12 Tenöre und 12 Bässe. Ebenso

Paolo Agostini 1593—1629, Domenico Allegri, weiter

Orazio Benevoli, ein natürlicher Sohn des Herzogs Albert von Lothringen und Schüler Ugolini's oder des jüngern Nanini. Derselbe war von 1650 bis zu seinem 1672 erfolgten Tode Kapellmeister an S. Peter in Rom. Er war ein Meister des vielchörigen Satzes; mit 16 Stimmen zu schreiben war für ihn beinahe schon der „familiäre" Stil, er hat eine ganze Zahl solcher Messen, sogar 24stimmige componirt. „An die Stelle der einzelnen Stimme, Discant, Alt u. s. w. tritt hier ein ganzer selbst wieder aus Discant, Alt, Tenor und Bass gegliederter Chor — eine sechschörige Messe ist gleichsam eine sechsstimmige Messe, aber mit in ganze Chöre zerlegten einzelnen Stimmen, oder, wenn man will, umgekehrt mit zu einzelnen Stimmen zusammengefassten Chören. Die fugirten Eintritte, sonst den Einzelstimmen zugetheilt, erfolgen hier, ganz folgerichtiger Weise, in ganzen Chören, d. h. es tritt immer ein ganzer Chor zugleich mit allen vier Stimmen ein, das Motiv und die harmonische Combination des früher in ähnlicher Weise eingetretenen Chores nachahmend. Dieses hindert selbstverständlich nicht, an andern Stellen dem einzeln Chore mit seinen vier

Stimmen, Fugeneintritte der ältern einfachen Art zuzutheilen, oder statt vier Stimmen acht und noch mehr einzelne Stimmen mit imitatorischen Eintritten nacheinander einzuführen. Da nun aber ein stetes Durcheinanderarbeiten und Durchkreuzen aller oder doch sehr vieler Stimmen bald den Zuhörer verwirren oder ermüden müsste, so wird für lichtere, durchsichtigere Stellen gesorgt, sei es, dass einen Satz nur ein Chor solo singt, im nächsten Satze dann erst ein zweiter, ein dritter u. s. w. hinzutritt, und so Steigerung und Milderung der Tonstärke in mannigfachsten Combinationen wechselt, sei es, dass der eine Chor in langen Noten, in piano ausgehaltenen Akkorden, in einer Art choralmässiger Harmonie gleichsam den einfarbigen Hintergrund bildet, auf welchem ein zweiter Chor ein feines, melodisch figurirendes Stimmengewebe aufsetzt, sei es, dass die Chöre in Zurufen, in Rede und Gegenrede wechseln, dann wieder vollkräftig zusammentreten und mit ihren Tonmassen nach jenen lichteren, milderen Stellen durch imposante Kraftentwicklung erschüttern" [1]).

Benevoli dehnte übrigens die Vielstimmigkeit und die Mehrchörigkeit zu einem Grade aus, wo die Kunst aufhört Kunst zu sein, und spielende Künstelei beginnt. So schrieb er Stücke für 12 Soprane, ein fugirtes Kyrie zu 16 Stimmen u. s. w. sowie eine Messe, deren Partitur aus 54 Notensystemen besteht und welche Ambros ein Glanzstück Benevoli'scher Zukunftsmusik nennt, wo in den Sturm der Menschenstimmen es geigt und paukt, flötet und trompetet, und zwei Orgeln brausen.

Solche Ausschreitungen sind immer ein Symptom des Verfalls und Ambros sagt mit Recht, dass nicht dasjenige Kunstwerk am höchsten zu stellen ist, welches den grössten Luxus verschwenderisch entwickelt, oder die virtuosenhafte Geschicklichkeit des Künstlers zur Hauptsache macht, sondern dasjenige, welches seine Idee am reinsten und klarsten mit den allein angemessenen Mitteln ausspricht.

Von den Meistern, welche sich im vielstimmigen und mehrchörigen Satz auszeichneten, erwähnen wir noch:

---

1) Ambros IV.

Giuseppe Ercole Bernabei, Schüler Benevoli's, 1620—1687 sowie Agostino Steffani 1655—1730. Eines seiner schönsten Werke ist sein grosses Stabat mater für 6 Stimmen, 2 Violinen, 3 Violen, Violoncell und Orgel [1]). Nachdem die musikalischen Formen, die melodischen, harmonischen und contrapunktischen Gesetze, wie wir in Kürze weiter oben gesehen, bis zu einem gewissen Grad ausgebildet worden waren, musste der innere Entwicklungsgang der Kunst nothwendigerweise dahin führen, neue, aus der Kunst selbst herauswachsende, durch sie organisch bedingte Momente aufzusuchen, vermöge deren eine weitere musikalische Steigerung ermöglicht werden könnte. Wie nun die Erzeugnisse einer jeden Kunst einem innern, seelischen Trieb des Menschen ihren Ursprung verdanken, und die Hauptaufgabe namentlich der Tonkunst es ist, das den Menschen innerlich Bewegende auszusprechen, so mussten, nachdem die formalen Elemente einen gewissen Entwicklungsgrad erreicht, die Kunst des Tonsatzes ausgebildet war, neue Kunstmittel und Darstellungsformen gefunden werden, um dem Worte einen intensiveren Ausdruck verleihen zu können, der reichen Scala der verschiedenen Gemüthsbewegungen zu ermöglichen, sich in Tönen gleichsam abzuspiegeln.

Fanden wir nun schon in den Werken der letzten grossen niederländischen Meister, noch mehr in den Erzeugnissen der Tonsetzer der venezianischen und römischen Schule das Bestreben, die musikalische Form durch die Idee zu beleben und zu durchgeistigen, so führte die gegen Ende des 16. Jahrhunderts sich erhebende und zum Theil berechtigte Opposition — wenn sie auch durch die vollständige Verwerfung des durch Jahrhunderte lange rastlose geistige Arbeit Errungenen in das Masslose sich steigerte — gegen den Contrapunkt mit seinen künstlichen Stimmverflechtungen und sonstigen schon oben berührten Ausartungen, welche einen musikalischen Wortausdruck nicht aufkommen, die einzelnen Stimmen nicht zur Geltung gelangen, die Textesworte unverständlich erscheinen

---

1) Näheres über diesen Meister bei Chrysander: F. G. Händel I 318—353.

lassen, wie überhaupt durch die contrapunktische Behandlungsweise der richtige Accent verloren gehe und die Rhythmik aufgelöst werde, zur weitern inneren Entfaltung des Tonlebens.

Der Hauptsitz jener, von welchen die Reaction gegen den Contrapunkt ausging und deren Bestreben darauf gerichtet war, eine Gesangsweise herzustellen, welche einen grössern musikalischen Ausdruck, eine ausgesprochenere Rhythmik sowie ein besseres Verstehen und Erfassen der Texteworte ermöglichen dürfte, war Florenz, woselbst sich ein Verein feingebildeter Männer bildete, welche unter dem Eindrucke der durch die Erfindung der Buchdruckerkunst Jedermann zugänglich gewordenen Werke des klassischen Alterthums, namentlich Plato's und Aristoteles, für die Wiederbelebung des Musikdramas im antiken Sinne, eine innigere Verbindung von Musik und Poesie wie für die Reform des Gesanges eifrig bemüht waren. Zu diesen Männern, welche sich zuerst in dem Hause des Giovanni Bardi und nach dessen 1592 erfolgter Berufung an den Hof Clemens VIII. als maestro de camera bei Jacob Corsi sich vereinigten, gehörten u. A. Vincenzo Galilei (Vater des berühmten Astronomen), Pietro Strozzi, Giacomo Corsi, Emilio del Cavaliere, Giulio Caccini, Jacopo Peri. Ihre erhoffte Wiedergeburt der antiken Musik war natürlich nur eine Chimäre, aber die Reformversuche wurden der Ausgangspunkt einer ganz neuen Entwicklung der Musik, durch welche sie in ganz ungeahnte Bahnen gelenkt werden sollte. Und wiederum war es das Madrigal, welches, — wie wir schon oben ausführten, im Gegensatz zur Messe und Motetto, welche an einen gegebenen Cantus firmus gebunden waren, nach freier Erfindung componirt wurde und eine ausdrucksvollere Behandlung der Texteworte ermöglichte — den Anstoss zu einer Weiterentwicklung der Tonkunst gab, denn aus demselben entstand der Einzelgesang, die sogenannte Monodie.

In Florenz war es nämlich üblich, die Oberstimme eines vier oder noch mehr Stimmen enthaltenden Madrigals durch einen Sänger vortragen, und die übrigen Stimmen durch Instrumente wiedergeben zu lassen. Dies gab den Anstoss zur Erfindung von eigentlichen Cantilenen mit einem bestimmten

Ausdruck, Monodie im eigentlichen Sinne, welche aus dem Contrapunkt herauswuchs, wie man, um ein Gleichniss von Ambros anzuwenden, in alten Bilderbibeln aus der Seite des schlafenden Adam die Gestalt Eva's herauswachsen sieht.

Vincenzo Galilei und Caccini waren die Ersten, welche Gesänge für eine Stimme mit Begleitung eines Instruments componirten; doch dürfte wohl Caccini — Galilei war nur Dilettant — derjenige sein, welcher die Monodie geschaffen. Rühmt er sich doch selbst in der Vorrede zu seinen gesammelten Gesängen, welche im Jahr 1601 unter dem Titel: „Le nuove musiche" erschienen, Gesänge „d'una voce sola sopra un semplice strumento" zuerst erdacht zu haben [1]). „Durch Caccini und dessen ‚Nuove musiche' tritt der Sänger zum erstenmale wirklich als Solist auf; er trägt vor, er detaillirt und nüancirt, sein Gesang ist nicht mehr herausgerissenes Bruchstück eines eigentlich untrennbaren Ganzen, er ist selber ein Ganzes, belebt von Ausdruck, von Empfindung — er wird individuelle Gefühlssprache. Die Poesie, welche im Gewebe der Contrapunktik verschwunden war, tritt wieder hervor; sie wird wahrnehmbar; die Musik wird zwar zur Dienerin der Poesie und muss sie schmücken, aber dafür erklärt das wieder hör- und wahrnehmbar gewordene Wort der Poesie, was die Musik in ihrer Weise ausdrücken will. Takt, Tempus und Prolation hören auf, den Sänger in Banden zu halten; sie ordnen und gruppiren wohl die Noten und regeln deren Bewegung, aber statt der Hand des Taktschlägers folgen zu müssen, darf jetzt der Sänger den Bewegungen seines erregten Gemüthes folgen; streng im Takte melodisch fortschreitender Gesang darf mit freiem Vortrag, mit beschleunigter, mit zurückgehaltener Recitation wechseln" [2]).

Caccini theilte seinen „Nuove musiche" in zwei Theile, wovon der eine Madrigale und der andere Arien enthielt. Letztere sind als die ersten schüchternen Versuche der Arien-

---

1) Siehe Kiesewetter: Schicksale und Beschaffenheit des weltlichen Gesanges u. s. w. S. 25.
2) Ambros IV S. 179 und 180. Vergleiche auch die musikalischen Beilagen 42, 43 und 44 bei Kiesewetter a. a. O., aus welchen hervorgeht, auf welch hoher Stufe der damalige Kunstgesang schon stand.

form anzusehen, wie überhaupt durch die Monodie und die damit verbundene, dem Sinn des Wortes Ausdruck gebende Recitation der Keim zur spätern grossen Arie gelegt wurde. Aber nicht nur in der weltlichen Musik erfolgte die Reaction gegen den Contrapunkt, sondern auch auf dem Gebiet der kirchlichen Tonkunst [1]). Ludovico Viadana, geboren zu Lodi im Mailändischen gegen 1565 [2]), über dessen Lebensumstände nichts Näheres bekannt ist, als dass er, nachdem er verschiedene Kapellmeisterstellen in Mantua, in Fano im Herzogthum Urbino und in Concordia im Venetianischen bekleidet, im Jahr 1644 zu Mantua in hohem Alter noch lebte, ist der Erste, welcher die Monodie in die kirchliche Tonkunst einführte. Er componirte Stücke für eine oder mehrere Solostimmen mit beigefügtem Orgelbasse, welche unter dem Titel: „Cento concerti ecclesiastici (geistliche Concerte, soviel als religiöse Gesänge im melodischen Stil) a una, a due, a tre e quattro voci, con il basso continuo per sonar nell' organo" 1602 erschienen. In der Vorrede führt er die verschiedenen Gründe an, welche ihn zu dieser Compositionsweise geführt. So hätten die Cantoren, wenn sie zwei, drei oder auch eine Stimme zur Orgel singen lassen wollten, sich genöthigt gesehen, aus einem vorhandenen fünf, sechs, sieben oder noch mehrstimmigen Motett zu solchem Zweck drei, zwei oder eine Stimme auszuwählen. Nun standen aber diese Stimmen mit den übrigen durch Nachahmungen, Umkehrungen u. s. w. im genauesten Zusammenhang, und deshalb mussten derartige Auszüge und herausgerissene Einzelstimmen, welche auf den Zusammen-

---

[1] Das musikalische Drama, dessen Entwicklung hier zu verfolgen nicht unsere Aufgabe ist und dessen Einfluss auf das geistliche Drama, das Oratorium, dem nächsten Abschnitt vorbehalten bleibt, trug auch wesentlich zur Entwicklung der Instrumentalmusik bei. Zunächst bestand die Begleitung aus einem Instrument. Peri's Eurydice war bei der ersten Aufführung von Clavicembalo, Zither, Lyra und Laute begleitet. Bei Monteverde gesellen sich zu den Saiteninstrumenten, — und zwar bedient er sich schon der Contrabässe, Celli, Bratschen und Geigen, — Flöten und Rohrwerke. In manchen Tonstücken treten die Streichinstrumente nicht mehr begleitend, sondern in ziemlich selbständiger Weise auf.

[2] Fétis VIII S. 334.

hang des Ganzen berechnet sind, in dem sie Bestandtheile von Fugen, Cadenzen u. s. w. waren, eine schlechte Wirkung machen und zwar um so mehr, als sie voll langer und wiederholter Pausen, ohne ordentliche Cadenzen, ohne angenehmen Gesang, die Harmonie zerrissen u. s. w.; lauter Momente, welche eine solche Art des Gesanges höchst widerwärtig erscheinen liessen und den Sängern selbst grosse Schwierigkeit verursachten. Diese neue Compositionsgattung blieb länger in Gebrauch, bis später die Motette eine ähnliche Gestalt erhielt oder die geistliche Cantate an deren Stelle trat.

Eine wichtige Neuerung Viadana's war die Beifügung eines obligaten Basses, eines sogenannten Basso continuo. Man pflegte zwar schon lange vor Viadana, namentlich in den Kapellen der Fürsten, die Singchöre mit der Orgel zu begleiten; die Regeln der Begleitung waren jedoch die des reinen Satzes [1]). Der Organist war daher genöthigt, die verschiedenen Singstimmen sich zusammen zu schreiben — in Tabulatur [2]) (auch Partitur genannt) bringen — welche keiner weitern Ausfüllung und Vervollständigung bedurften, da sie die vollständige Harmonie schon enthielten. Doch hatte man der Orgel schon insofern eine gewisse Selbstständigkeit zu geben versucht, als man sie zur Unterstützung des Gesanges in abweichender Weise führte, also nicht bloss die betreffenden zusammengesetzten Singstimmen der Vocalwerke spielen liess, so dass sie mit der Zeit nur den Grundbass mit den darauf erbauten Akkorden übernahm, welche durch gewisse Ziffern und sonstige Signaturen angedeutet wurden; man bezeichnete dies mit dem Namen Generalbass.

Viadana wendete nun dieses Verfahren auf den minderstimmigen und Einzelgesang an, indem sein Basso continuo die harmonische Ausfüllung übernahm und den Singstimmen gegenüber mit einer gewissen Selbstständigkeit auftritt. „Die Neuheit der Erfindung Viadana's liegt in der Art der Com-

---

1) Siehe hierüber: Allg. Mus. Zeitung 1831 Nro. 17.
2) Vergleiche den Aufsatz Kiesewetters: Die Tabulaturen seit Einführung des Figuralgesangs und Contrapunkts in der Leipziger Allg. Mus. Zeitg. 1831 Nr. 5.

position, Melodien und Arien zu setzen, ohne auf Vollständigkeit der Harmonie in den Stimmen Rücksicht zu nehmen und diese durch die Orgel zu vervollständigen" [1]).

Der neue von Florenz ausgehende dramatische Stil übte auf die Kirchenmusik und den Kirchengesang in Italien zunächst keinen heilsamen und fördernden Einfluss aus. Es wurde zum guten Ton, den Palestrinastil für eine Barbarei zu erklären und den neuen Stil in die Kirche einzudrängen und dieselbe zum Concertsaal zu erniedrigen. „An die Stelle der hohen Gesänge Palestrina's traten bald vor Empfindung schmelzende, bald mit Brillantcoloratur überladene Arien — bald Herzenskizel, bald Ohrenkizel — ein sehr zweifelhaftes Appelliren an die höhere Natur des Menschen durch die Zwischenstation der niedern sinnlichen hindurch" [2]).

Namentlich in Rom, welches kaum einen Palestrina hervorgebracht, war die Kirchenmusik und der Kirchengesang tief gesunken. Die Kirche war der Ort des Ohrenschmauses und des Sinnenkizels geworden; die Sänger gaben förmliche Concerte in der Kirche, und wenn es vollends eine Nonne war, welche durch ihre Gesangskünste glänzte, so drängte sich Alles hin. Mit der Entstehung der Monodie war nämlich auch die „musikalische Emancipation" des Weibes erfolgt. Wir sahen schon oben, dass für Sopran und Alt, Falsetisten oder Singknaben benützt wurden; nun wurden auch Frauenstimmen herangezogen, welche nur in der päbstlichen Kapelle nie Zutritt fanden. Dagegen treffen wir mit dem Anfang des 17. Jahrhunderts die ersten Castraten dort, welche wohl auch früher schon in den fürstlichen Kapellen (siehe Seite 99) unterhalten worden sein mögen.

Der weltlich dramatische Musikstil hatte unterdessen, namentlich durch Monteverde und dessen Schüler Francesco Colleto, genannt Cavalli, bedeutende Fortschritte gemacht und indem die neuen Kunstmittel und Formen durch tüchtige Tonkünstler in ihres kirchlichen Werken angewandt wurden, erhielten dieselben eine höhere Weihe.

---

1) Schlecht a. a. O. S. 127. Hieronymus Kapsberger war in Rom 1600 bis 1638 nach dieser Richtung hin ebenfalls thätig.
2) Ambros IV S. 310.

Zunächst ist zu nennen:

Giacomo Carissimi, gegen das Jahr 1604 zu Marino bei Rom, woselbst er auch seine musikalische Ausbildung erhielt, geboren. Erst zwanzig Jahre alt, erhielt er die Kapellmeisterstelle zu Assisi, und nach seiner im Jahr 1628 erfolgten Rückkehr nach Rom diejenige an der mit dem Collegium germanicum verbundenen Apollinarikirche. In dieser Stellung verblieb er bis zu seinem 1674 erfolgten Tode [1]).

Carissimi's Hauptthätigkeit liegt auf dem Gebiet der Kammercantato und des Oratoriums.

Verstand man unter Cantate — auch Odencantate genannt, eine einfach vierstimmig durchcomponirte Ode — früher einen kurzen lyrischen Erguss, so wendete Carissimi nun auf dieselbe die neuen Formen der dramatischen Musik an, indem er sie mit Recitativen, — welch' letztere er auch insofern weiterbildete, als er dem Recitativ einen flüssigeren Gang verlieh und auf den richtigen Accent mehr Sorgfalt verwendete — und ariosen Ensemblesätzen versah. Diese Form, welche die Bezeichnung Cantate, Kammercantate, Cantata da camera erhielt und wie die geistlichen Concerte in die Kirche eindrang, übte, wie auf das ganze Kunstschaffen überhaupt, so namentlich auf die spätere Gestaltung des Oratoriums, in welches wie in die Oper, die Kammercantate sich mit der Zeit auflöste, einen wesentlichen Einfluss aus, da die einzelnen Stimmen, wenn auch keine dramatischen Personen, doch bestimmte musikalische Charactere ausdrückten. „Verzichtete die Cantate auf den grossen Bühneneffect, so begnügte sie sich darum doch nicht mit einer geringern Plastik der Tongestaltung und niederer Wahrheit des Ausdrucks. Vielmehr musste sie in Form und Ausdruck nach um so klarerer Anschaulichkeit und um so treffenderer Charakteristik streben, als ihr ja die sichtbare Bühnendarstellung nicht zu Hülfe kam, sondern nur die Tonkunst allein es war, wodurch ein Bild von dem ganzen innern Hergang in der Seele des Hörers erweckt werden sollte. Und erreichte sie die Oper nicht nach Seiten der dramatischen Schlagkraft, so übertraf sie dieselbe doch hinsichtlich der kunstmässigen Durchbildung, indem

---

1) Fétis II S. 189.

sie hier durch eine fein ausgeschliffene Melodik, Bedeutsamkeit der Stimmenverwebung, Reinheit des Stiles, sorgfältige Ausarbeitung der Form und schöne Eurythmie des ganzen Baues zu ersetzen suchen musste, was ihr dort abgieng" ¹).
Die Begleitung bestand bei Carissimi aus Bass und Clavicembal; doch kamen, da die Gesangskunst durch den Einfluss der Cantaten und geistlichen Concerte sich immer höher entwickelte, die Bogeninstrumente immer mehr zur Anwendung, zumal die Reinheit der damaligen Blasinstrumente vieles zu wünschen übrig liess.

Seine Werke, deren Zahl eine sehr grosse ist, bestehen grösstentheils aus Oratorien, Cantaten, Kirchenconcerten, Messen, Motetten, mit welch' letzteren er Instrumentalmusik verband und in die Kirche einführte. Er schrieb auch eine zwölfstimmige Messe über das Lied „omme armé."

Die Tonsetzer des südlichen Italiens, welche hauptsächlich den Cantaten- und Oratorienstil weiter ausbildeten, schlossen sich zunächst im Kirchenstil der römischen Schule an, wenn sich derselbe auch im Allgemeinen von dem ruhig ernsten der römischen und dem sinnlich-prächtigen der venetianischen Schule durch einen mehr heitern, lebensfrischen Charakter unterscheidet. Doch lässt sich nicht läugnen, dass die Meister der neapolitanischen Schule zum Verfall der Kirchenmusik und des Kirchengesangs in Italien wesentlich beigetragen haben. Während den Werken Scarlatti's der kirchliche Character durch den Anschluss an die alte Hymnenweise noch gewahrt blieb, sehen wir bei seinen Schülern die alten Formen durchbrochen. Die Contrapunktik ist nur noch äusserlich, die neue Melodik dominirend; die rein sinnliche Wirkung wurde immer mehr massgebend, wozu der von der neapolitanischen Schule zu bedeutender Höhe ausgebildete Kunstgesang, sowie das Kastratenthum ihr Wesentliches beitrugen. Gründer der neapolitanischen Schule ist

Alessandro Scarlatti ²) 1649 (?) in Trapani auf Sicilien geboren und 1725 zu Neapel gestorben. Seine nähern Lebensverhältnisse sind nicht bekannt. Seine ersten musikalischen

1) Dommer a. a. O. S. 288.
2) Vater des berühmten Clavierspielers und Claviercomponisten Domenico Scarlatti.

Studien soll er in Parma und später bei Carissimi in Rom gemacht haben. Im Jahr 1680 ward er Kapellmeister der Königin Christine von Schweden, welche in Neapel ihren Aufenthalt genommen hatte, und nach deren 1688 erfolgtem Tode Kapellmeister des Königs von Neapel; zugleich war er Lehrer der Composition an den Conservatorien von S. Onofrio, dei Poveri di Gesù Christo und Loretto. Er war zugleich einer der besten Klavierspieler, Harfenvirtuosen und Sänger seiner Zeit.

In seinen kirchlichen Tonwerken ist der Einfluss Palestrina's und Carissimi's nicht zu verkennen. Im Gegensatz zu der florentinischen Schule, welche unter der Prädominanz der Poesie stand und vorzugsweise die recitativische Form pflegte, dominirt bei Scarlatti die Melodie, der Gesang. Er beherrschte alle contrapunktischen Kunstmittel, — er schrieb unter Anderem auch eine Missa quatuor vocum ad canones — doch ist die Polyphonie seiner Arbeiten von einem Blüthenkranze herrlichster Melodik umgeben. Auch die Arienform bildete er weiter aus, indem sie den nur recitativisch gehaltenen Cantilenen eines Peri, Caccini und Monteverde gegenüber bereits die dreitheilige Form aufweist: Hauptsatz, Mittelsatz und die Wiederholung des Hauptsatzes, und dieselbe dadurch zu einer selbständigen Kunstform erhob. Auch das Recitativ bildete er weiter aus, indem er den grösstmöglichen Ausdruck zu erreichen suchte.

Scarlatti werden über 1000 Werke zugeschrieben; hierunter 200 Messen, gegen 400 Cantaten, verschiedene Oratorien, viele Psalmen und Hymnen, Motetten u. s. w. Unter seinen kirchlichen Werken sind hervorzuheben die schon oben angeführte Missa quatuor vocum ad canones col basso per organo, die zweichörige zehnstimmige Pastoralmesse, sein Requiem für vier Stimmen und Orgel und namentlich die doppelchörige Motette „Tu es Petrus" mit Basso continuo und Orgel.

Viele seiner kirchlichen Tonschöpfungen sind mit Orchesterbegleitung versehen; mit besonderer Vorliebe begünstigt er die Streichinstrumente, welchen er den grössten Theil der instrumentalen Thätigkeit zuweist.

Einer der bedeutendsten Meister der neapolitanischen Schule, zugleich Schüler Scarlatti's, ist

Francesco Durante, 1684 zu Frattamaggiore im

Königreich Neapel geboren. Er erhielt seine musikalische Erziehung in den Conservatorien Neapels und wurde 1718 Kapellmeister an seiner ehemaligen Lehranstalt S. Onofrio und im Jahr 1742 Nachfolger Porpora's am Conservatorium Santa Maria di Loretto; in dieser Stellung starb er den 13. August 1755. Er schrieb ausschliesslich für die Kirche (wenige Stücke für Kammermusik abgerechnet); er kann jedoch, was Erfindungskraft betrifft, mit Scarlatti nicht wetteifern, im Ganzen zeichnet sich sein vielstimmiger Satz durch Vollklang, Sangbarkeit und eine gewisse feierliche Erhabenheit aus. Ausser im a capella Stil gehaltenen Werken schrieb er auch solche mit Orchesterbegleitung und wusste hier durch Zuziehung von Blasinstrumenten wie Oboen, Flöten, Fagotte, Hörner und Trompeten, ein wirksames Ensemble herzustellen. Ein starker Zug zum Weltlichen lässt sich übrigens manchen seiner Compositionen nicht absprechen, obwohl deren Stil im Vergleich zu jenem seiner Nachfolger immerhin noch ein ernster und würdiger zu nennen ist.

Von seinen Werken heben wir ausser zahlreichen 4—8-stimmigen Messen, Hymnen und Psalmen, ein vierstimmiges Magnificat in D, sowie die von Violinen, Violen und Hörnern begleiteten Lamentationen hervor. Vielfach gesungen wird sein „Misericordias Domini."

Leonardo Leo, 1694 im Neapolitanischen geboren, erhielt seine musikalische Erziehung zu Neapel und setzte seine Studien in Rom unter Pitoni fort. Nach Neapel zurückgekehrt, wurde er zweiter Kapellmeister am Conservatorium de la pietà de' Turchini, seiner ehemaligen Lehranstalt und 1717 an der Kirche Santa Maria della Solitaria; er starb 1746. Von seinen für die Kirche und meistens mit Orchesterbegleitung geschriebenen Werken nennen wir sein achtstimmiges Miserere a capella, ein Tedeum mit Orchester, ein Ave Maria für Sopran, Streichinstrumente und Orgel; ausserdem schrieb er noch Messen, Cantaten, Lamentationen, Oratorien u. s. w.

Francesco Feo, ebenfalls zu Neapel im Jahr 1699 geboren, wurde 1740 Vorsteher an der von seinem Lehrer Domenico Gizzi gestifteten berühmten Gesangschule zu Neapel, in welcher Stellung er bis zu seinem 1752 erfolgten Tode blieb. Für die Kirche schrieb er mehrere Messen (darunter eine zehnstimmige mit Orchesterbegleitung), verschiedene Psalmen, Litaneien u. s. w.

Zu erwähnen sind noch:

Gaetano Greco 1680—?. Emanuele Astorga 1681 auf der Insel Sicilien geboren, genoss seine musikalische Erziehung im Kloster Astorga im Königreich Leon und starb nach einem wechselvollen Leben in einem Kloster zu Prag am 21. August 1736; sein Hauptwerk ist das berühmte jedoch überschätzte Stabat mater.

Giovanni Batlista Pergolese 1710—1737. Er schrieb verschiedene Messen, darunter eine zehnstimmige für zwei Chöre, Cantaten, Miserere u. s. w.; sein bekanntestes Werk ist das für zwei Frauenstimmen mit zwei Violinen, Bratsche, Bass und Orgel gesetzte Stabat mater.

Nicolo Jomelli 1714—1774 u. A.

Wenden wir uns noch in Kürze zur sogenannten jüngern venetianischen Schule.

Dieselbe zeichnet sich im Gegensatz zur neapolitanischen Schule durch eine grössere Innerlichkeit aus, ihr Bestreben ist mehr auf Vertiefung des musikalischen Gedankens, auf prägnante Characteristik gerichtet. Während aber die Altvenetianer mit grossen, geschlossenen Harmoniemassen operirten, lösen die jüngern Meister dieselben in freier Gestaltung auf, die Stimmen erhalten freiere und ungezwungenere melodische Bewegung und der fugirte Stil war von entscheidendem Einfluss auf den Character der Werke der jüngern venetianischen Schule.

Zunächst anzuführen ist

Giovanni Legrenzi, Lehrer Lotti's, 1625 zu Clusone bei Bergamo geboren. In letzterem Orte machte er seine musikalischen Studien und versah dortselbst eine Zeit lang die Organistenstelle an der Kirche Santa Maria maggiore; im Jahr 1664 ging er nach Venedig, woselbst er 1672 Director des Conservatoriums dei mendicanti und 1685 Kapellmeister an der Markuskirche wurde. Er starb 1690.

Verdienste erwarb er sich durch Ausbildung des Recitativ's, wie er auch bemüht war, die Melodie freier zu gestalten; ebenso bildete er die Instrumentalmusik weiter aus, indem er zu den Gesangstimmen concertirende Instrumente einführte. Das Orchester der Kapelle der Markuskirche, welches durch ihn eine Reorganisation erfuhr, bestand aus 34 Instrumenten, nämlich 8 Geigen, 11 kleinen Geigen, 2 Bratschen (Viole da braccio), 3 Violen da gamba (Celli), 4 Theorben (eine Art Laute), 2 Cornetten, 1 Fagott und 3 Posaunen.

Sein bedeutendster Schüler ist

Antonio Lotti, gegen 1667 in Hannover geboren, woselbst sein Vater (ein geborner Venetianer) Kapellmeister am churfürstlichen Hofe war. Zuerst einfacher Chorsänger in der Markuskirche, wurde er im Jahr 1692 Organist an der zweiten und 1704 an der ersten Orgel dortselbst. Im Jahr 1736, nachdem er inzwischen einige Jahre in Dresden als Leiter der dortigen Oper zugebracht, wurde er zum Kapellmeister an S. Marco ernannt und starb den 5. Januar 1740.

Seine kirchlichen Werke zeichnen sich durch eine oft grossartige Dramatik, Wahrheit und Lebendigkeit des Ausdrucks und tiefe Empfindung aus. An einen gegebenen Cantus firmus band er sich nicht mehr, sondern ersetzte denselben durch selbst erfundene Thema's. Die Behandlung der Stimmen ist frei imitirender Art. Wir heben hervor sein vierstimmiges Benedictus und Miserere, beide im a capella Stil, und das achtstimmige Crucifixus in C moll, eine tief ergreifende Composition. Ausserdem schrieb er drei-, vier- und noch mehrstimmige Messen, Salve regina's, Magnificat u. s. w. [1]).

Antonio Caldara, 1678 zu Venedig geboren und ebenfalls Schüler Legrenzi's. Im Jahr 1714 Kapellmeister am Hofe von Mantua, erhielt er 1718 einen Ruf als Vice-Hofkapellmeister nach Wien, in welcher Stellung er bis 1738 verblieb, um dann nach Venedig zurückzukehren, woselbst er 1763 starb. Unter seinen aus vier- und fünfstimmigen Messen mit Orchesterbegleitung, zwei- und dreistimmigen Motetten, Psalmen, Hymnen, verschiedenen Oratorien u. s. w. bestehenden Werken ist ein 16stimmiges Crucifixus besonders hervorzuheben.

Benedetto Marcello ist zu Venedig am 24. Juli 1686 geboren und 1739, nachdem er verschiedene Staatsämter be-

---

[1]) Schlesinger hat von demselben ein zehnstimmiges Crucifixus und ein vierstimmiges Sanctus Dominus herausgegeben.

kleidet, als Schatzmeister zu Brescia gestorben. Seinen fünfzig 1-, 2-, 3- und 4stimmigen Psalmen mit beziffertem Bass für Orgel oder Klavierbegleitung verdankt er hauptsächlich seine Berühmtheit, jedoch mit Unrecht, da wir in das Lob, welches denselben heute noch gespendet wird, nicht einstimmen können, da auch sie wie seine sonstigen Werke den Dilettanten nicht verläugnen. Dann fehlt es seinen Compositionen an tieferem Gehalt, wenn ihnen auch eine gewisse einschmeichelnde Melodik nicht abgesprochen werden kann.

Unter seinen Nachfolgern macht sich bereits der neapolitanische Einfluss stark geltend, das Virtuosenthum und das Theater halten ihren Einzug in die Kirche, der a capella Stil verschwindet immer mehr und die Messen, Cantaten und Hymnen, welche fortan ertönen, tragen fast durchgängig den Stempel des Profanen. Der Chorgesang ist Nebensache; statt dessen dominiren die süss-weichlichen von Castraten und Primadonnen gesungenen Melodien der Arien und Duette mit ihren Coloraturen und Schnörkeln. Das 19. Jahrhundert hat hierin keine Aenderung und Besserung gebracht, und die Kirchenmusik in Italien liegt mehr denn je im Argen, und auch die kirchlichen Tonwerke eines Rossini, Verdi u. A. tragen den Character des Opernhaften. Der einzig nennenswerthe italienische Kirchencomponist dieses Jahrhunderts, welcher übrigens den grössten Theil seines Lebens in Frankreich zubrachte, ist

Luigi Cherubini, am 14. September 1760 zu Florenz geboren, 1842 als Director des Pariser Conservatoriums gestorben. In seinen kirchlichen Tonschöpfungen nahm er sich die alten Meister zum Vorbilde und bekundet ein tiefes Studium und Verständniss derselben; und wenn auch nicht alle seine Werke dem entsprechen, was wir unter kirchlicher Musik verstehen, so sind sein Requiem in C moll sowie das grosse doppelchörige Credo im a capella Stil, Werke von bleibendem Werth.

Ein Beispiel davon, in welchem Zustand die Kirchenmusik in Italien Anfang dieses Jahrhunderts sich befand — und heute ist es auch noch nicht viel besser — gibt Kandler[1]. Derselbe berichtet, dass er in Venedig, Mailand, Neapel, selbst in Rom so viele Opern- und Balletmusik in den Kirchen und gerade bei dem

---

[1] Kandler a. a. O. S. 35.

wichtigsten Theil des Gottesdienstes, der Messe, habe vernehmen müssen, dass es ihm für die Zukunft schlechterdings unmöglich erscheine, gegen diesen Unfug mit Nachdruck irgend etwas unternehmen zu können. So hörte Kandler im Jahr 1822 in einer der ersten Kirchen Roms, als Pius VII. dortselbst einen feierlichen Einzug hielt, Rossini's Ouvertüre zur diebischen Elster vom Organisten, darauf aber eine achtstimmige Messe von Ottavio Pitoni. Als er dem Kapellmeister Fioravanti für die schöne Messe dankte, hinsichtlich der Ouvertüre jedoch bemerkte, dass im schlechtesten Dorfe Deutschlands ein solcher Scandal nicht zu finden sei, wie er in Rom in Gegenwart des Pabstes und seiner Cardinäle ungeahndet stattfinde, antwortete ihm derselbe, dass er diese Musik auch nicht billige, aber die Cardinäle liebten sie und da helfe keine Opposition.

Der Einfluss Italiens auf die katholische Kirchenmusik Deutschlands, namentlich Süddeutschlands und Oesterreichs — die norddeutsche protestantische Kirchenmusik stand auf selbständigen Füssen — machte sich auch bald merkbar. Die handwerksmässige Schablone und das rein sinnliche Element drangen immer mehr ein, ebenso der Kunstgesang. Die kirchlichen Tonwerke wurden nicht mehr in Rücksicht auf den heiligen Ort, sondern für die kunstfertigen Kehlen der Sänger und Sängerinnen geschrieben. Hiezu kam noch der Umstand, dass im vorigen und noch zu Anfang dieses Jahrhunderts die Organisten und Chorregenten nicht nur die Kirchenmusik zu dirigiren hatten, sondern auch, um nicht an Achtung einzubüssen, gleichsam verpflichtet waren, die für den Gottesdienst nöthige Kirchenmusik zu componiren, wenigstens einmal im Jahr eine kirchliche Composition zu liefern und so wurden die Werke Legion, auf welche die Bezeichnung „Fabrikat" die allein zutreffende sein dürfte.

Auch dem grössten Theil der kirchlichen Compositionen eines Josef Haydn [1]) — und davon machen seine „Sieben

---

[1]) Haydn schrieb die erste deutsche Messe („Hier liegt vor deiner Majestät"), auf welche eine ganze Legion von Gesangbüchern und deutschen Messen mit und ohne kirchliche Approbation erschien, darunter Machwerke in Dichtung und Musik, deren Aufführung in der Kirche eine wahre Entwürdigung des Heiligthums wäre. (Schlecht S. 61.)

Worte" keine Ausnahme — und Mozart's — sein Requiem nicht ausgenommen — kann, wenn auch der Geist des Genius, namentlich bei letzterem, sich auch in diesen Werken nicht verläugnet, streng kirchlicher Character nicht zugesprochen werden; sie sind meistens in der damals üblichen Schablone gehalten und tragen mehr den galanten Stil der damaligen weltlichen Musik. Auch Schubert hat in seinen Messen die Form festgehalten, wie sie durch die neapolitanische Schule ausgebildet und von Haydn und Mozart beibehalten worden war, wenn auch seine ausgeprägte Individualität, eine Empfindung bis in die äussersten Consequenzen zu verfolgen, sich auch hier nicht verläugnet; namentlich seine As Dur Messe ist reich an grossen Schönheiten, aber streng kirchlicher Charakter kann derselben nicht zugesprochen werden.

Eine Ausnahme macht Michael Haydn, der jüngere Bruder Josef Haydn's, 14. September 1737 in Rohrau geboren. Im Jahr 1745 trat er als Chorknabe in das Kapellhaus zu St. Stephan und erhielt seinen ersten musikalischen Unterricht von seinem Bruder. Nach der Mutation seiner Stimme trat er im Jahr 1755 aus dem Kapellhaus aus und lebte von Unterrichtsstunden bis er 1757 als Kapellmeister des Bischofs nach Grosswardein in Ungarn berufen wurde; 1762 kam er als Orchesterdirector nach Salzburg und erhielt später vom Staat den Titel Concertmeister und Domorganist; er starb den 10. August 1806. Seine Werke umfassen Offertorien, Messen, Gradualien u. s. w., und zeichnen sich durch ihren edlen kirchlichen Stil und musikalischen Gehalt aus.

Schlecht [1]) gibt folgendes drastische, jedoch richtige Bild der katholischen Kirchenmusik Ende des 18. und Anfang des 19. Jahrhunderts: „Ein etwas religiöses Kyrie mit untermischten Soli's und einigen durch Violinsägerei, Trompeten und Pauken erzeugten Kraftstellen. Ein Gloria, bei dessen Anfangsworten alles, was klingt und singt und trommelt und pfeift, fortissimo in Thätigkeit gesetzt wird, um von dieser Höhe des Tones und Lärmens bei et in terra pax in die tiefsten Töne herabzufallen. Das Domine gibt gewiss zu einem schmachtenden Solo Veranlassung, während statt der Fuge

---

1) Schlecht a. a. O. S. 146.

aus guten Gründen der anfängliche Höllenspectakel den Schluss bildet. Am geistlichsten fällt in der Regel das Credo aus, und es wäre ein trostloses Feld, wenn nicht das Et incarnatus est zu einem Solo oder Religioso, das Passus zu schmerzverkündenden Dissonanzen, das Sepultus zu schauerlichen Grabtönen Gelegenheiten böten, bis im Et resurrexit alle Instrumente zum grösstmöglichen Spectakel zusammen arbeiten, um wo möglich den in den höchsten Tönen schreienden Stimmen den Vorrang abzugewinnen; diesem folgen einige wässerige Stellen, bis das Et vitam nochmals zum würdigen Schlusse mit oder ohne Fuge alles zur höchsten Thätigkeit und Lärmmachen vereint. Das Sanctus erhält einen Anstrich von Grossartigkeit, bei dem Trompeten und Pauken Licht und Schatten geben müssen, die aber im Pleni erst wieder ihre ganze Stärke zeigen dürfen; das Benedictus ist in der Regel Solo, ebenso darf das Agnus nicht ganz ohne solches vorüber gehen; das Dona wird nun entweder und zwar in den gewöhnlichen Fällen glanzvoller Schluss, oder es muss nach Anschauung Anderer im ppp ersterben."

Auch Lüft[1]) tadelt den üppigen und leichtfertigen Stil der neueren kirchlichen Compositionen, welche in beständigem Wechsel von einem Extrem zum andern springen und aller Ruhe und Würde, alles heiligen Ernsts ermangeln.

Es fehlte jedoch in Deutschland auch nicht an Männern, welche bestrebt waren und noch sind, die dem gänzlichen Verfall nahegekommene katholische Kirchenmusik, durch Zurückgehen auf die alten Meister und deren Werke, neu zu beleben und zu kräftigen. Unter diesen sind hervorzuheben:

Kaspar Ett, 5. Januar 1788 zu Erling in Baiern geboren. Er machte seine ersten musikalischen Studien in der Benedictinerabtei Andechs, in welche er als Chorsänger, neun Jahre alt, trat. Später kam er in das churfürstliche Seminar zu München und wurde 1816 als Organist an der Hofkirche St. Michael dortselbst angestellt, in welcher Stellung er bis zu seinem am 16. Mai 1847 erfolgten Tode verblieb. Auch als Tonsetzer strebte er nach dem Höchsten und Besten.

Joh. Kaspar Aiblinger 1788—1867.

[1]) Lüft a. a. O. II S. 248.

Karl Proske, welcher sich besonders durch seine Musica divina, ein Sammelwerk, welches wahre Perlen unserer klassischen Meister enthält, sowie durch sonstige Sammlungen älterer Werke, grosse Verdienste erworben hat, ist am 11. Februar 1794 zu Gröbning in Oberschlesien geboren. Ursprünglich Mediciner trat er am 11. April 1826 zu Regensburg in den geistlichen Stand, wurde 1827 Chorvicar bei der alten Kapelle und 1830 Canonicus und Domkapellmeister dortselbst. Er starb am 20. Dezember 1861.

Joh. Georg Mettenleiter, geboren 6. April 1812, Chorregent und Organist an der Stiftskirche in Regensburg, starb 6. October 1858.

Dominicus Mettenleiter, der jüngere Bruder des Vorigen 1822—1868.

Franz Witt, geboren 9. Februar 1834 zu Walderbach in Baiern, bekleidete nach einander die Kapellmeisterstellen in Regensburg und Eichstädt und lebt seit 1873 in Passau. Ein Hauptverdienst erwarb er sich durch die Gründung des „Allgemeinen deutschen Cäcilienvereins" zur Hebung des Kirchengesangs wie durch seine beiden Zeitschriften für katholische Kirchenmusik: „Fliegende Blätter" und „Musica sacra."

Was den Zustand der französischen Kirchenmusik betrifft, so lässt derselbe ebenfalls Vieles zu wünschen übrig und ist in mancher Beziehung nicht besser als jener in Italien. Doch fehlt es auch hier nicht an Solchen, deren ernstliches Bestreben darauf gerichtet ist, eine Reform des Kirchengesangs und der Kirchenmusik herbeizuführen. Wir nennen u. A.

Charles Joseph Vervoitte, 1822 zu Aire im Departement Pas-de-Calais geboren, seit 1850 Kapellmeister an der Pariser Kirche St. Roch und seit 1862 Direktor und Präsident der „Société académique de musique religieuse et classique."

Jean Louis Danjou, am 21. Juni 1812 zu Paris geboren. Sein Hauptstreben war auf eine Reform des französischen Kirchengesangs gerichtet; entmuthigt jedoch durch die seinen Ideen und Vorschlägen entgegengebrachte Gleichgiltigkeit, hat er sich leider von aller Thätigkeit auf diesem Gebiet zurück gezogen.

Ueber den gegenwärtigen Stand der spanischen Kirchenmusik sagt Gevaert [1]), dass dieselbe nur noch eine historische Bedeutung habe und die heutzutage in den Kirchen ausgeführte Musik einen flachen und opernhaften Charakter an sich trage und es kaum glaublich erscheinen dürfte, dass in den Winkeln wurmstichiger Schränke vieler Kirchen die kostbarsten Schätze kirchlich mehrstimmiger Gesänge angehäuft sind, von deren Existenz nur wenige Geistliche wissen.

Der Kirchengesang der bischöflichen Kirche in England besteht aus Chor- und Gemeindegesang. Der erstere hat die verschiedenen Responsorien auszuführen, während die Gemeinde versificirte Psalmen, welchen Melodien älterer und neuerer Componisten zu Grunde liegen, singt. Einen kirchlichen Gemeindegesang in unserm Sinne besitzt die englische Kirche nicht. Die von Clement Marot (siehe letzten Abschnitt) übertragenen Psalmen wurden dem dortigen Kirchengesang zum Vorbild. Die erste Ausgabe von 51 Psalmen ohne Melodien erschien 1549 unter dem Titel: „All such psalms of David as Thomas Sternholde late grome of the Kings Majestys Robes did in his life tym drawe into English metre;" 1562 erschien eine Ausgabe mit Singnoten, welche 1579 im vierstimmigen Satz herauskam. Im Jahr 1585 wurden die Singweisen des Sternhold'schen Psalmbuchs durch Cosyns in fünf und sechsstimmiger Bearbeitung herausgegeben und 1621 und 1623 von Thomas Ravenscroft ein Psalmonwerk, in welchem jeder Psalm seine eigene Singweise und zwar englischen, schottischen, deutschen, niederländischen, französischen u. s. w. geistlichen und weltlichen Liedern entlehnt, erhielt. Ein neueres Werk ist die 1831 in zweiter Auflage erschienene Parochial-Psalmodie, eine Sammlung der beliebtesten Psalmweisen u. s. w. mit Begleitung des Pianoforte oder der Orgel von Clarke. [2])

Die griechisch-russische Kirche kennt keinen Gemeindegesang; der Gesang wird durch besondere Sängerchöre ausgeführt.

---

1) Bd. 19 der von der Académie royale de Belgique herausgegebenen Bulletins.

2) Siehe Winterfeld: Zur Geschichte heiliger Tonkunst. 1850. I B. 144—164.

VI.

Mysterien, Passion.

Wie der Kirchengesang der abendländischen Kirche nur von eigens hiezu bestimmten Sängern, welche in der Regel dem Klerikerstande angehörten, in lateinischer Sprache ausgeführt wurde, und das Volk von jeder Betheiligung am geistlichen Gesang innerhalb der Kirche ausgeschlossen war, so wurden auch die seit dem zwölften Jahrhundert entstandenen geistlichen Schauspiele, in Frankreich Mysteria, in Deutschland Ludi genannt, deren Aufführung mit Spiel und Gesang in den Kirchen an bestimmten Festtagen erfolgte, zunächst ebenfalls nur von Klerikern ausgeführt. Die ältesten sind lateinisch abgefasst und auch in den deutschen geistlichen Schauspielen sind zuweilen noch lateinische Reste. Dass die Geistlichkeit die Urheberin dieser geistlichen dramatischen Dichtungen war und solche Spiele eine gottesdienstliche Bestimmung hatten, beweist sowohl die lateinisch abgefasste theatralische Anleitung aller deutschen Stücke, als der religiöse Inhalt derselben [1]).

Sie entstanden aus den Darstellungen der Leidens- und Auferstehungsgeschichte, welche ihren Ursprung wiederum in den Ceremonien der christlichen Kirche hatten; denn der Gebrauch, dramatische Vorstellungen mit der gottesdienstlichen Feier zu verknüpfen, dürfte wohl in die ersten Jahrhunderte zurückzuführen sein. Sie wurden nur von den Klerikern ausgeführt und zwar in der Regel bei Nacht in der Kirche. Das Volk durfte nur als passiver Zuschauer sich daran erfreuen. „Die unmittelbare nächste Grundlage der Entstehung hatten diese Dramen der Kirche in denjenigen Theilen der Liturgie, die sich auch schon in einem Wechsel von Rede und Sang und Widersang und in einem Verlauf bewegten, in den geschmückten Bittgängen durch die Kirchenhallen, in

---

[1]) Mone: Altteutsche Schauspiele. Quedlinburg, 1841. S. 18.

dem schauspielartigen Prunk des Gottesdienstes überhaupt; zugleich aber wirkte, unerloschen in der Erinnerung der Gelehrten, der Vorgang der klassischen Literatur mit ein, wie schon im zehnten Jahrhundert die Nonne Hroswith ihn getrachtet hatte fortzuführen, und vielleicht als noch stärkerer Anlass der Gebrauch des Volkes zur Oster- und Weihnachtszeit, seine altheidnischen Lieder und Gebärdentänze ebenso in die Kirche zu bringen wie einst, da um die gleiche Zeit noch Feste des Heidenthums fielen, in die Tempel, ein Gebrauch, den die Geistlichkeit auch hier nur heiligend umzugestalten suchte" [1]). Einen Beweis für die Richtigkeit dieser seiner Conclusion findet Wackernagel darin, dass es wohl Oster- und Weihnachts-, nirgends aber Pfingstdramen gibt, auch unter dem Volk selbst nur selten Pfingstspiele und diese dann nur als verspätete Frühlingsfeier.

Schon in den frühesten Zeiten wurde die Leidensgeschichte lateinisch am Palmsonntag nach Matthäus, am Mittwoch nach Lucas und am Charfreitag nach Johannes in der Weise vorgetragen, dass der Vorleser die Worte Christi nach Art des üblichen Vortrags bei der Evangeliumsverlesung hervor zu heben pflegte und den übrigen Theil einfach recitirte. Hieraus entwickelte sich jene heute noch in manchen katholischen Kirchen übliche Vortragsweise der Passion, dass drei Cleriker den Vortrag der Leidensgeschichte übernahmen und zwar der eine die Worte Christi, der andere diejenigen des Evangelisten, der dritte die übrigen vorkommenden Personen wie Pilatus, Petrus u. s. w., jede Person mit einer dieselbe characterisirenden höhern oder tiefern Stimmlage; wo mehrere zusammensprechen, greift der Chor ein. Während bei der einfachen Ablesung der Passion die ganze Handlung nur darin bestand, dass der Priester bei der Stelle, welche vom Tode Christi handelt, niederkniete, wurde beim Absingen derselben das Hungertuch (velum) über die Altäre niedergelassen.

Ebenso wurde die Auferstehungsfeier in der Kirche gefeiert, und wie der Text der Passion sich genau dem Evan-

---

[1]) Wilhelm Wackernagel: Geschichte der deutschen Literatur §. 83.

gelientext anschliesst, so bestanden auch die Auferstehungs-
und Osterspiele grösstentheils aus Bibelversen. Den in denselben vorkommenden Wechselgesängen, — Antiphonien —
liegen die gottesdienstlichen Responsorien, Wechselgesänge
zwischen Priester und Volk, zu Grunde. Diesen Wechselgesängen legte man die nothdürftigste Handlung unter, welche
im Gehen, Kommen und Räuchern, sowie in der Uebergabe
der Grabtücher an die Apostel Petrus und Johannes bestand.
Man trifft bei diesen Darstellungen übrigens nicht bloss Chor-
sondern auch Sologesang sowie das Duett, in Ermanglung
des harmonischen Elements natürlich nur im Einklang.

Aus derartigen Darstellungen entwickelten sich die sogenannten Mysterien, wie aus der altkirchlichen Passionsform
die Passionsschauspiele, welche sich über Italien, England,
Spanien und namentlich über Frankreich und Deutschland
verbreiteten und beim Volk grosse Beliebtheit erlangten. Sie
behandeln Begebenheiten des alten wie des neuen Testaments
auf Weihnachten, Erscheinungsfest, die Leidenswoche, Ostern,
Himmelfahrt, Frohnleichnam, sowie die Legende und die Geschichte der Heiligen; unter letzterer namentlich die Jungfrau
Maria. (Marienklagen.)

Von den weltlichen Dramen unterscheiden sie sich durch
die Ruhe und Einfachheit der Erzählung. Enthalten sie auch
keine dramatische Entwicklung und sind sie nur in Gesprächsform abgefasst, so können sie doch als Vorstufe des Oratoriums betrachtet werden. Die meisten derselben waren mit
Gesang verbunden. Es war dies kein mensurirter, kein
rhythmischer nach unsern Begriffen, sondern ein sich an den
gregorianischen Gesang anschliessender, also der damals übliche
ritualgerechte Kirchengesang. Der Dialog wurde theils von
einzelnen Stimmen, theils von Chören in psalmodirender Weise
abgesungen, wie dies bei den Passionen heute noch häufig
in der katholischen Kirche üblich ist. Es war also der alte
Psalmen- oder Choralton des gregorianischen Gesangs. Am
Schlusse wurde in der Regel das Tedeum, das Sancte deus[1]),
Gloria in excelsis und vom neunten Jahrhundert an die Se-

---

1) Mone a. a. O. S. 14.

quenzen [1]), namentlich die Sequenz „Victimae paschalis" gesungen, sowie auch die theils aus der Bibel entnommenen, theils frei erfundenen Gesänge nach Art der Sequenzen vorgetragen, so u. A. die Antiphone „Regina coeli laetare" [2]). In Deutschland betheiligte sich das Volk seit dem 13. Jahrhundert an diesen geistlichen Aufführungen mit Absingen deutscher Kirchenlieder wie „Christ ist erstanden", „Also heilig ist der Tag"; auch wurden die Pausen durch Absingen deutscher geistlicher Gesänge ausgefüllt.

Diese geistlichen Dramen wurden, wie schon bemerkt, ursprünglich alle in der lateinischen Sprache gedichtet, später in der deutschen. Der Uebergang geschah jedoch nicht plötzlich, sondern allmählig, und der deutsche geht oft neben dem lateinischen Text einher, wie der lateinische Choral neben dem deutschen Kirchenlied [3]). Wer sich des Nähern über die Beschaffenheit der alten Passions- und Osterspiele sowie der Mysterien informiren will, den verweisen wir auf die beiden schon angeführten Werke Mone's, auf Coussemaker [4]), Schubiger [5]) und Hartmann [6]).

In St. Gallen und in den meisten Kirchen des fränkischen Reiches wurde, um nur ein Beispiel anzuführen, die Auferstehungsfeier in folgender Weise unter Mimik und Gesang begangen [7]):

Als handelnde und singende Personen erschienen Christus, Petrus und Johannes, zwei Engel, Maria Magdalena, zwei andere heilige Frauen und der Chor. Nachdem am Charfreitage ein Bild des Gekreuzigten in ein weisses Leichentuch gewickelt und in's heilige Grab gelegt worden war, zogen in

---

1) Schubiger: Musikalische Spielogien über das liturgische Drama im 5. Band der Publikationen älterer theoretischer und praktischer Werke. Berlin 1876. S. 6.

2) Mone: Schauspiele des Mittelalters, 2 Bände. Carlsruhe 1846. 1. S. 23.

3) Deutsche Uebersetzungen seit dem 13. Jahrhundert von Passionen, welche für den Kirchengesang bestimmt waren, erwähnt Mone a. a. O. 1 S. 61.

4) Coussemaker: Drames liturgiques du moyen-âge. Rennes 1860.

5) Schubiger a. a. O. Siehe dortselbst auch den Musik-Anhang.

6) Volksschauspiele, in Baiern und Oesterreich-Ungarn gesammelt von August Hartmann. Leipzig, Breitkopf und Härtel. 1880.

7) Schubiger: Die Sängerschule St. Gallens. S. 69 und 70.

der Osternacht zwei bis drei Priester oder Diaconen mit der weissen Cappa und einem Humeral über dem Haupte bekleidet und jeder mit einem Weihrauchgefässe versehen, zur Grabstätte hin. Sie hatten die Aufgabe, jene drei heiligen Frauen vorzustellen, die am Ostermorgen das Grab des Herrn besuchten. Auf ihrem Hergange sangen sie in feierlich ernster Haltung die Antiphone: „Wer wird uns den Stein von der Oeffnung des Grabes wegwälzen? Alleluja."

Indessen hatten, die Engel vorstellend, zwei andere Kleriker, in die Dalmatika gekleidet und ihr Haupt desgleichen mit dem Humeral verhüllt, das heilige Grab besetzt. Wie nun die erstgenannten ihren Gesang vollendet, begannen zwischen Engeln und Frauen (verkleidete Kleriker) folgende Wechselgesänge:

Engel: Wen suchet ihr im Grabe, o Christinnen?

Die heiligen Frauen: Jesum, den gekreuzigten Nazarener, ihr Himmelsboten.

Engel: Er ist nicht hier, er ist auferstanden, wie er es zum Voraus sagte, gehet und verkündet es, dass er auferstanden ist, Alleluja.

Kommet und sehet den Ort, wo der Herr hingelegt war; Alleluja, Alleluja.

Während der letzten Antiphone traten die drei Kleriker, welche die heiligen Frauen vorstellten, zu jener Stelle hin, wo das Crucifix lag, welches schon vor der Auferstehungsfeier entfernt worden war und inzensirten den Ort; dann nahmen sie, zwischen sich ausbreitend das Leintuch sammt den Rauchgefässen und kehrten zum Chore zurück, mit halblauter Stimme singend:

Die heiligen Frauen: „Nun mögen die Juden sagen, auf welche Weise die Soldaten, die das Grab bewachten, den König verloren, da es mit einem Steine verschlossen war. Warum bewahrten sie den Fels der Gerechtigkeit nicht? Mögen sie entweder den Begrabenen zurückgeben, oder mit uns den Auferstandenen anbeten und sprechen: Alleluja".

Zu den Jüngern Christi sich wendend, sangen sie ferner:

„Wir kamen weinend zum Monumente und sahen einen Engel des Herrn, der da sass und sprach, dass Christus auferstanden sei."

Auf dieses erschien am Altare ein Priester in rother Casula mit der Auferstehungsfahne in der Hand, den erstandenen Erlöser vorstellend, wie er sich den seligen Frauen zu erkennen gab.

Die ganze Feier schloss man mit jubelnden Ostergesängen. In ähnlicher Weise beging man die Auferstehungsfeier in Narbonne, Rouen, Paris und andern Orten [1]). Erwähnen wollen wir die noch in Frankreich an den eben genannten Orten öfter aufgeführten Mysterien der „Vierges sages et vierges folles" [2]).

Der Chor singt zuerst eine Art von Sequenz, deren Melodie sich immer nach je zwei Strophen wiederholt. Hierauf verkündigt der Erzengel Gabriel in fünf Strophen in romanischer Mundart und in derselben Melodie die Ankunft Christi und erzählt, was der Herr um unserer Sünde willen gelitten. Jede Strophe endet mit einem Refrain, dessen Schluss den gleichen Gesang wie der erste Vers jeder Strophe enthält. Die thörichten Jungfrauen bekennen hierauf ihre Sünden und bitten die klugen Jungfrauen um Erbarmen und Hülfe. Dieser Gesang ist lateinisch und besteht aus drei Strophen mit selbständiger Melodie; nur der Schlussrefrain, trauernd und klagend, ist in romanischer Sprache abgefasst. Die klugen Jungfrauen weigern sich jedoch, von ihrem Oel abzugeben, und ertheilen ihnen den Rath, sich solches bei den Verkäufern zu holen, welche ihnen jedoch auch kein Gehör schenken. Am Schlusse erscheint Christus und verdammt die thörichten Jungfrauen; die Worte Christi sind ohne Melodie [4]). Weiter theilt Coussemaker [4]) ein in lateinischer Sprache abgefasstes Mysterium mit, worin den Juden und Heiden die Geburt Christi mitgetheilt wird [5]).

So lange die Geistlichkeit die Sache in der Hand hatte, blieben die geistlichen Schauspiele in den ihnen gezogenen kirchlichen Schranken; als aber das Volk sich des Gegenstandes

---

1) Siehe Coussemaker: Histoire de l'Harmonie au moyen âge. S. 179.
2) Die Dichtung bei Coussemaker a. a. O. S. 130—138.
3) Das Fac-simile bei Coussemaker, Planches XIII Nr. 3 — XVIII Nr. 1.
4) Coussemaker a. a. O. S. 134—37 und Planches XVIII Nr. 2 bis XXIII Nr. 1.
5) Siehe auch Fétis: Histoire générale de la musique. t. V p. 108 bis 122.

bemächtigte und durch die grosse Ausdehnung, welche dieselben allmählig annahmen — manche dauerten oft mehrere Tage [1]) und bedurften hundert und noch mehr Darsteller —, die Kirche mit den Strassen, Märkten und Kirchhöfen vertauscht werden musste und die Posse in denselben immer mehr Oberhand nahm, verloren sie auch ihre ursprüngliche kirchliche Bestimmung und ihren geistlichen Character. So entstanden im 14. und 15. Jahrhundert die Fastnachts- und Kirchmessspiele, die Narren- und Eselsfeste [2]), welche trotz der kirchlichen Verbote sich im Volk

---

1) Näheres bei Mone: Schauspiele des Mittelalters, II. S. 150 ff.

2) Ueber den Ursprung des Eselsfestes — fête de l'Ane oder das Fest der vollen Diacons, la fête des sons-diacres — wird angeführt, dass der Esel, auf welchem der Heiland in Jerusalem eingezogen, nach dessen Tode den kühnen Entschluss gefasst habe, das Meer zu durchschwimmen und sich in Verona niederzulassen. Nach seinem Ableben seien seine Gebeine als Reliquien aufbewahrt worden und heute daselbst noch vorhanden. Von hier aus habe sich das Eselsfest nach Frankreich — Sens, Rouen, Dijon, Paris u. s. w. — verbreitet. Nach einer andern Version ist der Ursprung dieses Festes in Constantinopel zu suchen, woselbst das Fest zu Ehren jenes Esels gehalten wurde, welcher den Heiland auf der Flucht nach Aegypten trug. Boehme in seiner Schrift: „Das Oratorium" Leipzig 1861, S. 12 ff., beschreibt das Fest, welches übrigens nicht überall auf die gleiche Weise abgehalten wurde, folgendermassen: „Die erste Ceremonie am Neujahrstage bestand in der Wahl eines Narrenabtes (aus dem niederen Klerus) und eines Bischofs, Erzbischofs und Pabstes der Narren (sämmtlich aus dem Volk gewählt). Der Gewählte wurde in die Kleidung seiner neuen Würde gesteckt und unter besondern Feierlichkeiten, in Begleitung einer Schaar von Klerikern, die theils mit Masken versehen, theils mit Hefen bestrichen und in Weibertracht vermummt waren, auf den Schultern nach seiner Wohnung getragen, wo es bei Essen und Trinken, Singen und Schreien und Possenreissen fürchterlich herging. Von da begab man sich in Prozession nach dem Chor der Kirche, wo man während einer abgeschmackten Nachäffung des Gottesdienstes die unpassendsten Lieder sang, in der Nähe des Celebranten Blut- und Bratwürste ass, mit Würfel und Karten spielte und Stücke von alten Schuhsohlen in das Rauchfass warf. Nach Beendigung der Messe, welcher der Narrenbischof oder Pabst im vollen Priesterornate auf dem gewöhnlichen Bischofssitze beiwohnte, zog die schreiende Truppe durch die Stadt, wobei Jeder den Andern durch Späsee und triviale Witze zu überbieten suchte. Eine bedeutende Rolle bei diesem Feste spielte der Esel, den man mit einem schönen Mantel bedeckte und unter einer grossen Eskorte von Klerikern zum Haupteingange der Kirche brachte. An einigen Orten setzte man auf seinen Rücken ein junges Mädchen, das in den Armen eine Puppe haltend die Jungfrau mit dem Jesuskinde vorstellen sollte. Bevor die Vesper anfing, führten zwei

erhielten. In Paris wurde sogar das Leben Jesu mit Gesang und Tanz verbunden im 14. Jahrhundert aufgeführt.

Kanoniker den Esel herein zu einem Tische, der in der Nähe des Vorlesepultes stand und verkündeten dann die Namen der Bevorzugten, welche Gäste des Langohrs sein sollten. Hierauf stimmten die Sänger mit aller Kraft der Lunge die bekannte Prosa an (siehe Caecilia Bd. 27 S. 176 und Oulibischeff „Leben Mozarts II. S. 108, woselbst die Musik im Original mitgetheilt ist). Sie beginnt also:

Orientis partibus	Von des Ostens fernem Strand
Adventavit Asinus	Naht ein Esel diesem Land
Pulcher et fortissimus	Reisend und mit Kraft geschmückt
Sarcinis aptissimus.	Und zu Lasten wohlgeschickt.
Hez, Sir asne, hez! etc.	Hez, Sir Esel, hez u. s. w.

Der Chor erwiderte mit komischer Ehrerbietung nach jeder Strophe: „Hez, Sir asne, hez."

Nach dieser Prosa erfolgte ein Vorgesang (Intonation) aus dem Anfange verschiedener Psalmen zusammengesetzt. Die Antwort (Responsum) darauf war statt Amen der bacchische Freudenruf: evovae! Hierauf stimmte der Celebrant die Vesper an, sang das Deus in adjutorem und der Chor endigte mit einem Alleluja, das durch Zerstückelung der Worte recht misshandelt wurde. Nun verkündigten 2 Sänger den Anfang des Amtes durch drei Verse, welche mit Falsett gesungen wurden. Das ganze Amt war eine Rhapsodie alles dessen, was man im Laufe des Kirchenjahrs sang, ein bizarres Gemisch von Stücken aus allen Aemtern, Trauriges mit Heiterem, wirklich schöne Verse mit schnurrigen zusammengewürfelt. Um die lange Dauer besser ertragen zu können, unterbrachen sich die Sänger und Beistehenden von Zeit zu Zeit damit, dass sie selbst ihren Durst stillten und den Esel fressen liessen. Endlich sang man das Magnifikat nach gemeinster Melodie, führte dann den Heros in das Schiff der Kirche und dort tanzte das ganze Volk, gemischt mit dem Klerus, um das Thier, dessen lieblichem Geschrei alle nach besten Kräften nachzuahmen suchten."

In ähnlicher Weise wurde nach Fétis a. a. O. t. V, p. 128 das Fest in Beauvais je am 14. Jänner gefeiert. Man setzte ein junges schönes Mädchen, welches die Jungfrau Maria vorstellte und eine das Christuskind darstellende Puppe im Arme hielt, auf einen Esel, welcher sich mit den Chorsängern und dem übrigen Volke von der Kathedrale nach der Kirche St. Etienne begab, woselbst der Esel mit seiner Bürde vor dem Hochaltar sich aufstellte und alsdann die Messe begann. Der Schluss des Introitus, des Kyrie, Gloria, Credo u. s. w. wurde regelmässig durch die Nachahmung der bekannten Laute markirt. Nach Schluss der Messe liess der Priester anstatt des Ite missa est den gleichen melodischen Laut ertönen und das Volk antwortete anstatt mit Deo gratias mit einem dreimaligen hin-han. Im 16. Jahrhundert wurde dieser Unfug in der Kirche durch einen Parlamentsbeschluss untersagt, erhielt sich jedoch noch bis in das 17. Jahrhundert.

Um geistliche Schauspiele aufzuführen, bildeten sich besondere Gesellschaften; so in Paris im Jahr 1398 die Confrèrie de la Passion, in Rom noch früher 1264 die Compagnia del Gonfalone¹), welche in der Charwoche die Geschichte der Passion darzustellen hatten. In Deutschland übernahmen die Meistersinger, Schüler und Chorknaben die Aufführungen, an andern Orten Bürger, Jongleur's u. s. w. Dieselben bestanden jedoch mehr aus Dialogen als aus Gesang; doch kamen auch eingeschaltete Lieder Einzelner wie ganze Chöre, sowie Anfangs- und Schlussgesänge vor, in welche das Volk mit einstimmte, wie „Christ ist erstanden,“ „Nu bite wir den heiligen geist“, „Christ du bist milde unde guot“ u. s. w. Im Allgemeinen überwog jedoch das Gespräch.

Durch die immer mehr überhandnehmende Verweltlichung dieser Schauspiele trat, wie schon bemerkt, der kirchliche Character immer mehr in den Hintergrund, sie traten in immer engere Beziehung zum Volksleben; zu den liturgischen, streng kirchlichen Bestandtheilen mischten sich immer mehr weltliche Elemente, zunächst deutsche Erläuterungen neben dem lateinischen Bibel- und Kirchenwort, dann wurde die Dichtung immer selbständiger und erstickte das Kirchliche immer mehr ²). Nur die altkirchliche Passionsform, die Evangelienlectionen mit vertheilten Rollen, überdauerten den Verfall der Mysterien und es entwickelten sich aus Ersteren die Passionen.

Der Gebrauch, die Passionsgeschichte nach den vier Evangelisten in der Charwoche, sowie zu Weihnachten, Ostern und Himmelfahrt die entsprechenden Evangelienlectionen mit vertheilten Rollen abzusingen, war schon, wie wir bereits sahen, in den frühesten Zeiten üblich. In dieser Form, da die Einzelpartieen der handelnden Personen im Choralton recitirt wurden und die Volkschöre — turbae — vierstimmig gesetzt sind, existirt von Vittoria eine Passion, welche heute noch am Charfreitag in der sixtinischen Kapelle früh Morgens aufgeführt werden soll.

1) In Rom wurde 1480 ein geistliches Drama: „La conversione di Paolo“ (Bekehrung des Paulus), und zwar auf Karren, welche in drei mit Teppichen behangene Stockwerke eingetheilt waren und Himmel, Erde und Hölle darstellten, aufgeführt.
2) Philipp Spitta: Joh. Seb. Bach, Bd. II, Leipzig 1880, S. 332.

Neben dieser choralartigen Passion entstanden im 16. Jahrhundert auch durchweg mehrstimmig (4—5stimmig) gehaltene Compositionen der lateinischen Passionstexte, die figural- oder motettenartig gehalten, und in welchen die dramatische Form aufgegeben war. So schrieb Hobrecht eine solche nach Johannes, in welcher keine Einzelstimme als solche auftritt, sondern alles vierstimmig gesetzt ist und der vierstimmige Gesang nur hie und da von zwei- und dreistimmigen Gesängen unterbrochen wird. In ähnlicher Weise schrieben Passionen Clemens Stephani aus Buchau in Württemberg, Orlandus Lassus u. A. Sogar eine doppelchörige Passion nach den vier Evangelien, von Jacob Gallus (1587) gibt es, in welcher der eine Chor mit Frauen-, der andere mit Männerstimmen besetzt ist; ersteren sind die Reden Jesu, letzteren die des Pilatus, Judas und Hohenpriesters zuertheilt; in der Erzählung wechseln beide ab. Volk, Synedrium (hoher Rath) u. s. w. werden von beiden Chormassen dargestellt [1]).

Auch eine dritte Art bestand noch, nämlich die Erzählung des Evangelisten und die Reden Christi im Choralton, alles andere mehrstimmig zu setzen.

Die evangelische Kirche nahm aus der katholischen Kirche den Brauch herüber, die Passion in der Charwoche als Theil der Liturgie singen zu lassen. Johann Walther (siehe den nächsten Abschnitt) richtete die Passionsgeschichte nach Matthäus und Johannes für den Cultusgebrauch ein [2]), von welchen die erstere für den Palmsonntag, die letztere für den Charfreitag bestimmt war; ebenso setzte er eine Passion, aus den vier Evangelien zusammengestellt, für vier Stimmen in Musik.

Nach Ambros [3]) ist die älteste deutsch-protestantische Passion eine solche nach Matthäus, welche in einem schon 1559 geschriebenen Codex aus der Stadtschule zu Meissen in die Wiener Hofbibliothek gekommen ist. „Ihre kurzen vierstimmigen, ganz simpel falsobordonartigen Chöre sind ganz das Gegenstück der Turba in den Passionsgesängen der katholischen Kirche. Es

---

1) Dommer a. a. O. S. 250.
2) Siehe O. Kade: Der neu aufgefundene Luther Codex vom Jahr 1530, Dresden b. Klemm 1871.
3) Ambros III, S. 416.

soll eben mehrstimmig in einer kurzen, in sich abgeschlossenen Harmoniephrase zusammenklingen, von dramatischer Intention ist keine Spur, höchstens ist es wie ein vereinzelter Keim zu künftiger Entwicklung, wenn bei dem „Herr bin ich's" die Stimmen nach einander fragen." Die erste deutsche im Druck erschienene ist die von Clemens Stephani (1570). „Obgleich die Passion schon früh für den Vortrag geschulter Chöre componirt ist, blieb doch die einfache Recitation die gebräuchlichste und natürlichste Weise, deren altherkömmliche Töne von Clemens Stephani wenn auch nicht zuerst aufgeschrieben, so doch zuerst in den Druck gegeben wurden. Man sang den einfachen Bibeltext ab, meistens den Leidensbericht des Matthäus, in grossen Städten mehrere Evangelisten nacheinander, mitunter auch die kirchliche Pericope, die alle Evangelisten vereinigt. Die Gemeinde sang wohl zum Ein- und Ausgang ein passendes Kirchenlied, sonst verhielt sie sich hörend, auch wurde der Vortrag der Schriftworte weder durch freie Dichtung, noch durch kunstmässige Musik unterbrochen" [1]).

Die deutsche Passion kam als wesentlicher Bestandtheil der Liturgie in der Charwoche immer mehr in der evangelischen Kirche zur Aufnahme, obwohl Luther nicht viel darauf hielt, da das Absingen derselben nur ein äusserliches Werk sei. Der oben angeführten folgten weitere in den Jahren 1573 und 1587 [2]). Erstere, im Keuchenthal'schen Gesangbuch abgedruckt, beginnt und schliesst mit einem vierstimmigen Chor; der übrige Theil ist psalmodisch gehalten. Die 1587 im Selneccer'schen Gesangbuch erschienene enthält schon geistliche Lieder, welche von der Gemeinde zur Einleitung gesungen wurden. Von Melchior Vulpius erschien 1613 eine Matthäuspassion, von Thomas Mancinus 1620 zwei Passionen nach Matthäus und Johannes, von Christof Schultz, Cantor zu Delitzsch 1653 eine Lucaspassion u. s. w.

„Die musikalische Form dieser Passionen ist eine so stereotype, dass man es nicht begreifen würde, wie sie so oft haben gedruckt, und, soweit sich der Ausdruck überhaupt anwenden

---

1) Fr. Chrysander: F. G. Händel I, S. 427—428.
2) Winterfeld: Der evangelische Kirchengesang. Leipzig. 1. 1846. S. 311 ff.

lässt, neu componirt werden können, wenn eben nicht der Brauch im kirchlichen Leben tiefe Wurzeln geschlagen hätte. Fast durchweg stehen sie in der transponirten ionischen Tonart (F Dur). Die Einzelstimmen recitiren im Choralton, die melodisch sehr wenig bewegten Tonreihen gleichen sich meist bis auf unbedeutende Abweichungen. Der Erzähler hält die Tenorlage, Christus singt Bass, die übrigen Personen werden durch eine Altstimme vertreten, auch das Weib des Pilatus und die Mägde, obwohl in der Regel der Alt im 16. und 17. Jahrhundert von Männern gesungen wurde. Vereinzelt findet sich für diese Personen auch ein Solo-Discant, z. B. in den Passionen von Walther, Schultz und Kramer. Etwas mehr Entwicklung und Mannigfaltigkeit thut sich in den figuralen Partieen hervor. Zum Theil sind auch die turbae so einfach und recitirend gehalten, dass sie kaum den Namen Figuralmusik beanspruchen könnten, wenn nicht hier und da eine ausgebildetere melodische Wendung, eine charakteristische Harmoniefolge sich bemerkbar machte. Manchmal indessen stösst man auch auf reichere, kunstvollere und im 17. Jahrhundert auf dramatisch belebtere Tonbilder. Melchior Vulpius lässt die zwei falschen Zeugen, deren Worte gemeiniglich auch vom vierstimmigen Chor vorgetragen wurden, wirklich zweistimmig und gar in Imitationen singen. Er lässt in sehr affectvollen Situationen die Worte mehrfach wiederholen. Als das Volk den Barrabas fordert, muss der Chor das Wort „Barrabam" sechsmal in syncopirten, leidenschaftlichen Rhythmen ausstossen; als es zum zweiten Male ruft „Lass ihn kreuzigen", theilt sich der Chor in zwei Gruppen, die tiefern Stimmen rufen es den höhern nach, dann vereinigen sie sich. Während im übrigen Vierstimmigkeit herrscht, ist hier sechsstimmiger Satz angewendet. Aehnliches findet sich an denselben Stellen bei Schultz. Den Schluss der Passion pflegte ein kurzer Danksagung zu machen, auch Gratiarum actio genannt, wie man denn überhaupt — ein Kennzeichen des altkirchlichen Ursprungs — selbst die lateinischen Personenbezeichnungen (ancilla, servus, Pilati uxor, latro, centurio oder miles) in diesen Passionsmusiken fast beständig beibehalten hat. Die Worte der Danksagung waren: „Dank sei unserm Herrn Jesu Christo, der uns erlöset hat durch sein Leiden von der Hölle." Wenngleich man sie in entsprechender Kürze componirte, so war hier doch Gelegenheit einer rein lyrischen Empfindung Ausdruck zu geben, was dann auch zur Entfaltung reicherer Tonmittel trieb. Im 17. Jahrhundert genügten oft jene schlichten Worte für die Innigkeit und Lebendigkeit der Empfindung nicht mehr. Man findet an ihrer Statt Strophen von Kirchenliedern in motettenartiger Composition, wie bei Schütz, auch wohl freie Dichtung in Liedform componirt, wie in sehr ansprechender Weise bei Schultz. Entsprechend dem Beschluss wurde der Anfang ebenfalls durch einen betrachtenden Chor gemacht. Hier dienten als Text nur die ankündigenden Worte: „Das Leiden unsers Herrn Jesu Christi, wie uns das beschreibet der heilige Evangelist" oder: „Das Leiden und Sterben unsers Herrn Jesu Christi nach dem heiligen Evangelisten" oder ähnlich. Durch den Chorgesang sollte die Bedeutsamkeit der Ankündigung ausgedrückt werden. Durchaus feststehend war aber die Einführung eines Chors weder am Anfang noch am Schluss; es kam auch vor, wie in der Leipziger Matthäuspassion bei Vopelius, dass im einstimmigen Choralton begonnen und geendigt wurde"[1]).

Weitere Passionen schrieben Johann Steuerlein, Johannes Macholdus, Joachim von Burgk, Balthasar Resinarius, Melchior Vulpius, welcher eine Passion nach den vier Evangelisten schrieb, in welcher ein Tenorist als Evangelist die heilige Geschichte in Form einer Litanei absingt und die verschiedenen vorkommenden Personen ihre Reden absingen, während dazwischen erbauliche Betrachtungen in vierstimmigen Arien, auch Choräle eingestreut sind; und Andere, sämmtlich dem 16. Jahrhundert angehörend.

Ehe wir die Entwicklung der Passion weiter verfolgen, in welcher mit der Zeit, wie wir sehen werden, die kirchlichen Elemente immer mehr ausgemerzt wurden, indem sich den Evangelienworten das Gemeindelied und die geistliche Arie selbständig gegenüberstellten und die neue von Italien herübergenommene Kunstform den rein kirchlichen Character immer

---

[1] Spitta a. a. O. II. S. 308 ff.

mehr abstreifte, — müssen wir die Entwicklung einer andern Kunstgattung, welche sich aus den geistlichen Schauspielen und Passionen herausbildete, betrachten, nämlich die des Oratoriums. Der Name Oratorium stammt von dem besondern Betsaale (Oratorium) des Klosters zu St. Maria in Vallicella, einer Stiftung des heiligen Filippo Neri, geboren 1515 zu Florenz, gestorben zu Rom 26. Mai 1595. Derselbe hielt im Betsaale seines Klosters mit Musik verbundene Andachten, welche wie die dortselbst abgehaltenen geistlichen Exercitien, die ebenfalls mit Gesang verbunden waren, die Bezeichnung Oratorii erhielten. Derartige Versammlungen fanden zum ersten Male im Jahr 1564 statt. Zugleich suchte er dem Volk für die während der Fastenzeit nicht stattfindenden geistlichen Schauspiele dadurch einen Ersatz zu bieten, dass er seinen Beichtkindern oder wer sonst daran Theil nehmen mochte, Scenen aus der biblischen Geschichte in breiterer Ausführung vortrug, und auch hiezu die Musik heranzog. Der musikalische Theil bestand aus Chorgesängen — Laudi spirituali —, einfachen hymnenartigen vierstimmigen Gesängen, in welchen mitunter Soliloquien (Einzelgesänge) mit dem Chor abwechselten. Giovanni Animuccia — Schüler Goudimel's, geboren 1500 zu Florenz, gestorben als päbstlicher Kapellmeister im März 1571 — war mit Neri innig befreundet und componirte zu diesen Azioni sacre oder Oratorien, welche meistens biblische Gegenstände behandelten, oder deren Stoff dem Legendenkreis entnommen war, sogenannte Laudi, von welchen 1565 das erste, 1570 das zweite Buch im Druck erschien. Auch Palestrina, Vittoria und Asola schrieben für diese Erbauungstunden solche Lobgesänge.

Zu dem Zweck, die Gläubigen durch religiöse Ansprachen, Gebet und Musik zu erbauen, entstand noch unter Neri eine Verbrüderung — Congregazione dell' oratorio —, welche sich über Italien und Frankreich verbreitete und an vielen Orten ihre Bethäuser — Oratorien — errichtete, in welchen musikalisch-geistliche Dramen aufgeführt wurden. Dieselben bestanden nach Böhme a. a. O. in der Regel aus versifizirten heiligen Erzählungen, verbunden mit festlichen Aufzügen und dramatisch-scenischen Darstellungen, in welche eingeflochtene mottettenartige Chorsätze und psalmodirender Einzelgesang einige Abwechslung brachten. Die Dichtung bestand aus zwei Theilen, zwischen welchen die eine Stunde dauernde Predigt gehalten wurde. Als später die Predigt wegfiel, trat an die Stelle derselben ein Erzähler, welcher die Zuhörer mit der darzustellenden Begebenheit bekannt machte und durch recitirende Gesänge die einzelnen Chor- und Solostimmen verband. Durch das Madrigal, die Monodie und die von Florenz ausgehenden dramatischen Reformen wurde auch dieser neuen Kunstgattung ein neues Moment der Entwicklung zugeführt, indem der neue Stil — stile rappresentativo auch parlante oder recitativo genannt — auf das geistliche Drama übertragen wurde. So führte man im Jahr 1600 im oben erwähnten Oratorio des Klosters zu St. Maria in Vallicella das musikalische Drama: „La rappresentazione (die Bezeichnung für die italienischen geistlichen Schauspiele, in welchen früher schon Gesänge, auch wohl ein sprechender Chor, coro parlante, vorkamen) di anima e di corpo" von Laura Guidiccioni, in Musik gesetzt von Emilio del Cavaliere auf. „Der Text ist eine Allegorie, in welcher lauter personificirte Begriffe, lauter Abstractionen die Bühne beschreiten und tanzen, dazu im stile recitativo singen und sich selbst auf Instrumenten begleiten, welche sie auf das Theater mitbringen. Da ist die „Zeit" (il tempo), das „Leben" (la vita), die „Welt" (il mondo), der „Körper" (il corpo) u. s. w. Das Ganze ist ein merkwürdiges Zurückgreifen auf die „Moralitäten, wie sie im 14. und 15. Jahrhundert in Italien gebräuchlich waren"[1]).

Durch die Fortschritte, welche unterdessen der dramatische Musikstil durch einen Monteverde und dessen Schüler Cavalli gemacht, sowie durch die Herübernahme der neuen Kunstmittel auf das Gebiet der Kirchenmusik wurde auch eine kunstmässigere Gestaltung des Oratoriums herbeigeführt. Namentlich ist hier Giacomo Carissimi anzuführen, dessen Hauptthätigkeit auf dem Gebiet der Cantate und des Oratoriums liegt, und welcher den neuen Stil in höhere Bahnen lenkte. Wie das Recitativ, so bildete er auch die Arie weiter, welch' letztere sich bisher vom Recitativ wenig unterschieden hatte, indem er ihr einen mehr lyrischen Character verlieh. In seinen Chören suchte er zwischen

[1] Ambros IV. S. 275.

der strengen contrapunktischen Form der Motette einerseits und der Oper andererseits die richtige Mitte zu halten. Er schrieb neue Oratorien, in welchen im ariosen Stil gehaltene Sologesänge mit Chören und Recitativen abwechseln. Von sonstigen italienischen Oratoriencomponisten nennen wir noch Antonio Liberati, Scarlatti, Alessandro Stradella, Steffani, Leo, Jomelli, Porgolese u. A. Während in Italien das Oratorium sich immer mehr der Oper anschloss und nur mehr aus ein- und mehrstimmigem Sologesang bestand — der Chor wurde nicht gepflegt — und sich schliesslich von der Oper nur dadurch unterschied, dass dasselbe nicht auf der Bühne aufgeführt wurde, nahm dasselbe in Deutschland einen höhern Aufschwung. Zunächst war es Heinrich Schütz, welcher durch die Uebertragung und Anwendung der neuen Formen auf das Oratorium der Vorläufer Händel's und Bach's genannt werden kann.

Unter dessen Werken — auf andere werden wir im nächsten Abschnitt zu sprechen kommen — sind hervorzuheben das im Jahr 1623 aufgeführte Oratorium: „Historia der fröhlichen und siegreichen Auferstehung unseres einigen Erlösers und Seligmachers Jesu Christi. In fürstlichen Kapellen oder Zimmern umb die Oesterliche Zeit zu geistlicher Christlicher Recreation füglichen zu gebrauchen". Dasselbe beginnt mit einem sechsstimmigen Gesang (zwei Discant, Alt, zwei Tenöre und Bass) über die Worte: „Die Auferstehung unseres Herrn Jesu Christi" u. s. w. und schliesst mit einem von vier Violen begleiteten Doppelchor: „Gott sei Dank, der uns den Sieg gegeben" u. s. w; ausserdem greift der Chor nur noch einmal in die Handlung ein. Die Reden der auftretenden Personen sind zweistimmig in concertirender Weise gesetzt, die Hohenpriester singen dreistimmig und der Evangelist recitirt einstimmig im Collectenton.

Die 1645 erschienenen „Sieben Worte" enthalten gegenüber ersterem Werk, welchem eigentlicher Sologesang noch abgeht, recitativische und ariose Sätze; der Psalmen- und Collectenton ist nirgends angewendet, sondern die Reden des Evangelisten und der übrigen auftretenden Personen sind im ariosen Recitativstil gesetzt. Die zwei fünfstimmigen, motettenartigen, die kirchliche Gemeinde repräsentirenden Chöre am Anfang und Schluss sind von ausdrucksvoller Bestimmtheit. Eigenthümlich und neu ist die Begleitung in diesem Werk, indem der Evangelist und die andern Personen von der Orgel, die Reden Jesu von Streichinstrumenten begleitet sind.

Erwähnen möchten wir noch die im dritten Theil seiner Symphoniae sacrae 1650 enthaltene „Bekehrung Pauli". „Den Kern bildet ein sechsstimmiger Hauptchor für zwei Bässe, Tenor, Alt und zwei Soprane, in den aber in besondern Höhemomenten noch ein Complex von acht andern Stimmen (zweimal zwei Bässen und eben so viel Sopranen) eingreift; zu dieser vierzehnstimmigen Masse gesellen sich noch zwei Violinen und Continuo (Orgel). Die beiden Bässe des Hauptchors heben leise an mit dem Rufe „Saul, Saul, was verfolgst du mich!", der darauf im Tenor und Alt, in den beiden Sopranen desselben Chors, sowie in den Violinen nachklingt, worauf die ganze Masse im forte einstimmt, doch sogleich wieder zum piano zurückfällt. Nun mischen sich einzelne Stimmen hinein mit der warnenden Erinnerung: „Es wird dir schwer werden wider den Stachel zu löcken", wozu der Mahnruf „Saul, Saul" u. s. w. immer mächtiger und dringlicher im vollen Chore erschallt, im Tenor lang aushaltend und stufenweis sich steigernd durch die ganze Stimmenmenge gewaltig hindurchklingt, bis er schwächer werdend, endlich im pp nur zweier Stimmen austönt und die ganze Vision gleichsam wieder verschwindet"¹).

In seinen vier Passionen²) greift er wieder zur ältern liturgischen Form zurück, doch herrscht in den Einzelgesängen der Choralton nicht mehr durchgängig vor wie z. B. in der Matthäuspassion, wo bei manchen Stellen Schütz des arios-recitativischen Gesanges sich bedient; nur die Marcuspassion ist noch vollständig im alten Choralton gehalten. Die Chöre sind voll dramatischen Lebens und treffenden Ausdrucks des Wortes. Instrumentalbegleitung besitzen die Passionen nicht,

---

1) Dommer, a. a. O. S. 882.
2) Eine Abschrift der vier Passionen besitzt die Leipziger Stadtbibliothek. C. Riedel in Leipzig hat die verschiedenen in diesen Passionen enthaltenen Chöre und Recitative zusammengestellt und mit Orgelbegleitung versehen.

doch werden sie wohl eine Begleitung ursprünglich besessen haben.

In den auf Schütz folgenden Passionen wird das ariose Recitativ beibehalten, die Instrumentalbegleitung stehend und die geistliche Arie (nächsten Abschnitt) in die Passion eingeführt. Zum ersten Male angewandt ist sie in einer Lucaspassion des Cantors Funcke in Lüneburg, 1683 [1]). Die 1672 erschienene Passion von Johann Sebastiani: „Das Leyden und Sterben unseres Herrn und Heylandes Jesu Christi In eine recitirende Harmonie von fünf singenden und sechs spielenden Stimmen, nebst dem Basso continuo gesetzt" u. s. w. Die Psalmodie und der Collectenton sind durchgängig durch das ariose Recitativ ersetzt, welches wie die Erzählung des Evangelisten von zwei Geigen oder Violen und Bass begleitet ist. Die Instrumentalbegleitung — zwei Violinen, vier Violen, der Bass continuo nebst einer Orgel und andern „subtilen" Instrumenten als Lauten, Theorben, Violen di Gamba oder Braccia — ist durchgängig angewendet, während in den Werken von Schütz dies nur stellenweise geschieht. Die Turbae sind vierstimmig, erscheinen aber fünfstimmig, da der Evangelist stets im hohen Tenor in dieselben mit einstimmt. Die Passion von Sebastiani enthält zum ersten Male vierstimmige, als Arien behandelte Kirchenlieder [2]), indem nämlich nur die Oberstimme gesungen und die übrigen Stimmen von Geigen und Instrumentalbass gespielt werden sollen; nur in die fünfte Strophe des Schlussgesangs haben alle Vocal- und Instrumentalstimmen einzufallen [3]). „Die Weise wie Sebastiani den Choral in seinen Passionen verwendet, kann selbstverständlich nicht das anfängliche gewesen sein. Sie setzt bereits eine Phase der Entwicklung voraus, in welcher die hier als Arien behandelten

---

1) Spitta a. a. O. II. S. 316.
2) Nach Boehme a. a. O. S. 38 soll schon vor Sebastiani in den Thüringer Kirchen der Gesang geistlicher Liederverse zwischen den einzelnen Theilen der Kirchenmusik im Gebrauch gewesen sein und sich wahrscheinlich durch Joachim von Burgk (1545—1610) und durch dessen Schüler Eccard (1553—1611) nach Königsberg verpflanzt haben.
3) Winterfeld III. S. 303.

Choräle von der ganzen Gemeinde gesungen wurden, wie solches das Wesen derselben ursprünglich fordert. Eine derartige Theilnahme der Gemeinde hat bei der alten choralischen Passion in der That stattgefunden. Dass die Gemeinde vor der Passion und mit Anschluss an sie auch nach derselben ein Lied sang, war schon durch die Ordnung des Gottesdienstes gegeben, denn die Absingung der Passion in der Charwoche stand ja an Stelle der sonntäglichen Evangelienlection. Aber hiermit begnügte man sich nicht. Weil die Absingung lange dauerte, wurden, um die Theilnahme der Gemeinde frisch zu erhalten und die erbauliche Wirkung zu erhöhen, an passenden Stellen Ruhepunkte gemacht, an welchen die versammelte Christenheit mit einem bezüglichen Liede eintrat. Wir haben hierfür Zeugnisse, deren Werth dadurch, dass sie aus späterer Zeit als die Sebastianische Passion stammen, eher erhöht als vermindert wird. Denn was sich unter den revolutionären Bewegungen des beginnenden 18. Jahrhunderts, welche alle echte Kirchenmusik zu vernichten drohten, kräftig erhalten konnte, ruhte gewiss auf altem, erprobtem Fundamente. In einem 1709 zu Merseburg erschienenen Passionsbüchlein sind die Erzählungen der Leidensgeschichte nach den vier Evangelisten in der Form abgedruckt, wie man sie damals zu Merseburg noch aufführte. Man sieht sogleich, dass es in der alten choralischen Form geschah, man könnte auch sagen in der ältesten, denn die Danksagung am Schlusse fehlt und der nur bei der Matthäuspassion angebrachte Introitus: „Höret das Leiden" wird nicht vom Chor gesungen, sondern vom Evangelisten choraliter recitirt. Arien sind gänzlich ausgeschlossen, nicht so Choräle. Diese finden sich aber nicht mit abgedruckt, sondern es wird durch eine eingeklammerte Angabe des Anfangs der Strophen und meistens auch der Seite im Passionsbuch auf sie verwiesen mit den Worten: „Hier wird gesungen aus dem Liede" u. s. w. Gewöhnlich sind es eine oder einige Strophen des Stockmann'schen: „Jesu Leiden, Pein und Tod", in welchem bekanntlich die ganze Passionsgeschichte versificirt ist; mit ihnen begleitete die Gemeinde den Verlauf der ganzen Handlung. Es werden aber auch andere fünf-, sechs-, sieben- und zehn-

strophige Lieder gelegentlich angemerkt, welche vollständig
gesungen werden sollen; gegen Schluss der Johannespassion
ist gar das 21 Strophen zählende Lied: „Nun gibt mein Jesus
gute Nacht" vorgeschrieben. Ausser diesen Chorälen findet
man dann noch an gewissen Stellen eine oder zwei Lied-
strophen vollständig hingedruckt; vermuthlich sollte diese der
Abwechslung halber der Chor allein vortragen. Auch von
anderer Seite wird eine derartige Theilnahme der Gemeinde
bezeugt. Bei der erstmaligen Aufführung einer madrigalischen
Passionsmusik in einer Stadt Sachsens sang ein Theil der
Anwesenden den ersten Choral ganz ruhig und andächtig mit,
war aber nachher sehr unangenehm verwundert, da es so
ganz anders kam, als sie es gewohnt waren. Sebastiani selbst
gab 1686 ein Büchlein heraus: „kurze Nachricht, wie die
Passion . . . . . . in einer recitirenden Harmonie abgehandelt
und nebst den darin befindlichen Liedern gesungen wird",
aus welchem hervorgeht, dass er es der Gemeinde freistellte,
die Lieder mitzusingen. Und auch als die Passion sich
musikalisch reicher und reicher gestaltete, hielt man hier und
dort noch an der Sitte fest und liess bei den Chorälen die
Gemeinde einstimmen [1]). Aber je mehr die geistliche Arie
eindringt, desto mehr musste man hievon abkommen. Sebastiani steht schon auf der Grenze. Seine Choräle sind freilich
sämmtlich ältern Ursprungs, aber die Art wie sie vorgetragen
werden sollten, ist keine alt-choralmässige mehr. Arienhaft
wurde jetzt der ganze Choralgesang; die neuen Melodien,
die in reicher Anzahl und hervorragender Schönheit in dieser
Periode noch geschaffen wurden, waren Arien" [2]). Bei Abfassung der Choräle, welche in den Passionen immer häufiger
wurden, dachte man nicht mehr an eine active Theilnahme
der Gemeinde; der Choral trat nunmehr auch an die Stelle

---

[1]) „Bisher aber hat man gar angefangen die Passion-Historia, die sonst
so fein de simplici et plano, schlecht und andächtig abgesungen wurde, mit
vielerley Instrumenten auf das Künstlichste zu musiciren, und bisweilen ein
Gesetzgen aus einem Passionsliede einzumischen, da die gantze Gemeinde
mitsinget, alsdann gehen die Instrumente wieder mit Hauffen." Gerber:
Historia der Kirchenceremonien in Sachsen. S. 288.

[2]) Spitta II. S. 317—319.

der ankündigenden und danksagenden Worte am Anfang und Schluss. Zu dem kam noch, dass die Form des theatralisch-italienischen Oratoriums auch auf Deutschland zurückwirkte. So wurde im Jahr 1704 zum ersten Male in Hamburg das Passionsoratorium: „Der blutige und sterbende Jesus" von Hunold, in Musik gesetzt von Reinhold Keiser, einem der frühesten deutschen Operncomponisten, aufgeführt; dasselbe weicht von der bisherigen Form ganz ab und ist im galanten italienischen Opernstil componirt. Die Dichtung ist in ganz freier poetischer Form gehalten und die sogenannten Soliloquien (dramatisirte Monologe wie z. B. die Klage der Maria, Thränen des Petrus) nehmen die Hauptstelle ein, während sowohl der Evangelist als Bibelsprüche und Choräle ausgeschlossen sind.

Diese Neuerung erregte einen gewaltigen Sturm und grosse Entrüstung auf Seiten der Orthodoxen, und der sich hierauf entspinnende Federkrieg — auf welchen wir im nächsten Abschnitte zu sprechen kommen werden — liess an saftiger Grobheit nichts zu wünschen übrig.

Zu gleicher Zeit trat der Hamburger Rathsherr Berthold Heinrich Brockes (1680—1747) mit einer Passionsdichtung [1]) hervor, welche sich im Ganzen von der Hunold'schen nicht sehr unterscheidet; doch ist der Evangelist, wenn auch nicht mit dem Bibelwort, sondern in freier Dichtung auftretend, beibehalten [2]); ebenso ist die Gemeinde durch Kirchenlieder vertreten und ausser Soliloquien enthält die Dichtung zwei allegorische Personen: „Tochter Zion" und „gläubige Seele", welche gleichsam die unsichtbare Kirche repräsentiren und in allgemeinen Gefühlsäusserungen und Betrachtungen sich ergehen. Chrysander [3]) nennt mit Recht die Dichtung geschmacklos und sinnlos, dieselbe strotze von übertriebenen oder unwürdigen Bildern, sei aber von grosser sinnlicher Gewalt, die

---

1) „Der für die Sünden der Welt gemarterte und sterbende Jesus aus den 4 Evangelisten in gebundener Rede vorgestellt."
2) Bach hat verschiedene Arientexte aus dieser Dichtung in seine Johannespassion mit herübergenommen.
3) a. a. O. S. 433.

wie ein Theatereffect sich aufdränge und wie ein solcher die Hörer überwältige¹).

Keiser setzte auch diese Passionsdichtung in Musik und dieselbe wurde im Jahr 1712 und 1713 in der Charwoche in Hamburg aufgeführt. „Als ein Denkmal aus verkommener Zeit — so urtheilt Chrysander²) — die sich das Leiden des Heilandes in der herbsten Gestalt abschilderte und dann in vornehmer Gesellschaft ein Vergnügen daran empfand, verdient dieses Oratorium erhalten zu werden und wird es erhalten bleiben. Ganz dasselbe gilt von Keiser's Musik. In den Arien verläugnet sich nicht die ihm angeborne Anmuth, die er dreist genug mit allen Ueppigkeiten der Bühne ausstattet, die Recitative sind gesucht richtig und mitunter treffend betont, die lebhaften Bässe sind durchweg characteristich erfunden. Aber alles geht leichtsinnig obenhin, nicht einem einzigen Satz begegnet man, der auch nur annähernd an die Erhabenheit des Gegenstandes hinanreichte. In der Oper ist Keiser ein grosser Tondichter, im Oratorium ist er ein seichter Melodist mit unzulänglichen Kenntnissen". Sehr treffend und beherzigenswerth sind die hieran sich anknüpfenden Bemerkungen desselben Schriftstellers. „Ein kirchlicher Tonsetzer muss vor allem in die Kunst der Stimmenverwebung und der harmonischen Entfaltung eingeweiht sein, denn den Schatz der Gesangweisen bekommt er von der Gemeinde zugetragen, und neue Melodien zu erfinden ist so wenig ein Haupttheil seines Berufes, als es der eines Predigers ist, neue Wahrheiten zu entdecken. Ein Oratoriencomponist aber muss ausser der gesammten Tonwissenschaft noch eine grosse Seele zu eigen haben, die in sich selbst die Mittel und Wege besitzt, über zufällige Erbärmlichkeiten der Zeit hinweg, wieder zu den Urquellen der Wahrheit zu gelangen."

Auch Teleman, Mattheson und Händel³) setzten

---

1) Siehe auch Winterfeld a. a. O. III. S. 126 und ff.
2) Chrysander a. a. O. S. 434.
3) Siehe Chrysander I, S. 440—447. Händel schrieb auch eine kleinere Passion nach dem 19. Kapitel des Evangelisten Johannes im Jahr 1704. Die grössere nach Brockes wurde erstmals am Charfreitag 1867 in

1716 die Brockes'sche, 1712 erschienene Dichtung in cantatenmässig-dramatisirender Weise in Musik. Wie aber die Kirchenwerke der beiden Ersten und diejenigen Keiser's, so sind auch ihre Oratorien längst vergessen und begraben, da sie in denselben die Kirche mit der Bühne identificirten und den rein sinnlichen Reiz der letzteren auf erstere übertrugen. Wie Händel das biblisch-dramatische Oratorium ¹), so erhob Johann Sebastian Bach das Passionsoratorium zu einer Vollendung, die von keinem seiner Nachfolger übertroffen wurde.

Johann Sebastian Bach ist am 21. März 1685 zu Eisenach geboren, woselbst sein Vater, Ambrosius Bach, Stadtmusicus war. Nachdem er, erst elf Jahre alt, Waise geworden, nahm sich zunächst sein ältester in Ohrdruf lebender Bruder seiner an, welcher ihm auch den ersten Klavierunterricht ertheilte; zugleich besuchte er das dortige Lyceum und setzte von Ostern 1700 an seine Studien an der Schule des Michaelisklosters in Lüneburg fort, woselbst er auch als Discantist in den Singchor trat ²). Vom Unterrichtgeben wird er bei seiner Armuth schon früh haben leben müssen. Im Jahr 1703 erhielt er die Stelle eines Violinisten an der Privatkapelle des Prinzen Johann Ernst in Weimar, des Bruders des regierenden Herzogs. Wenige Monate später übernahm er die Organistenstelle an der Kirche zu Arnstadt, 1707 an der Blasiuskirche zu Mühlhausen, ein Jahr darauf wurde er Hoforganist zu Weimar, 1717 folgte er einem Rufe als Kapellmeister an den fürstlichen Hof von Anhalt-Cöthen, und nach dem Tode Kuhnau's wurde er Cantor und Musikdirector an der Thomasschule zu Leipzig, in welchem Amte er bis zu seinem am 28. Juli 1750 erfolgten Tode verblieb ³).

der Stuttgarter Stiftskirche unter Dr. Faisst's Leitung öffentlich aufgeführt und am Charfreitag 1879 wiederholt.

1) Die unserer Arbeit gezogenen Schranken verbieten uns näher hierauf einzugehen, zumal kirchliche Musik im strengen Sinn genommen alles dramatische ausschliesst. Auf Händel's Psalmen und Anthemen werden wir im nächsten Abschnitt kurz zu sprechen kommen.

2) Die damaligen höhern Lehranstalten pflegten auch das musikalische Studium.

3) Seine Wittwe starb im Jahr 1760 als Almosenfrau zu Leipzig.

Von den fünf Passionen, welche Bach allem Anscheine nach geschrieben, existiren noch drei, eine Matthäus-, Johannes- und Lucaspassion. Die Authenticität der letztern, deren Partitur in Besitz des Grossherzoglichen Kammersängers Josef Hauser in Karlsruhe ist, wird von Spitta [1]) überzeugend nachgewiesen; aufgeführt werden nur jene nach Matthäus und Johannes. Seine Passionen lassen drei Gruppen erkennen: den Schrifttext mit dem erzählenden Evangelisten, den Reden Jesu und den übrigen Personen, sowie den Chören der Jünger, Priester und des jüdischen Volkes; dazu tritt die christliche Gemeinde, Zion und die Gläubigen, welche sowohl in Solosätzen als in Chören ihrer Betrachtung und Empfindung Ausdruck geben und die, die protestantische Gemeinde repräsentirenden und ihrer Stimmung Ausdruck verleihenden herrlichen Choräle.

Ein Riesenwerk ist seine Matthäuspassion, welche am Charfreitag 1729 im Nachmittagsgottesdienst in der Thomaskirche zu Leipzig zum ersten Male in die Oeffentlichkeit trat; dieselbe thürmt sich — so der erste Chor — aus drei Chören, zwei Orchestern und zwei Orgeln auf und wird als Denkmal deutscher Geisteskraft und Geistesgrösse ewig bestehen bleiben. Auch die Johannespassion, welche im Jahr 1724 am Charfreitag in der Thomaskirche erstmals zur Aufführung gelangte, enthält der grossartigen Schönheiten viel, wenn sie auch mit Ersterer sich nicht messen kann.

Wie beide Passionen auf einem kirchlich volksthümlichen Grund beruhen, verläugnet sich dieser Character auch in Bach's Weihnachts-, Oster- und Himmelfahrtsmusiken nicht, welche ebenfalls den Grundzug der Passionsform an sich tragen. Das Evangelium wird durch einen Tenor in Recitativform vorgetragen, ebenso die Reden der andern Personen; der Chor tritt ein bei den Worten der Weisen aus dem Morgenlande, der Jünger, der Hohenpriester und Schriftgelehrten. Gerade wie in den Passionen erscheint auch hier die an allem theilnehmende Gemeinde und das Ganze ist von herrlichen Chorälen durchflochten, dazu die Orgel, und das

---

1) Spitta II. S. 338—345.

Orchester. Nur sein Osteroratorium (Mysterium, wie Spitta es nennt, da die Bezeichnung Oratorium hier nicht zutrifft) weicht von der strengen Form insofern ab, als der Text sich der Opernform nähert und Choral wie Bibelwort gänzlich ausgeschlossen sind.

Das Weihnachtsoratorium, im Jahr 1734 geschrieben, (Text Lucas 2. V. 1 und V. 3—21 sowie Matthäus 2. V. 1—12) zerfällt in sechs unter sich abgeschlossene Theile, welche zur Aufführung für die drei Weihnachtsfeiertage, den Neujahrstag, den Sonntag nach Neujahr und das Erscheinungsfest bestimmt waren. Dem Himmelfahrtsoratorium liegt die biblische Erzählung Luc. 24, 50—52, Apostelgeschichte 1, 9—12 und Marc. 16, 19 zu Grunde; dasselbe gehört zu den reifsten Werken des Meisters.

Eine Weiterbildung und Entwicklung hat die Passion seit Bach nicht mehr erfahren. Passionsmusiken schrieben noch Emanuel Bach, Graun („Tod Jesu" die berühmteste), Doles, Homilius und A., doch das kirchliche Ideal trat immer mehr in den Hintergrund und die Oper bemächtigte sich auch dieses Stoffes und man übertrug deren Formen auf die Passion; wir erinnern nur an Graun's „Tod Jesu", Schicht's „Ende des Gerechten" u. s. w.

Von neuern bedeutenderen Werken führen wir Liszt's und Kiel's Christus an. Namentlich ersteres Werk ist insofern von Interesse, als dasselbe von der üblichen Form vollständig abstrahirt und sowohl das Recitativ wie die Arie ausgeschieden sind, und das Wenige, welches mit Worten erzählt wird, im altkirchlichen Collectenton wiedergegeben ist und auch da wo Solo und Chorgesang auftritt, demselben das Subjectiv-Dramatische abgeht. Das Ganze ist eigentlich ein Cyclus von Chorbildern und zerfällt in drei Hauptabschnitte: I. Weihnachtsoratorium, II. nach Epiphania, III. Passion und Auferstehung.

VII.

Der geistliche und kirchliche Gesang in Deutschland

unter besonderer Berücksichtigung des evangelischen Kirchenlieds und Kirchengesangs.

Da die lateinische Sprache von der römischen Liturgie als ausschliessliche Sprache auch für den Kirchengesang vorgeschrieben war, so wurde nach der Einführung des Christenthums in Deutschland — durch Gallus im 7. Jahrhundert bei den Alamannen, in Mittel- und Niederdeutschland im 8. Jahrhundert durch Bonifacius — die deutsche Sprache nur bei der Beichte und der Predigt gestattet, und der Klerus war dem Gesang in deutscher Sprache um so weniger günstig gestimmt, als derselbe eine wesentliche Stütze des Heidenthums war. Die Psalmen, Responsorien, Antiphone u. s. w. wurden lateinisch und von eigens hiezu bestimmten, in der Regel dem Klerikerstand angehörenden Sängern auf dem Chor gesungen. Eine Sprache aber, welche das Volk nicht verstand, und ein Gesang, an welchem dasselbe sich nicht betheiligen durfte, konnten einem gemüthstiefen, religiös reich angelegten Volke, wie das deutsche es war, nicht genügen; es wollte seine Gefühle der Andacht und Ehrfurcht vor dem Höchsten auch selbstthätig ausdrücken, und da dies ihm in der Kirche nicht gestattet war [1]), so wurden andere Gelegenheiten, wo die römische Liturgie kein Recht hatte sich einzumischen, benützt, kirchliche oder vielmehr geistliche Gesänge in deutscher Sprache zu singen, wie bei Bittgängen, bei Wallfahrten, bei den Jahresfesten der Schutzheiligen, bei Uebertragungen von Reliquien, auf dem Kirchenwege, beim Eintreiben des Viehes u. a. w.

---

[1]) Siehe auch F. W. Rettberg: Kirchengeschichte Deutschlands. II. Band. Göttingen 1848. S. 779—780.

Von einem deutschen Kirchenlied, das heisst solchen Gesängen, welche einen Bestandtheil des Gottesdienstes bildeten, erst von Luther an zu reden, ist geschichtlich nicht haltbar, denn einen deutschen geistlichen Gesang — auch innerhalb der Kirche, da in die katholische Liturgie schon vor der Reformation deutsche geistliche Lieder aufgenommen waren — gab es schon lange vor der Reformation, wie wir noch sehen werden, und derselbe war nicht etwas von den Reformatoren ganz neu Erfundenes. Im Gegentheil bildet gerade dieser ältere, deutsche geistliche und Kirchengesang — denn die Gesänge des Volkes hei Bittgängen, Prozessionen u. s. w. sind nicht als ausserkirchliche Gesänge streng genommen zu betrachten, da sie wesentliche Momente des katholischen Gottesdienstes sind — die Grundlage des protestantischen Chorals. Zudem sang man schon vor der Reformation deutsche Kirchenlieder vor und nach der Predigt, hei einzelnen Theilen der Messe u. s. w.[1]) Die Reformatoren gehen dies auch selber zu. So sagt Melanchthon in der Apologie der Augsburgischen Confession beim Artikel 24 (9) von der Messe: „Wir lassen daneben auch teutsche christliche Gesänge gehen, damit das gemeine Volk auch etwas lerne und zur Gottesfurcht und Erkenntniss unterrichtet werde. Der Brauch ist allezeit für löblich gehalten worden in den Kirchen. Denn wiewohl an etlichen Orten mehr, an etlichen Orten weniger teutsche Gesänge gesungen werden, so hat doch in allen Kirchen je das Volk etwas teutsch gesungen. Darum ists so neu nicht". So bestand der Gesang in den lutherischen Kirchen, wie wir weiter unten noch sehen werden, anfänglich nur in Liedern, welche aus der katholischen Kirche herüber genommen waren und nur textlich verändert wurden. Bemerkt doch Luther selbst in seiner Vorrede zu den „Begrebnisgesengen" vom Jahr 1542: „Zudem haben wir auch zum guten Exempel, die schönen Musica oder gesenge so im Babstumb, in Vigilien, Seelenmessen und begrebnissen gebraucht sind, genommen, der etliche in dis büchlein drüken lassen, und wollen

---

1) Wie reich der Liederschatz der katholischen Kirche schon vor der Reformation war, beweist das bei Severin Meister a. a. O. S. 86—89 mitgetheilte Verzeichniss der kirchlichen Liederdrucke.

mit der Zeit der selben mehr nennen". Das deutsche Kirchenlied hat sich überhaupt aus dem lateinischen Kirchengesang, dessen Melodien sich bis in die frühesten Jahrhunderte verfolgen lassen, und aus dem deutschen Volksgesang entwickelt, da die deutschen Kirchenlieder, welche zum Theil Uebersetzungen der ältern lateinischen Gesänge waren, sich zunächst an die Melodien der lateinischen anlehnten.

In Rom war man zwar dem Kirchengesang in der Muttersprache nie günstig gestimmt, und nur durch die Macht der Verhältnisse dazu gezwungen gestattete man denselben. Noch eine Bulle Alexander's VII. vom 12. Januar 1661 beweist, wie Rom über den Kirchengesang in der Landessprache dachte: „Zu unserem grossen Seelenschmerze haben wir vernommen, dass im gallischen Reiche Einige zu dem Uebermuth kamen, das römische Missale in die gallische Volkssprache zu übersetzen und es wagten, diese Uebersetzung durch den Druck zu veröffentlichen. Die Neuerung macht uns schaudern und wir verabscheuen sie, da sie die Zierde der Kirche entstellt, Ungehorsam, Unehrerbietigkeit, Frechheit, Aufruhr und Spaltung hervorruft". Hierauf folgt der Befehl, dass alle diejenigen, welche das in die Landessprache übersetzte Missale in die Hände bekommen oder besitzen, dasselbe den Inquisitoren zu überliefern hätten, damit es dem Feuer überantwortet werde.

Bis zum 10. Jahrhundert beschränkte sich der Kirchengesang der Deutschen auf den Ausruf „Kyrie eleison" [1]), Herr erbarme dich, welcher von römischen Mönchen aus Italien, wohin er durch griechische Christen gekommen war, zu Anfang des 9. Jahrhunderts in Deutschland eingeführt wurde, sowie auf die Beantwortung der priesterlichen Intonationen [2]). Der Gesang des Kyrie eleison, eine Art Jubelruf, welcher sich wie beim Alleluja durch ein längeres Aushalten der

---

[1]) Das Kyrie eleison war als Gebetsruf schon im heidnischen Alterthum gebräuchlich; so heisst es in Virgil's Aen. lib. XII: „Turne, in te suprema salus, miserere tuorum"; und weiter: „Faune, precor, miserare mei".

[2]) Nach Rettberg a. a. O. finden sich auch Aufforderungen an das Volk, bei den Responsorien sich zu betheiligen und mit den Priestern das Sanctus zu singen.

Töne und Ziehen der Silben, namentlich der Endsilben, ähnlich dem Pneuma, characterisirt haben mag, war auf Jahrhunderte der einzige gottesdienstliche Gesang, an welchem das Volk sich betheiligte. So verordnen schon die Capitularien Karl des Grossen und Ludwig des Frommen, dass die Christen nicht an den Kreuzwegen oder auf den Gassen stehen und sich mit Erzählungen und weltlichen Gesängen die Zeit vertreiben, sondern zu einem frommen Priester gehen sollen, der Predigt beiwohnen, zur Vesper und zu den Metten kommen und alle ihr Kyrie eleison sowohl beim Her- als Heimgange singen; ebenso wird ihnen bei der Ausübung ihres Berufs, sowie beim Aus- und Eintreiben des Viehes das Kyrie eleison empfohlen. Auch bei Leichenbegängnissen sollen jene, welche keine Psalmen wissen, mit lauter Stimme Kyrie eleison und Kriste eleison anstimmen. Kam es vielleicht vor, dass das Volk auch einen andern Gesang anstimmte, so war derselbe bis nach der Mitte des 9. Jahrhunderts ein lateinischer, von den Priestern eingelernter Psalm oder Hymnus, welcher in antiphonartiger Weise abgesungen wurde, indem die Männer und Weiber oder die Vordern und Hintern im Zuge abwechselten. Die für den ausserkirchlichen Gebrauch in deutscher Sprache entstehenden Gesänge waren in Strophen gegliederte, welche Einer sang, während am Schluss einer Strophe die Menge mit Kyrie eleison einfiel. Der Gebrauch lateinischer Hymnen oder bloss jener Ausrufung war eben damit nicht aufgehoben, sondern nur beschränkt; er dauerte fort, die deutschen Lieder und Leiche [1]) sogar noch lange überwiegend.

Das Volk benützte natürlich jede sich ihm bietende passende Gelegenheit [2]), das Kyrie ertönen zu lassen und zwar oft hundert bis dreihundert Mal hintereinander. Hoffmann [3]) erwähnt, dass beim Feste der Himmelfahrt Mariä auf dem Lau-

---

[1]) Wilhelm Wackernagel a. a. O. §. 32 definirt Leich als einen psalmus cantici im Gegensatz zum Lied, welches canticum psalmi bless. Lai war die allgemeine Bedeutung von Ton, Gesang und Lied, woraus sich die verschiedenen Arten des Volkslieds entwickelten.

[2]) Siehe auch Fétis: Histoire générale de la musique. IV. p. 443.

[3]) Hoffmann von Fallersleben: Geschichte des deutschen Kirchenlieds. 2. Aufl. S. 8.

rentiusberge das Volk erst hundert Kyrie eleison, dann hundert Kriste eleison und endlich hundert Kyrie eleison zu singen pflegte. Bei der Ueberführung der Gebeine des heiligen Bonifacius von Mainz nach Fulda im Jahr 819, sowie bei der Ueberbringung der Ueberreste des heiligen Liborius von Mons in Frankreich nach Paderborn im Jahr 836 sang das Volk Kyrie eleison, während die Kleriker lateinische Hymnen sangen. Um noch einige Beispiele anzuführen, so sangen die Männer und Frauen aus dem Sachsenlande, welche im Jahr 836 zu den Gebeinen des heiligen Vitus nach Corvey wallfahrteten, Tag und Nacht chorweise Kyrie eleison, und bei der feierlichen Einsegnung des Prager Bischofs Dethmar (973) rief das Volk Kyrie eleison, während die Geistlichkeit das Tedeum anstimmte und der Herzog von Böhmen Boleslaus II. mit den Grossen des Landes

Kinádo Christe
Kyrie eleison
unde die heiligen alle helfant uns
Kyrie eleison

sang. Als zu Anfang des 11. Jahrhunderts in der Diöcese Köln grosse Hungersnoth und Pestilenz herrschte, liess der Erzbischof Heribert feierliche Bittgänge anstellen, bei welchen das Volk und die Geistlichkeit einstimmig Kyrie eleison sangen [1]).

Diese wenigen Beispiele mögen genügen, um zu beweisen, dass der religiöse Volksgesang bis zum 9. oder 10. Jahrhundert in der Regel nur aus den zwei Wörtern des Kyrie eleison bestand, welcher Gesang auch unter der Bezeichnung Kyrieles und Kyrieleis, in Böhmen als Krles, in Frankreich als Kyrielle vorkommt. Diese Bezeichnungen beweisen, dass ähnlich wie bei den Neumen, eine Reihe von Tönen auf diese Wörter gesungen wurde. Wie nun Notker, wie wir bereits im ersten Abschnitt gesehen, den Neumen des Alleluja Texte unterlegte, so wurden um die Mitte des 9. Jahrhunderts auch diesen Jubeltönen des Kyrie deutsche Worte beigegeben, und da die Strophen fast sämmtlicher geistlicher Lieder mit dem Refrain des Kyrie und Kriste eleison schliessen, so dürfen wir

---

[1]) Weitere Beispiele bei Hoffmann a. a. O.

in dieser Art von Jubilos den Ursprung des deutschen Kirchenliedes erkennen.

Das älteste bekannteste Kirchenlied oder Leich ist folgendes aus dem 9. Jahrhundert:

> Unsar trothin hât farsalt
> sancte Petre giuualt
> das er mac ginerian
> ze imo dingentan man [1])
> Kyrie eleison, christe eleison.

Die Singweise dieses Liedes ist zwar erhalten, doch konnte die Neumennotation derselben bis jetzt nicht entziffert werden. Das Lied hat drei Strophen, von welchen jede, wie aus dem von Severin Meister [2]) mitgetheilten Facsimile hervorgeht, eine besondere Melodie besitzt und nur der Schlussrefrain des Kyrie eleison, Kriste eleison bei jeder Strophe die gleiche Schlusscadenz bildet. „Diesen Leich auf den heiligen Petrus sangen alli samant (alle zusammen), die einen den Text mit wechselnder Melodie, die andern oder dann alle den Refrain, das altübliche Kyrie, und dies immer nach der gleichen Weise" [3]).

Hauptsächlich erwarb sich auch auf diesem Gebiet wiederum St. Gallen durch einen Notker Balbulus, Otfried und Ratpert, welche, wie wir schon oben sahen, den Volksgesang eifrig pflegten, grosse Verdienste. Letzterer, im Jahr 900 gestorben, verfasste einen Leich auf das Leben des heiligen Gallus, damit das Volk denselben singe; es ist dies ebenfalls einer der ältesten deutschen Gesänge; nach je fünf Zeilen kehrt stets dieselbe Melodie wieder. Otfried von Weissenburg im Elsass, Benedictinermönch dortselbst, verfasste um 868 ein Reimevangelium, damit es, wie er in seiner Zuschrift an König Ludwig sagt, gesungen werde. Zwar verstand man hierunter auch den gehaltenen Vortrag prosaischer Rede.

---

1) Unser Herr hat übergeben
Dem hl. Petrus die Gewalt,
Dass er mag erhalten
Den zu ihm hoffenden Mann.
2) Severin Meister a. a. O. Anhang I.
3) W. Wackernagel a. a. O. §. 82.

„Singen und Sagen waren in Beziehung des mitgetheilten Stoffes eins, da jeder Gesang eine Sage war, das heisst erzählte"[1]).

Deutsche Kirchenlieder aus dem 11. Jahrhundert sind uns nicht erhalten; doch ist wohl anzunehmen, dass auch in dieser Zeit solche gedichtet und gesungen wurden. Wippo im Leben Konrad des Saliers theilt wenigstens mit, dass nach der Wahl des letztern im Jahr 1024 das Volk dem Könige zu seiner feierlichen Salbung nach Mainz folgte: „Fröhlich zogen sie einher, die Geistlichen sangen lateinisch, die Laien deutsch, jeder auf seine Weise." Ein ebenfalls höchst wahrscheinlich dem 11. Jahrhundert angehörendes Weihnachtslied, dessen Melodie nicht mehr existirt und das die Scheffen im Münster zu Aachen in der Christnacht anstimmten, ist folgendes:

> Nun siet uns willekomen, hero Kerst,
> Die ihr unser aller hero siet.
> Kyrie-leyson.
> Nun ist gott geboren unser aller trost,
> Der die hölsche pforten mit seinen crents aufstoes
> Die Mutter hat geheischen maria
> Wie in allen Kersten bucheren geschrieben steht:
> Kyrie-leyson.

Wenigstens berichtet Christian Quix[2]), dass in der Christnacht die Herren Scheffen auf ihrer Gerichtsstube sich versammelten und dann in die Münsterkirche giengen, wo sie die Chorstühle der rechten Seite einnahmen und obiges Lied, welches vom Chor fortgesungen wurde, anstimmten[3]). Vom 11—13. Jahrhundert entstanden Festgesänge auf Weihnachten, Ostern (Christ ist erstanden), Pfingsten (Nū bitten wir den heiligen Geist umb den rechten glouben aller meist, daz er uns bohûte an unserm Ende sō wir sein sule vare ûz diesem ellende, Kyrieleis), und Marienlieder. Mit dem Aufkommen der Letztern entstand auch der Refrain Sancta

---

1) W. Wackernagel a. a. O. S. 62.
2) Christian Quix: Historische Beschreibung der Münsterkirche und der Heiligthumsfahrt in Aachen. Aachen 1819. S. 119.
3) Siehe auch Hoffmann a. a. O.

Maria; seit den Kreuzzügen auch Kreuzlieder, Wallfahrtslieder und Busslieder. Man begann damals auch schon den Text der lateinischen Singweisen in das Deutsche zu übertragen, so z. B. die Sequenz Notker's: „Con gaudent angelorum chori", Sieh mit frowend der engeln chor, oder die Sequenz des Mönches Heinrich (1030) „Ave praeclara maris stella", Ave vil liether merissteren. Es sind uns auch Gesänge, deren Entstehung in diese Zeit fällt, erhalten wie z. B.: „Iu in die erde leite Aaron eine gerte", „Er ist gewalik unde stark, der zu wihenacht geboren wart". Dass die im 12. Jahrhundert entstandenen Lieder auch gesungen wurden, beweist der ausführliche Bericht zweier Mönche, welche den heiligen Bernhard von Clairvaux 1147 auf seinen Wanderungen an den Ufern des Rheins, woselbst er das Kreuz predigte, begleiteten. So wird von Köln erzählt, dass bei jedem einzelnen Wunder das Volk seine Stimme zum Lobe Gottes in folgender Weise erschallen liess [1]):

> Christ uns genäde
> Kyrie eleyson
> Die heiligen alle helfant uns.

Es gab auch bloss melodische Rufe, in welche die Menge bei plötzlichen Anlässen religiöser Erregung ausbrach: „sie begunden alle sament jehen, da waere ein zeichen geschehen, und erhuoben einen hôhen sank" [2]). In einem Briefe des Mönches Gottfried an Bischof Hermann von Constanz beklagt sich derselbe, dass man beim Verlassen der deutschen Gegenden das Lob Gottes nicht mehr singen höre: „das romanische Volk hat nämlich keine eigenen Lieder nach Art euerer Landsleute, worin es für jedes einzelne Wunder Gott danksagt." Es geht hieraus hervor, dass in Deutschland damals schon vom Volk geistliche Lieder gesungen wurden. So berichtet uns auch Gerhoh, Probst zu Reichersberg, gestorben im Jahr 1169, in seiner Erklärung der Psalmen, dass unter den Deutschen am meisten Christus Lob in Liedern der Volkssprache gesungen werde.

---

1) Siehe Hoffmann S. 40 ff.
2) W. Wackernagel §. 76.

Es kann nach diesen Zeugnissen mit Sicherheit angenommen werden, dass im 12. Jahrhundert der blosse Ruf des Kyrie eleison sich in einen wirklichen religiösen Volksgesang umgebildet hatte, welcher aus verschiedenen, unter sich Strophen bildenden Versen bestand, welche in der Regel mit Kyrie eleison schlossen und eine Mittelstellung zwischen dem Volkslied und den Sequenzen einnahmen. Einer der ältesten dieser Volksgesänge ist das in Böhmen vielgesungene Adalbertuslied, welches seit dem 11. Jahrhundert vom Volk am Adalbertusgrabe neben dem Prager Dome, wenn Dürre herrschte, gesungen wurde. So wurde es auch üblich vor der Schlacht Leisen anzustimmen. In der Schlacht bei Tusculum 1167 ertönte als deutscher Schlachtgesang die Leise: „Christ der du geboren bist." Ebenso sang man zur See während und nach der Fahrt geistliche Weisen. Mitte des 12. Jahrhunderts entstand die Leise „Christ ist erstanden", auch das „österlich Matutin" genannt.

Von dem Refrain, mit welchem diese Volkssequenzen gewöhnlich schlossen, nannte man vom 13. Jahrhundert an alle Kirchenlieder Leisen, Kirleise, Kirleis. Wackernagel[1]) hält es zwar auch für möglich, dass Lais, das französische Wort für Leich, bei der Namengebung mitgewirkt habe, da die geistlichen Gesänge nicht bloss Lieder, sondern auch Leiche waren und noch später Leis und Leich als gleichbedeutend galten. Doch entscheidet sich auch Wackernagel für die wohl allein richtige Ansicht Hoffmann's, dass Leise oder Leis eine Abkürzung von Kirleise oder Kirleis ist.

Das 13. Jahrhundert mit seinen vorwiegend politischen Interessen, den Kreuzzügen, dem Aufblühen des Handels und des Städtewesens, sowie der immer mehr zunehmenden Verwilderung der Geistlichkeit, war dem geistlichen Liede nicht sonderlich günstig, obwohl auch die lateinischen Gesänge schon dem Volksmässigen sich zuzuneigen beginnen; es sind hauptsächlich Advents-, Weihnachts- und Marienlieder, die, wenn auch nicht kirchlich sanctionirt, zum Gebrauch des Volkes bei gewissen kirchlichen Veranlassungen gestattet, und in Folge

---

1) Wackernagel §. 76.

ihrer anmuthigen, leicht eingehenden Melodien im Volke so beliebt und bekannt waren, dass die spätern Herausgeber der katholischen Gesangbücher oft nur deren Text aufnahmen, weil sie die Melodie als bekannt voraussetzten [1]). Auch das heute noch gesungene „Christ ist erstanden" war ein im 13. Jahrhundert schon bekanntes Kirchenlied und bildete in den Osterspielen den stehenden Schlussgesang, wie dasselbe auch in die Liturgie einzelner Kirchen Eingang gefunden haben mag. Ebenso war das Pfingstlied: „Nun bitten wir den heiligen Geist" ein im 13. Jahrhundert schon vielgesungenes Lied, in welchem jeder Strophe ein Kyrie angehängt war. Den damals in Deutschland schon häufig vorkommenden Wallfahrten mag ebenfalls manches geistliche Lied seine Entstehung verdankt haben, wie z. B. das „In Gottes Namen fahren wir", welches auf Reisen und Pilgerfahrten sowie in der Kreuzwoche und am Marcustage, auch zu Schiffe gesungen wurde. Ebenso trugen die Gesänge der Kreuzfahrer sowie Jener, welche über das Meer fuhren, und jene mit welchen die Schlacht begonnen wurde, religiösen Character. Wenn aber einer voransang und die Uebrigen nachsangen, so war der Refrain immer das alte Kyrie eleison.

Dass Deutschland durch seine geistlichen Gesänge schon damals einen Namen besass, haben wir oben aus den Berichten der Mönche des heil. Bernhard gesehen. Ein weiteres Zeugniss und zwar aus dem 13. Jahrhundert ist folgendes [2]): Als der heilige Franciskus im Jahr 1221 zur Ausbreitung seines Ordens einen Missionsversuch in Deutschland unternahm, liess derselbe durch einen Ordensbruder auf dem Ordenscapitel die versammelten Mönche also anreden: „Meine Brüder, es gibt eine gewisse Gegend, Deutschland genannt, worin Christen wohnen, und recht fromme, welche, wie ihr wisst, oft in unser Land mit langen Stäben und grossen Stiefeln bei der heftigsten Sommerhize im Schweisse badend pilgern und die Schwellen der Heiligen besuchen und Loblieder Gott und seinen Heiligen singen."

---

1) S. Meister a. a. O. S. 129.
2) Hoffmann S. 66.

Meister s. a. O. theilt die Uebersetzungen folgender drei Lieder mit ihren Weisen aus dem 13. Jahrhundert mit: „Nie wart gesungen süezer gesang" (Jesu dulcis memoria) „Kum schepfaer, heiliger geist" (Veni creator spiritus), und „Got sage wir gnåde und êren danc" (Hymnum dicamus domino)'[1]).

Das 14. Jahrhundert mit seinen politischen und kirchlichen Zerklüftungen war einer Entwicklung des deutschen Kirchenliedes wie dem geistlichen Volksgesang überhaupt noch weniger günstig; dazu kam noch Pestilenz und Hungersnoth. Die hiedurch wieder mehr wach gewordene religiöse Stimmung des Volkes wurde aber am allerwenigsten von der Geistlichkeit benützt.

Nicht übergehen dürfen wir hier die Lieder der Geisler. Im Jahr 1349 verheerte der sogenannte schwarze Tod Deutschland auf eine furchtbare Weise; zu Limburg starben allein, wie uns der Verfasser der Limburger Chronik [2]) mittheilt, „mehr denn 2400 Menschen, ausgenommen die Kind. Da das Volk den grossen Jammer sahe vom Sterben das auf Erdreich was, da fielen die Leut gemeinlich in ein grosse Reue ihrer Sünden und suchten Poenitentien und thäten das mit eigenem Willen und nahmen den Bapst ůnd die heil. Kirche mit zu Hülf und zu Rath. Das grosse Thorheit was und grosse Unvorsichtigkeit und Versäumniss und Verstopfung ihrer Seelen. Und verhaften sich die Mannen in den Stätten und im Land, und gingen mit den Geiselen, hundert, zwei oder dreihundert, oder in der maass. Und was ihr Leben also, dass etlich Parthei gingen 30 Tag mit den Geiseln von einer Stadt zu der andern, führten Kreutz und Fahnen, also in den Kirchen, und hatten Hüt auf, daran stund vornen ein roth Kreutz, und jeglicher trug seine Geisel vor ihm, und sungen ihre Laisen also:

---

1) Siehe auch Hoffmann S. 288 und Nr. 167, 208 und 166.

2) Siehe für das folgende Chrysander: Jahrbücher, I. Band, woselbst der poetisch-musikalische Theil der Limburger Chronik von Johannes, nebst dem Fritzschen Closener's Bericht über die Fahrten der Gaisler mitgetheilt ist. S. 115—146.

> Ist diese Badefahrt so bebrn,
> Christ fuhr selbst zu Jerusaleme,
> Und fuhrt ein Kreutz in seiner Hand,
> Nun helf uns der Heiland.

Der Laise war da gemacht und singet man den noch, wann man Heilgen trägt. Und hatten sie ihre Vorsinger zween oder drei, und sungen sie ihnen nach. Und wann sie in die Kirch kamen, theten sie die Kirch zu, und theten all ihre Kleider aus, bis auf ihre Niederkleider, und hatten von ihren Enkeln bis auf ihr Lenden Kleider von Leinentuch, und gingen umb den Kirchhof zween und zween bei einander in einer Prozess, als man pflegt umb die Kirchen zu gehen und zu singen. Und ihr jeglicher schlug sich selber mit seiner Geisel zu beiden Seiten über die Achsel, dass ihnen das Blut über die Enkel floss, und trugen Kreutz, Kirtzen und Fahnen vor. Und ihr Gesang was also, wann sie umbgingen:

> Tretten heran wer busen will,
> So fliehen wir die heise Hell,
> Lucifer ist ein böser Gesell,
> Wen er hat,
> Mit Beeb er ihn labt.

Das was noch mehr, und in der Final des Gesangs oder Lids sungen sie:

> Jesus ward gelabet mit Gallen
> Das sollen wir an ein Kreuz fallen.

Wenn sie ihre Busse verrichtet hatten und weiter gingen, so leisen (sangen) ihnen ihre Vorsänger ihre Laisen. Der Gesang war also:

> O Herr Vatter Jesu Christ
> Wann du allein ein Herre bist,
> Du hast uns die Sünd Macht zu vergeben,
> Nun gefrist uns bis unser Leben,
> Dass wir beweinen deinen Tod,
> Wir klagen dir Herr all unser Noth.

Das (dess, d. i. solcher Verse) war noch mehr. Auch sungen sie ein ander Lais, der was also:

Es ging sich unser Frauwe, Kyrieleison.
Des Morgens in dem Tauwe, Halleluja.
Da begegnet ihr ein Junge, Kyrial.
Sein Bart was ihm entsprungen. Halleluia.
Gelobt seist du Maria.[1])

Die althergebrachte Liturgie mit ihren durchaus in der lateinischen Sprache abgefassten Gesängen blieb übrigens unverändert fortbestehen. Die Geistlichen selbst scheinen damals lieber weltliche als geistliche Lieder gesungen zu haben. „Sie singen ihre Tagzeiten nicht; wollte Gott, dass sie sprächen mit Andacht und nicht weltliche Lieder sängen! So aber singt der eine den Frauenlob, der andere den Marner, der dritte den starken Poppo. Der Poppen ist soviel geworden, dass sie der Gotteshäuser Gut und Ehre verpoppeln"[2]).

Ausser den Liedern der Geisler und den meisten dieser Periode angehörenden geistlichen Liedern eines Eckard, Nicolaus von Basel, Tauler, Nicolaus von Strassburg, Meerschwein u. A., von welchen sich übrigens nur wenige als Kirchenlieder längere Zeit erhielten, haben wir auch noch der Lieder des Mönchs von Salzburg zu erwähnen, worunter sich 25 Uebersetzungen befinden[3]). Meister[4]) theilt folgende drei Gesänge sammt deren Weisen mit: „Salve gruesst bist mueter hailes", „Wir süllen loben all dy raine", „Sälig sei der selden tzeit".

Dem 14. Jahrhundert gehört auch das Osterlied: „Dû lonze guot, des jâres tiurste quarte" an, von welchem David Gregorius Cornor, Abt des Benedictinerklosters Göttweig, in seinem Gesangbuch vom Jahr 1631 Text und Melodie mittheilt und hinzufügt, dass Konrad von Queinfurt, Pfarrer zu Steinkirch am Queiss, gestorben 1382 zu Löwenberg, diesen Ostergesang verfasst habe. Valentin Triller nahm dasselbe schon 1559 in sein christliches Singbuch auf, behielt jedoch nur die Melodie bei, indem er den Text umarbeitete;

---

1) Wer sich noch weiter informiren will, den verweisen wir auf schon angeführten I. Band der Jahrbücher.
2) Aus dem „Handbuch der Natur", handschriftlich zu München, Bl. 76 b, bei Hoffmann S. 75.
3) Hoffmann S. 247.
4) Meister a. a. O.

den ursprünglichen Text theilt Hoffmann S. 78—80 mit. Ferner gehören dieser Zeit die Lieder: „Also heilig ist der Tag", „Christe Du bist mild und bist gut", „Es gingen drei heilige Frauen", „In dulci Jubilo" u. s. w.

Das 15. Jahrhundert war ungemein reich an kirchlichen Liedern [1]), welche sich zum Theil bis heute erhalten haben; auch verschwand mehr und mehr der lateinische Gesang unter den Laien, sogar Parodien auf Psalmen und Hymnen entstanden, welche den Widerwillen des Volkes gegen den lateinischen Gesang auf das unzweideutigste bekunden. Sowohl die Beschaffenheit als die weite Verbreitung des geistlichen Volksgesangs sowie die sich mehrenden Bestrebungen, die lateinische Sprache durch die deutsche in der Kirche zu ersetzen, waren die Veranlassung, dass man in manchen Kirchen neben dem bestehenden lateinischen Gesang der Geistlichen den deutschen Gesang der Laien einführte. Die Geistlichen sangen lateinische Texte ab und das Volk antwortete durch Gesänge in deutscher Sprache; die Gesänge waren in der Regel prosenartig oder Sequenzen. „Sonderlich wird an diesem sehr grossen Fest der kurze Sequentz gesungen, Grates genannt, und darauff unsere Alten sungen: Gelobet soystu Jhesu Christ, das du Mensch geboren bist" u. s. w. [2]).

Von bedeutendem Einfluss auf die Entwicklung des Kirchenliedes war nicht nur der Umstand, dass durch die Erfindung der Buchdruckerkunst die im Volksmund lebenden Melodien zum Gemeingut Aller wurden und dadurch auch befruchtend auf Dichter und Sänger wirkten, sondern dass sich auch allmählig in einzelnen kirchlichen Kreisen die Ueberzeugung Bahn brach, dass die Einführung der Landessprache in die Kirche nothwendiges Bedürfniss sei. Denn das Kirchenlied als solches konnte nur dann erst zu reicher Entfaltung

---

1) Aus dieser Zeit stammt auch die Liederhandschrift des Mönches Heinrich von Laufenberg, aus dessen Handschrift Meister im Anhang, Kopie Nr. 4, das „Salve regina", „bis grüst maget reine" und dessen Weise mittheilt.

2) K. Wackernagel: Das deutsche Kirchenlied von Luther an, Stuttgart 1841. S. 92, Nr. 131.

und wirklichem Gedeihen gelangen, wenn dasselbe als integrirender Bestandtheil des Gottesdienstes anerkannt und zugelassen wurde. Namentlich in Böhmen trat man energisch für die Einführung der Landessprache beim Gottesdienste ein. So dichtete Johann Huss mehrere Lieder zum Singen in der Kirche, welche in die Gesangbücher der mährischen Brüder übergingen. Im Jahr 1501 besassen die Böhmen schon ein gedrucktes Gesangbuch mit 92 Liedern, welche von der Gemeinde gesungen wurden.

Von bekannteren, schon vor der Reformation gesungenen Kirchenliedern führen wir u. A. an das Abendmahlslied:

> Der heilig Fronleichnam der ist gut,
> geit uns ein freis gemüte,
> und der ist aller gnaden vol
> wohl durch sein werte güte u. s. w.

welches sich längere Zeit in der katholischen Kirche erhielt [1]). Dann ein Marienlied:

> Dich Frau vom himel ruf ich an
> in diesen grossen nöten mein.

welches 1525 von Hans Sachs „christlich verändert und corrigirt" als „Christum von Himel ruf ich an" erschien.

Von sonstigen Singweisen, welche im 15. Jahrhundert schon vorhanden waren, erwähnen wir folgende:

> „Es ist ein Ros entsprungen"
> „Gott der Vater wohn uns bei"
> „Gott sei gelobet und gebenedeit"
> „Mitten wir im Leben sind"
> „O du armer Judas"
> „Freu dich du werthe Christenheit"
> „Gelobet seist du Jesu Christ"
> „Christ fuhr gen Himmel" u. s. w.

sowie eine grosse Anzahl von Kreuz-, Wallfahrts-, Marien- und Heiligenliedern.

Jedoch nicht bloss bei Bitt- und Wallfahrten, sondern

---

1) Vossenmeyer: Versuch einer Geschichte des deutschen Kirchengesangs in der Ulmer Kirche. Ulm 1798.

auch — und zwar vor der Reformation — vor und nach der Predigt, bei einzelnen Theilen der Messe und bei den Nachmittag- und Abendgottesdiensten wurden deutsche Lieder gesungen. In der zweiten Hälfte des 15. Jahrhunderts war hauptsächlich der Gesang weltlicher Lieder ungemein verbreitet und auch die Geistlichkeit konnte sich dem Einfluss derselben nicht entziehen. Sogar in die stillen Klosterzellen drangen dieselben, nur wurden die weltlichen Texte entweder umgedichtet oder bloss die Melodie benützt. Die früher ausserhalb der Kirche gebräuchlichen Gesänge wurden nun auch innerhalb derselben gesungen. Die neugedichteten lehnte man an die schon vorhandenen Singweisen an, ebenso verfuhr man bei Uebersetzungen, wobei man, damit der Text sich der Melodie anzupassen vermochte, oft reimlos und dem Sinn nach ungenau übersetzte. Man nahm auch aus der weltlichen Lyrik des Volkes Gesänge in den kirchlichen Gesang herüber, indem man an den Worten und Weisen derselben so wenig als möglich änderte [1]. Manche Lieder enthielten auch deutschen und lateinischen Text gemischt [2].

Es wurden also nicht nur weltliche Lieder umgedichtet, sondern auch weltliche Volkslieder nachgebildet, aus welchen dann geistliche Lieder entstanden. Ebenso wurden von den Volksliedern deren Weisen benützt, und wie man vom 14. bis in das 17. Jahrhundert z. B. den Messen, wie wir oben sahen, nach den denselben zu Grunde liegenden Motiven ihren Namen gab und dieselben sehr oft weltlichen Liedern entnahm, so verfuhr man nunmehr ebenso beim geistlichen Volkslied. So heisst es oft, in der Ueberschrift: „im Ton" oder „in der Weise" wie man singt „die schlacht vor Pavia", „Im Hildebrant ton", „der Kukuk hat tot gefallen", „die Welt die hat ein dummen mut" u. s. w.

Auch auf die Gesänge der evangelischen Kirche übte der Volksgesang einen bedeutenden Einfluss aus, und die meisten Gesänge der neuen Kirche gingen zunächst, sofern nicht ältere

---

[1] Vergleiche die Pfullinger Handschrift auf der Stuttgarter öffentlichen Bibliothek, theol. und philos. Nr. 190. 4.
[2] K. Wackernagel a. a. O. Nr. 763, 765 und 767.

lateinische Kirchenlieder denselben zu Grunde liegen, aus dem Volksgesang hervor. Es wiederholt sich hier der ursprüngliche Process, und wie die ältern Kirchengesänge christlichen Volksmelodien oder umgekehrt entnommen wurden, so trug man auch hier kein Bedenken, Melodien des weltlichen und Volksgesanges herüber zu nehmen, und manche unserer schönsten Choräle waren ursprünglich Volksmelodien. Ebenso übertrug man, wie schon bemerkt, ältere lateinische Gesänge in's Deutsche, oder wurden sie dem Original nachgebildet. Der Einfluss auf die Gestaltung des evangelischen Kirchenlieds war insofern ein bedeutender, als durch die Herübernahme der alten Volksweisen — im Gegensatz zum alten lateinischen Kirchenlied, welches der rhythmischen Mannigfaltigkeit entbehrte — dasselbe, abgesehen von der volksthümlichen Färbung, eine gegliederte rhythmische Form erhielt, und die in den Volksgesängen schon bestimmt ausgesprochene Scheidung der harten und weichen Tonart sich ebenfalls darauf übertrug. Die Kirchentonarten wurden freilich den Gesängen zu Grunde gelegt, doch erhielten erstere durch die vom Volkslied bedingte rhythmische und harmonische Ausgestaltung ein neues Entwicklungsmoment. Aus diesem Grunde bewegte sich der Choral der Reformationszeit nicht wie der heutige in lauter gleichwerthigen Tönen, sondern derselbe besass eine viel lebhaftere Rhythmik, Accentrückungen und Syncopen, die ungerade dreitheilige Taktart, auch gerade und ungerade Taktart gemischt. Der heutige Choral mit den gleichwerthigen Noten entstand erst in der letzten Hälfte des 17. Jahrhunderts, da man, um dem eingerissenen, von Italien kommenden Unwesen, zu geistlichem Text auf Canzonetten- und Villanellenart abgefasste Melodien, sogar Opernmelodien zu singen, dadurch zu steuern suchte, dass man diesen Melodien den geraden Takt, und Noten von gleicher Länge gab.

Wurde der Kunstgesang zunächst im Sinne der alten Kirche fortgeübt, so erwuchs demselben durch den Gemeindegesang ein Ferment, welches denselben in eigenthümlicher Weise umgestaltete. Hiezu kamen die Einflüsse der neuen italienischen Schule, welche den kirchlichen Kunstgesang in selbständiger Weise fortentwickelte und so, seit dem 17. Jahrhundert, wieder von grosser Bedeutung und von gewichtigem Einfluss für den Gemeindegesang wurde, indem die ältern Melodien nach den neuen Formen umgeschaffen wurden. Die Umgestaltung der Melodien führte nun auch dazu, die ältern Choräle in ähnlicher Weise umzuarbeiten, und diese Form des Chorals — gerader Takt und Noten von gleicher Länge — hat sich bis heute erhalten. Einen Beweis dafür, dass viele geistliche Gesänge der Reformationszeit dem Volksgesang entnommen wurden, liefert u. A. die im Jahr 1527 zu Nürnberg bei Hanns Hergot erschienene: „Evangelisch Mess Teutsch". Dieselbe enthält geistliche Lieder mit besonderer Hinweisung auf die Melodien weltlicher mit ihnen in Beziehung stehender Gesänge. So soll z. B. ein Lied gesungen werden, nach der Weise: „Rosina, wo war dein Gestalt?"; einem andern Lied, in welchem gegen die Anrufung der Heiligen geeifert wird, liegt die Melodie: „Es geht ein frischer Sommer daher" zu Grunde. So sind auch die Melodien der in Wittenberg und Nürnberg erschienenen und von Georg Forster gesammelten Volkslieder vielen geistlichen Liedern zu Grunde gelegt [1]).

Mit den ersten beiden Theilen der Forster'schen Liedersammlung erschien 1540 ein geistliches Singbuch in den Niederlanden: „Souter liedekens ghemaect ter eeren Gods op alle die Psalmen van David" u. s. w. bei Symon Cock in Antwerpen, welches eine bedeutende Anzahl von Volksweisen — 152 — enthält, die alle für den geistlichen Liedergesang entlehnt sind. Um die gleiche Zeit erschienen 30 von Clement Marot in das Französische übersetzte Psalmen, welchen man Melodien von Jagdweisen und Tanzliedern anpasste. Dieselben erschienen später mit dem Katechismus und der Liturgie der reformirten Kirche zu Genf in den von Theodor Beza später übersetzten Psalmen [2]). So gab auch Heinrich Knaust ein Liederbüchlein: „Gassenhauer, Reuter- und Bergliedlein, christlich, moraliter und sittlich verändert" zu Frankfurt am Main, 1571 heraus [3]). Unter den Umdichtungen befanden sich auch

---

1) Siehe K. Wackernagel a. a. O. S. 735 u. ff. sowie Winterfeld a. a. O. I, S. 45.
2) Winterfeld I, S. 67.
3) K. Wackernagel S. 786.

Marienlieder; das bekannteste hierunter ist jenes, welches Prätorius mit der Singweise: „Es ist ein ros entsprungen", aufgenommen.

Wenn auch nicht alle diese Lieder in die Kirche Eingang gefunden haben, so sollen doch nach Winterfeld [1]) die im 5.—8. Theil der Michael Prätorius'schen Sammlung enthaltenen geistlichen Tonsätze, welche von 1605—1610 unter dem Titel „Sionische Muse" erschienen, geistliche Lieder in einfacher vierstimmiger Satzweise, lauter Liedweisen sein, welche bis dorthin in die Kirche eingeführt worden.

In der Regel war der Tonsatz in der ersten Hälfte des 16. Jahrhunderts vierstimmig und die Melodie lag wie in den frühern lateinischen mehrstimmigen Kirchengesängen im Tenor. So gaben Johann Eccard sowie Hans Leo Hasler die gebräuchlichsten Kirchenweisen im vierstimmigen Tonsatz heraus, doch so eingerichtet, dass, wie Letzterer bemerkt, „derselbe in christlichen Versammlungen von dem gemeinen Manne neben dem Figural mitgesungen werden könne", oder wie von Eccard in eine solche Harmonie gebracht, „dass die Gemeinden Discantu sogleich mit einstimmen und singen können." Denn obwohl der Kunstgesang neben dem Gemeindegesang fortbestand, so blieb Ersterer der Gemeinde immerhin fremd und unverständlich und zwar um so mehr, als die Tonsetzer der evangelischen Kirche, wie schon berührt, zunächst die Melodie nach althergebrachter Weise in den Tenor, also eine Mittelstimme verlegten. Ein württembergischer Geistlicher Namens Osiander war es, welcher, wie wir noch sehen werden, den ersten Schritt that, den Kunstgesang der Gemeinde näher, zu besserem Verständniss zu bringen und die Wege zur Verschmelzung des Kunst- und Gemeindegesangs anbahnte. „Eine Kunst, die in einfachen, grossartigen, lebendigen Zügen den Geist der Weisen des Gemeindegesangs erschloss, indem sie durch den Sängerchor ihn trug und stützte, hatte ihn sich gewonnen; ihr war es vorbehalten aus ihm, mit ihm vereint, und wenn endlich auch in dem Sinne ihm gegenüber, dass sie für einen Theil ihrer neuen Schöpfungen nur das stille, an-

---

1) Winterfeld S. 86.

dächtige Hören, nicht ihre thätige Hülfe ansprach, doch Allen eingänglich, verständlich, eine schöne, höhere Blüthe zu erringen, eine höhere, weil sie dabei des vollen Reichthums der Mittel mächtig blieb, mit denen sie zuvor so siegreich gewaltet hatte. So entstanden die Chorāle, so das Festlied Eccard's, (siehe unten) des edlen Meisters, in wahrhaft evangelischem und deutschem Sinne, eine ächte Vermählung des Kunst- und Gemeindegesangs" [1]).

Das älteste und bedeutendste Denkmal des evangelischen Choralgesangs, welcher, wie wir sahen, aus dem lateinischen Kirchengesang, dem deutschen geistlichen Lied und dem Volksgesang hervorgegangen war, ist das Gesangbuch von Johann Walther, im Jahr 1524 erschienen. Dasselbe enthält 38 deutsche und 5 lateinische, drei-, vier- und fünfstimmig gesetzte Lieder. Bald darauf erschien zu Wittenberg ein Singbuch, ähnliche zu Nürnberg und Breslau [2]). Der neuen geistlichen Lieder entstanden auch immer mehr, obwohl auf Viele das Wort Luther's zutreffen dürfte, „dass eben der Mäuse Mist auch unter dem Pfeffer sein wolle".

Der ausserordentliche Erfolg, welchen die ersten lutherischen Gesangbücher fanden, veranlasste auch die katholische Kirche Gesangbücher herauszugeben, da die Beseitigung „der bereits unter dem Volk eingeschlichenen Gesänge der Häretiker" wohl das hauptsächlichste Motiv der Herausgabe gewesen sein dürfte. „Man machte — mit der Zulassung des deutschen Gesanges an Stelle des lateinischen nämlich — eine Concession der Reformation gegenüber, die wir nicht verhehlen wollen; eine Concession, die später wohl hie und da wieder beschränkt wurde, bald aber entschiedener und endlich vollständig zur Geltung kam, wenn auch stets unter Vorbehalt und Wahrung des Rechtes des lateinischen Kirchengesanges" [3]). Im Ganzen blieb die lateinische Liturgie bestehen und waren die aufge-

---

1) Winterfeld I, S. 507.
2) Ein genaues Verzeichniss der verschiedenen Gesangbücher bei K. Wackernagel a. a. O. S. 718—787 und Winterfeld I, 134—144 sowie S. 302—364.
3) Meister S. 58.

nommenen Lieder zunächst nur zum Gebrauch vor und nach der Predigt, bei Bittgängen u. s. w. bestimmt; erst vom 17. Jahrhundert an finden wir das Bestreben, die lateinischen Messgesänge durch deutsche zu ersetzen.

Das älteste katholische Gesangbuch ist jenes von Michael Vehe, 1537; die zweite Ausgabe erschien 1567 und enthält Lieder zur Predigt und Prozessionsgesänge, da es auf „von vielen guten Christen fleissiges Ansuchen geschehen und oft begehrt worden, dass etliche geistliche, unverdächtliche Gesanglieder würden angerichtet". Das bedeutendste katholische Gesangbuch des 16. Jahrhunderts ist das von Johannes Leisentrit. Im Jahr 1576 erschien das Dilinger Gesangbuch, ein Auszug aus dem Leisentrit'schen zu dem Zweck, die vorher in der Kirche üblichen deutschen Gesänge „der ein guter theil nit Catholisch sondern verdächtlich" waren, theils ganz zu verbannen, theils in ihrer Anwendung zu beschränken. Es wird genau vorgeschrieben, wann die einzelnen Lieder gesungen werden sollen, nämlich eins „wann der Prediger auff die Cantzel steigt", ein zweites „wann er nun die Predig angefangen und darauff ein heilig Vater unser und den Englisch Gruss gebettet", ein drittes „nach vollenter Predig" und ein viertes „nach der Vesper" — und „also durch das gantze Jahr alle Sonntag, Fest- und Feiertag". Erwähnt wird aber ausdrücklich, dass „ausm dem H. Ampt der Mess wege diser Gesäng nichts ausgelassen werden sol". Erwähnen wollen wir noch das Corner'sche Gesangbuch mit 472 deutschen und 78 lateinischen Liedern nebst 279 Melodien. Dasselbe enthält ausser den früher erschienenen Gesangbüchern entnommenen Liedern alte geistliche Volkslieder und Rufe. „So sammelte er viele alte Rufe, wie sie das gemeine Volk in Oesterreich zu seiner Zeit noch zu singen pflegte. Wenn auch nicht Alles, was er als alt bezeichnet, durchweg alt ist, so sind doch in den meisten dieser Rufe alte und volksthümliche Bestandtheile. Fast alle sind süddeutscher Herkunft, und wie die Schnitterhüpfel, achttaktig, zuweilen auch zwölftaktig und voll volksthümlicher Züge und Redeweisen. Sie wurden natürlich nicht wie jene als Tanzlieder, sondern feierlich in langsamem Tempo gesungen. Sie sind mitunter von unendlicher Länge. Das erklärt sich aus der zu keiner Zeit erloschenen Neigung des Volkes zu dichten und zu singen. Das Volk, dem die überlieferten einfachen Weisen geläufig waren, wusste leicht Worte dazu zu finden, mochte auch hie und da an vorhandene Lieder neue Gesätze anhängen und aus verschiedenen alten Liedern ein neues machen. Diese Rufe im Versmasse und nach der Weise der Schnitterhüpfel sind eine Eigenthümlichkeit des alten katholischen Kirchenlieds und zum Theil uralt, wie die achttaktigen Lieder: „Erstanden ist der heilige Christ" u. s. w. Ihre nächste Bestimmung war, bei Wallfahrten und Bittgängen, besonders zum Lobe und Preise der heiligen Jungfrau und aller Heiligen gesungen zu werden"[1]).

Gesangbücher, welche deutsche Messgesänge enthalten, sind das „Mainzer Cantual" vom Jahr 1605, das „Cöln-Speierer" Gesangbuch von 1610 und das „Münsterisch" Gesangbuch von 1677[2]).

Von der Mitte des 17. Jahrhunderts an wurden die Melodien nicht mehr Volksgesängen, sondern den Weisen beliebter Tonkünstler entnommen. Die letzte dem Volksgesang entlehnte Kirchenweise soll nach Winterfeld[3]) der Choral: „Wie schön leuchtet der Morgenstern" sein, welcher einem ohne Druckort und Zeit unter dem Titel: „Tugendhafter Jungfrauen und Junggesellen Zeitvertreib" u. s. w. erschienenen Liederbüchlein entnommen ist[4]), während die Melodie von: „O Haupt voll Blut und Wunden" einem der von Hasler im Jahr 1601 in Nürnberg bei Paul Kaufmann herausgegebenen „Lustgarten neuer deutscher Gesäng" u. s. w. ihre Entstehung verdankt[5]).

---

1) Hoffmann S. 491.
2) Die Beschreibung der katholischen Gesangbücher bei Meister, S. 50—87.
3) Winterfeld I, S. 89.
4) Wie schön leuchten die Aengelein Hat mir mein Herz besessen,
   Der Schönen und der Zarten mein, Lieblich, freundlich,
   Ich kann Ihr nicht vergessen. Schön und herrlich,
   Ihr rothen Zuckermündelein Gross und ehrlich
   Dazu ihr schneeweiss Händelein In Ihr Gnaden
        Will ich mich befohlen haben.
5) Mein G'müth ist mir verwirret
   Das macht ein Jungfrau zart u. s. w.

Martin Luther, am 10. November 1483 zu Eisleben als Sohn eines armen Bergmannes geboren, am 18. Februar 1546 dortselbst gestorben und in der Schlosskirche zu Wittenberg begraben, ist als Begründer des evangelischen Gemeindegesangs anzusehen. Ihm war es vorbehalten, sowohl auf dem Gebiet des geistlichen wie des Kirchengesangs reformatorisch einzugreifen, denn die Kirchenmusik und namentlich der Kirchengesang im 16. Jahrhundert, als Luther erstand, lag sehr im Argen, wozu die Geistlichkeit übrigens auch ihr Theil beigetragen hatte. Wenn dieselbe es gestattete, dass man unter Anderem Esels- und Narrenfeste in den Kirchen abhielt, dann darf man sich nicht wundern, wenn auch beim Gottesdienste selbst der heilige Ort nicht sonderlich respectirt wurde. Erasmus von Rotterdam nennt den Kirchengesang der damaligen Zeit ein wüstes Geschrei und Getümmel verschiedener Stimmen, desgleichen man in dem griechischen und römischen Theater niemals gehört haben dürfte. Auch Luther spricht von dem wüsten Eselsgeschrei des Chorals, womit er das rohe Absingen des lateinischen Chorals in den Klöstern und Stiftskirchen meint, „wo sie das Quicunque blöcken und die Psalmen mit eitel Jägergeschrei und mit starken feisten Succentorstimmen hinaustönen und also zugleich heulen, murmeln und plärren."

Wie Luther nun nicht nur die Musik ungemein liebte, sondern sie auch als erzieherisches Moment wohl zu schätzen wusste, so war er neben seinen kirchlichen Reformplänen auch stets auf die Verbesserung des kirchlichen und christlichen Volksgesangs bedacht. Seine musikalische Einsicht, sein selbstständiges, stets richtiges und gesundes Urtheil, sowie sein gleichsam divinatorisches Erkennen dessen, was dem Volke Noth that, befähigte ihn in hervorragender Weise, auch auf dem Gebiet der Tonkunst Schönes und Gutes zu leisten. Wie er für den Gesangunterricht in den Schulen als einen der wichtigsten Unterrichtsgegenstände lebhaft eintrat, und für die Verbesserung der Singchöre in den Städten zu sorgen sich angelegen sein liess, so setzte er auch den christlichen Volksgesang in sein ihm gebührendes Recht ein. So übertrug er auch ältere lateinische Gesänge, wie er auch deren selber dichtete, welche in den evangelischen Gemeindegesang übergingen. Es werden ihm zwar gegen 40 selbständige Liedtexte zugeschrieben, doch ist weitaus die grössere Hälfte derselben theils ältern Datums, theils umgearbeitet, theils sind es Uebersetzungen lateinischer Hymnen und Psalmen u. s. w.[1])

Wie sich in Allem, was Luther that, ein gesunder, lebenskräftiger Conservatismus[2]) bekundet und wie er nichts von dem rigoristischen Eifer eines Zwingli[3]) an sich hatte, welcher den Gesang und die Orgel ganz aus der Kirche verbannt wissen wollte, so liess er auch den Chor- resp. Figuralgesang, weil derselbe zur grössern Verherrlichung des Gottesdienstes beitrage, neben dem Gemeindegesang fortbestehen.

In den meisten Kirchen der deutschen Schweiz, welche

---

1) Siehe Meister a. a. O.; Fr. Bollens: Der deutsche Choralgesang der katholischen Kirche, Tübingen 1851, sowie Joseph Kehrein: Katholische Kirchenlieder, Hymnen und Psalmen aus den ältesten deutschen gedruckten Gesang- und Gebethbüchlein zusammengestellt. Würzburg 1859. I. S. 14—39.

2) Wie conservativ Luther zu Werke ging, beweisen die Vorschriften, welche er in seiner Schrift: „Deutsche Mess und Ordnung des Gottesdienstes zu Wittenberg fürgenommen" 1526, gibt. Ueberall hält er sich hier an die Gebräuche der alten Kirche, solange sie nicht gegen die Schrift verstossen. Zu Anfang derselben soll ein geistlich Lied oder ein deutscher Psalm gesungen werden: „Ich will den Herrn loben allezeit"; dann soll das Kyrie eleison dreimal folgen, alsdann eine Collecte des Priesters und die Epistel. Nach derselben soll ein deutsches Lied von der ganzen Gemeinde gesungen werden, zumeist „Nun bitten wir den heiligen Geist", hierauf das Evangelium gelesen, worauf die Gemeinde das Lied: „Wir glauben alle an einen Gott" singen soll. Dann folgt die Predigt, die Einsegnung des Sacraments und Austheilung dessen an die Gemeinde; hiezu soll die Gemeinde das deutsche Sanctus: „Jesaia dem Propheten das geschah", „Gott sei gelobet" oder „Jesus Christus, unser Heiland" singen, das Uebrige dieser Lieder zur Weihe des Kelches; Collecte und Segen beschliessen die Feier. Auch der lateinische Gesang blieb als Lehr- und Erbauungsmittel für die Schüler gelehrter Anstalten bestehen.

3) Von Zwingli wird die Anekdote erzählt, dass als der Rath zu Zürich über Beibehaltung oder Abschaffung des Kirchengesangs rathschlagte, er erschien und eine Bitte um Abschaffung desselben singend vortrug. Als man ihn frug, was dieses sonderbare Benehmen bedeute, soll er geantwortet haben, dass dies eben nicht sonderbarer sei, als wenn man Gott seine Bitten mit Gesang und Orgelspiel vortrage.

unter Zwingli's Einfluss standen, verstummte sowohl der Orgelklang als der Gesang, und noch im Jahr 1597, als der Schaffhauser Rath die dortige Münsterorgel repariren lassen wollte, erklärte sich die gesammte dortige Geistlichkeit dagegen: „sie (die Orgel nämlich) sei dem Ofen Vulcani zuzuschicken, weil Orgeln nur des Teufels Trometen und Lockungen zum römischantichristlichen Götzendienst seyen." In Zürich wurde der Choralgesang erst im Jahr 1598 durch R. Eglin wieder eingeführt, ebenso 1578 in Basel durch den Antistes Simon Sulzer das Orgelspiel; nach und nach gelang es auch den unausgesetzten Bemühungen einsichtiger Männer, den Kirchengesang wieder einzuführen, so namentlich Egli und Breitinger.

Calvin war hierin duldsamer und man darf wohl sagen, dass ein eigentlicher Kirchengesang der Reformirten erst mit Calvin beginnt. Die durch Marot und Beza französischmetrisch übersetzten Psalmen wurden von Goudimel 1565 mit vierstimmigen Tonsätzen, deren Melodien Volks- und weltlichen Weisen entnommen waren, versehen und in den Kirchengesang der französischen und schweizerischen Calvinisten eingeführt. Ambrosius Lobwasser übertrug dieselben im gleichen Jahre in's Deutsche, unter Beibehaltung der Goudimel'schen vierstimmigen Satzweise, und sie fanden alsdann in den deutsch-reformirten Kirchengesang Eingang, wo sie zum Theil heute noch üblich sind. Man entnahm später auch dem lutherischen Kirchengesang Gesänge, die man modernen Psalmübersetzungen (nach Verdrängung der Lobwasser'schen Uebersetzung) anpasste. Einige Melodien gingen auch in die lutherische Kirche über, wie z. B. die 42. Psalmmelodie auf den Choral: „Freu dich sehr o meine Seele," die Melodie des 140. Psalms auf den Choral: „Wenn wir in höchsten Nöthen sind." Claudin le jeune bearbeitete den französischen Psalter nochmals und legte bei verschiedenen Psalmen die Melodie in die Oberstimme, während bei Goudimel die Molodie in der Regel dem Tenor gegeben ist.

Winterfeld[1]) erwähnt auch einer italienischen Nachdichtung

---

1) Winterfeld I, S. 260.

dieser Psalmen vom Jahr 1578 und 1621, deren Autor unbekannt geblieben ist; jedes einzelne Psalmenlied soll mit einer Singweise versehen sein.

Hier möchten wir auch noch die Gesänge der böhmischen Brüder anreihen, von welchen die erste Sammlung „verteutschter Gesänge" im Jahr 1531 mit 156 Liedern und 111 Singweisen erschien; derselben folgte 1566 ein vollständiges Gesangbuch. Die Melodien sind einstimmig; mehrstimmig wurden manche später von deutschen Meistern wie Eccard, Samuel, Bresler, Schein u. A. gesetzt und mehrere derselben in den lutherischen Kirchengesang herübergenommen. Im Gegensatz zu den Chorälen der lutherischen Kirche herrscht bei den Weisen der böhmischen Brüder die Molltonart vor. Unter ihren Festgesängen befinden sich auch Wechselgesänge. Ihre Gotteshäuser besassen nämlich in der Regel keine Orgeln, und so leitete der Vorsänger am Pulte den Gesang. Ihr Gemeindegesang war bloss einstimmig und was ihre Wechselgesänge betrifft, so wurden dieselben in der Weise ausgeführt, dass bei einem einzigen Liede oft zwei oder drei Strophen abwechselnd von der Gemeinde gesungen wurden, und dann ein Lob- oder Dankruf, eine Warnung, eine Bekräftigung, von der ganzen Gemeinde angestimmt, folgte. „So hatten sie ihre besonderen Sequenzen, oft ohne alle Stropheneintheilung, wahrscheinlich bloss von einem Chore angestimmt, und ihre besonderen Antiphonien, rhythmische Lieder nach Ambrosius Weise, deren Strophen aus zwei Theilen bestehen. Den Aufgesang sang irgend eine Abtheilung der Gemeinde als Chor oder der Liturg ermunternd oder lobsagend, und den Abgesang, die sogenannte Responsio, sang die ganze Gemeinde bejahend und frohlockend. Ueberhaupt zeigt sich bei den Brüdern ein lebendiges Verhältniss zwischen dem Liturgen und der Gemeinde, indem diese dem ersteren auf seine in Gesang vorgetragenen Verkündigungen und Lobgesängen aus der Schrift antwortet, wie in der katholischen Kirche der Chor dem Priester"[1]).

Da der Psalmengesang von jeher im christlichen Kirchen-

---

1) E. Koch: Geschichte des Kirchenlieds und des Kirchengesangs. 4. Aufl. II. S. 138.

gesang eine wesentliche Stelle einnahm, so war es natürlich auch den Bekennern der neuen Kirche von grosser Wichtigkeit, denselben in volksthümlicher Gestalt in den Kirchengesang einzuführen. Namentlich war es Luther, welcher sehr darauf drang, die Psalmen in Liedform zu setzen. Der erste vollständige Psalter mit vierstimmigem Satz erschien Mitte des 16. Jahrhunderts, herausgegeben vom württembergischen Kapellmeister Siegmund Hemmel, ebenso 1553 ein solcher von Burcard Wallis; dann der durch Lobwasser übersetzte und von Goudimel mit vierstimmigen Tonsätzen versehene aus der calvinischen Kirche, dessen Melodien Samuel Marschall [1]), Claude le jeune und im 17. Jahrhundert Johann Crüger umarbeiteten. Sogar die Katholiken sangen lutherische Psalmlieder, desshalb erschien als Gegengift 1574: „Der gantze Psalter David's nach der gemeinen alten kirchlichen Edition auff vers und Reimweiss gestellet durch Rutgerum Edingium", Köln, sowie 1582: „Die Psalmen Davids" u. s. w. von Ulenberg. Ebenso wurde der Lobwasser'schen Uebertragung des calvinischen Psalters 1602 eine lutherische entgegengesetzt durch Cornelius Becker, Professor der Theologie zu Leipzig, da das Singen aus dem Lobewasser'schen für calvinisch galt.

Durch Luther wurde auch der Motette, welche von den deutschen Tonsetzern der evangelischen Kirche hauptsächlich gepflegt wurde und durch Joh. Seb. Bach ihre höchste Vollendung erhielt, ihr Platz in der Liturgie angewiesen.

Ob Luther selber componirt und seine eigenen und übertragenen geistlichen Lieder mit selbsterfundenen Melodien versehen oder gar vierstimmig gesetzt habe, ist sehr zu bezweifeln. Wenn Luther auch tiefes Verständniss und richtiges Urtheil in musikalischen Dingen besass, so geht doch aus seinen eigenen Worten hervor, dass er kein geübter Tonsetzer war; bekennt er doch Senfl gegenüber, dass all sein Vermögen und

---

1) „Der gantze Psalter Ambrosii Lobwasser's, mit vier Stimmen", Leipzig 1594 und Basel 1606. „Psalmen Davids, Kirchengesänge und Geistliche Lieder von Dr. M. Luthers und anderer Gottesgelehrten Männer gestellt auf vier Stimmen" u. s. w. Basel 1606.

Können nicht hinreiche, etwas zu schaffen, was dessen Werken nahe komme, ihm sei jedoch dafür die Gabe der Predigt verliehen. Ein directes Zeugniss Luthers, dass er an irgend einer Liedmelodie Antheil gehabt habe, ist weder in seinen Werken noch in seinen Briefen nachweisbar. Man hat bis noch vor Kurzem Luthern eine grosse Anzahl von Melodien zugeschrieben, doch müssen wir nach der gegenseitigen Abwägung der verschiedenen Für und Wider uns dahin entscheiden, dass wir von keinem der ihm zugeschriebenen Choräle mit Bestimmtheit sagen können, dass sie von ihm herrühren. Bis vor Rambach [1]) galten 32 Liedermelodien als von Luther componirt; hat nun schon Rambach dieselben auf 20 und Gerber [2]), J. E. Häuser [3]), F. C. Anthes [4]) sowie Koch [5]) auf eine noch geringere Zahl beschränkt, so hat vollends Winterfeld [6]) dieselben auf drei reducirt und mit überzeugender Kritik die Haltlosigkeit jener Annahme nachgewiesen, als ob die grosse Anzahl der Luthern zugeschriebenen Choräle von ihm wirklich herrührten. Doch möchten wir noch weiter gehen und ihm die musikalische Autorschaft auch dieser drei ihm von Winterfeld noch gelassenen Choräle — „Jesaia dem Propheten das geschah", „Wir glauben all' an einen Gott", „Ein feste Burg" — bestreiten. Wenn Winterfeld sich auf das Zeugniss Walthers beruft, welcher in seiner Biographie [7]) davon redet, dass Luther die Choralnoten „Octavi Toni der Epistel zugeeignet und Sextum Tonum dem Evangelio geordnet", sowie die Noten über die Episteln, Evangelien und über die Worte

---

1) **Rambach**: Ueber Dr. Martin Luther's Verdienste um den Kirchengesang u. s. w.

2) **H. N. Gerber**: Historisch-biographisches Lexikon der Tonkünstler. Leipzig 1790—1792.

3) **J. E. Häuser**: Geschichte des Kirchengesangs und der Kirchenmusik. Quedlinburg und Leipzig 1834.

4) **F. C. Anthes**: Die Tonkunst im evangelischen Cultus. Wiesbaden 1846.

5) **Koch** a. a. O.

6) **Winterfeld** I, S. 160.

7) Siehe **Mich. Prätorius**: Syntagma mus. I, 451 sowie Dr. **Otto Taubert**: Geschichte der Pflege der Musik in Torgau. Torgau 1868, S. 10.

der Einsetzung des wahren Leibs und Bluts Christi selbst gemacht, auch die deutschen Choralgesänge meistentheils gedichtet und zur Melodie gebracht, so muss Winterfeld [1]) selbst zugeben, dass man damals unter Choral den liturgischen vom Priester- und Sängerchor vorzutragenden altkirchlichen Gesang verstand, die angeführten Episteln und Evangelien u. s. w. „meist nur erhöhte, bestimmt betonte Rede" war und nur in diesem Sinne sich auch Walther des Wortes Choral habe bedienen können. Der Choral: „Wir glauben alle an einen Gott" wird von Walther nirgends erwähnt, und über „Jesaia dem Propheten" lässt Walther sich also vernehmen: „wie denn unter andern aus dem deutschen Sanctus (Jesaia dem Propheten) zu ersehen, wie er alle Noten auf den Text nach dem rechten Accent und Concent so meisterlich und wohl gerichtet hat, und ich auch die Zeit seiner Ehrwürden zu fragen verursacht ward, woraus oder woher sie doch das Stücke oder Unterricht hätten: darauf der theure Mann meiner Einfalt lachte und sprach: der Poet Virgilius hat mir solches gelehret, der also seine Carmina und Wort auf die Geschichte, die er beschreibet, so künstlich appliciren kann: Also soll auch die Musica alle ihre Noten und Gesänge auf den Text richten."

Aus diesen Worten kann nun nach unserer Ansicht gar nicht geschlossen werden, dass Luther die Melodie zu diesem Choral selbst erfunden habe, da ja bloss davon die Rede ist, wie er die Noten auf den Text nach dem Accent und Concent gerichtet habe. Sowohl hieraus als aus dem Schlusssatz geht hervor, dass Luther eine vorgefundene Melodie dem Texte angepasst, „künstlich appliciret" hat. Was nun den zweiten ihm zugeschriebenen Choral: „Ein feste Burg" [2]) betrifft, so sagt Luther's Zeitgenosse Sleidan von diesem nach dem 46. Psalm gedichteten Lied, dass Luther die zu dessen Inhalt ungemein passende und zur Erhebung des Gemüths geschickte Singweise hinzugefügt — addidit — nicht wie Winterfeld übersetzt, gemacht habe. Winterfeld muss übrigens selbst

---

1) Winterfeld I, S. 166.
2) Dass die Weise dieses Chorals dem altlateinischen Hymnus: Exultet coelum entlehnt sei, ist unrichtig: siehe Meister, woselbst S. 81 die Melodie dieses Hymnus mitgetheilt ist.

zugeben, dass, wenn es heisse, Luther habe seine Katechismus- und Psalmlieder in liebliche Melodien gefasset, dies den Sinn gewinne, dass er diese denselben angepasst habe. Uebrigens stammt die erste Zeile der Melodie des Chorals „Ein feste Burg" von Johann Walther, da dieselbe in dessen, im siebenten Band der „Publicationen älterer theoretischer und practischer Werke" von Otto Kade veröffentlichten Gesangbuch Walthers Note für Note in einem lateinischen Satz unter Nr. 41 S. 98 Zeile 4 Takt 5 vorkommt und zwar erscheint, wie Kade in der historischen Einleitung bemerkt, dieselbe nicht etwa in der Stimme, die zur Uebernahme entlehnter Motive meist benutzt ward, wonach der Verdacht einer Entlehnung nicht auftauchen könnte, sondern in der Bassstimme, die nur die zweite Gegenstimme zu einem gegebenen Cantus firmus bildet. Die Melodie des dritten von Winterfeld noch Luthern zugeschriebenen Chorals: „Wir glauben all an einen Gott" fand Hoffmann in einem Facsimile einer Handschrift der Breslauer Bibliothek aus dem Jahr 1417, also hundert Jahre vor der Reformation.

Johann Walther[1]), der treue Mitarbeiter Luther's, ist in Thüringen im Jahr 1496 geboren, war 1524 Bassist unter Rupf, welcher die Schlosscantorei leitete und mit diesem von Luther noch im selben Jahre nach Wittenberg berufen wurde, um die deutsche Messe mit einrichten zu helfen. Im Jahr 1525 trat er an Rupf's Stelle als „Churfürstlicher von Sachsen sangemeister." Im Jahr 1530 wurde die Cantorei aufgelöst, worauf Walther die sogenannte Torgauer Cantoreigesellschaft bildete, einen Singchor, welcher beim Gottesdienste die betreffenden Gesänge ausführte. Im Jahre 1547 ging in Folge der Schlacht von Mühlberg die Landesherrschaft und die Churwürde auf Moriz von Sachsen über, welcher eine eigene Kapelle gründete und Walther beauftragte, Sänger dafür zu werben; 1554 wurde er in den Ruhestand versetzt und starb in Torgau 1570 und nicht wie Winterfeld [2]) angibt, 1555.

1) Taubert a. a. O.
2) Winterfeld I, S. 170.

Walther kann Mitbegründer des evangelischen Kirchengesangs genannt werden. Sein Hauptverdienst besteht insbesondere darin, dass er den einfachen Tonsatz, wie er zu weltlichen Weisen bestand, zuerst auf das geistliche Lied übertrug, da vorher dem geistlichen Tonsatz nur die thematisch contrapunktische Bearbeitung der Mess-, Motetten und Hymnenform zu Gebote stand, eine Form, welche auf das geistliche Lied, sofern dasselbe in den Volksgeist, in das Gemeindebewusstsein dringen sollte, nicht angewendet werden konnte und durfte. Dass übrigens die Kunst des Tonsatzes die neuen Formen ergriff, ist ganz begreiflich und es erwarb sich zunächst Senfl, welchen wir schon in einem frühern Abschnitt als geistlichen Tonsetzer kennen lernten, durch die contrapunktische Behandlung des Gemeindegesangs grosse Verdienste. Es ist dessen um so mehr hier zu gedenken, als seine Werke die Grundlage des sich später immer freier entfaltenden polyphonen evangelischen Gemeindegesangs wurden. Luther schätzte ihn sehr, namentlich seine Choralmotetten und er soll einstens, nach Anhörung einer solchen in die Worte ausgebrochen sein: „Eine solche Motete vermöchte ich nicht zu machen, wenn ich mich auch zerreissen sollte, wie er denn auch wiederum nicht einen Psalm predigen kann als ich. Darum sind die Gaben des Geistes mancherlei, gleichwie auch in einem Leibe mancherlei Glieder sind."

Wir können uns nicht versagen, den Brief Luthers an Senfl in der vom geistlichen Rath Schlecht verfassten deutschen und von Eitner im 4. Bande der „Publicationen" u. s. w. S. 73 u. ff. mitgetheilten Uebersetzung wiederzugeben.

An den Musiker Ludwig Senfl.

Gnade und Friede in Christus. Wiewohl mein Name verhasst ist, so dass ich fürchten muss, der Brief, den ich an Dich sende, könnte nicht ohne Gefahr von Dir bester Ludwig empfangen und gelesen werden, so überwindet doch die Liebe zur Musik, mit der ich Dich von meinem Gott geschmückt und begabt sehe, diese Furcht. Diese Liebe erzeugt auch die Hoffnung, dass Dir mein Dir zugehender Brief keine Gefahr bringen werde. Wer sollte selbst in der Türkei es tadeln, wenn jemand die Kunst liebt und den Künstler lobt. Ich lobe und ehre selbst Deine bayerischen Herzoge, so wenig gerade sie mir geneigt sind, wirklich mehr als die Uebrigen, weil sie die Musik so ehren und pflegen. Es ist zweifellos, dass in jenen Gemüthern, welche der Musik zugethan sind, viel Samen hoher Tugenden liegt. Jene aber, welche kein Gefühl dafür haben, halte ich Blöcken und Steinen ganz ähnlich. Wir wissen ja, dass die Musik auch den bösen Geistern verhasst und unerträglich ist. Auch ist es meine vollkommene Ueberzeugung, und ich scheue mich nicht zu behaupten, dass es nach der Theologie keine Kunst gibt, die mit der Musik sich vergleichen könnte, weil sie allein nach der Theologie das wirkt, was sonst die Theologie allein bewirkt, nämlich ein ruhiges und heiteres Gemüth, aus dem offenbaren Grunde, weil der Teufel, der Urheber drückender Sorgen und ruheloser Verwirrungen vor den Tönen der Musik fast eben so flieht, wie er flieht beim Worte Theologie. So kam es, dass die Propheten keine Kunst in dem Masse übten, wie die Musik, indem sie ihre theologische Wissenschaft nicht auf die Geometrie, nicht auf die Arithmetik, nicht auf die Astronomie, sondern nur auf die Musik ausdehnten, so dass bei ihnen Theologie und Musik auf's Engste verbunden waren und sie die Wahrheit in Psalmen und Gesängen übertrugen. Aber wie lobe ich nun die Musik, indem ich mich bemühe auf dem Blättchen Papier einen so erhabenen Gegenstand zu zeichnen oder vielmehr zu kleksen. Aber meine Leidenschaft für dieselbe ist so gross und überströmend, dass sie mich oft erfrischte und von grossen Beschwerden befreite.

An Dich wende ich mich wieder und bitte Dich, dass Du ein Dir etwa vorräthiges Exemplar des genannten Gesanges (In pace in idipsum) für mich abschreiben und mir übersenden lassen wollest. Der Tenor dieses Gesanges hat mich von Jugend auf erfreut und jetzt um so mehr, als ich die Worte erst (an mir) erkenne. Ich habe diese Antiphon noch nicht für mehrere Stimmen componirt gesehen; will Dir aber durch die Mühe, sie zu komponiren, nicht lästig fallen, sondern setze voraus, dass Du sie schon irgend einmal komponirt hast. Ich hoffe in der That, dass das Ende meines Lebens naht. Die Welt hasst mich und kann mich nicht ertragen, ebenso eckelt sie mich an und ich verachte sie. Daher habe ich nun angefangen diese Antiphon häufig zu singen, und möchte sie componirt hören. Für den Fall, dass Du sie nicht hast, oder nicht kennst, sende ich sie Dir in Noten geschrieben. Du magst sie, wenn es Dir gefällt, selbst nach meinem Tode componiren. Der Herr Jesu sei mit Dir in Ewigkeit, Amen. Habe Nachsicht mit meiner Kühnheit und Geschwätzigkeit. Grüsse mir ehrerbietig Deinen ganzen Musikchor.

Coburg den 4. October 1530.   Martin Luther.

Als solche, welche sich durch ihre Wirksamkeit in der ersten Hälfte des 16. Jahrhunderts um die Verbreitung des evangelischen Kirchenlieds Verdienste erwarben, nennen wir u. A.

Arnold von Bruck, nach Ambros[1]) aus Bruck im Aargau, gegen Ende des 15. Jahrhunderts geboren, nach Andern aus Brügge in den Niederlanden. Im Jahr 1530 war er Kapellmeister Kaiser Ferdinand I. und starb nach Fétis zu Wien am 22. September 1536[2]); den oben bereits genannten Heinrich Finck, sowie Georg Rhaw, geboren 1488 zu Eisfeld, gestorben 1548, zuerst Cantor an der Thomasschule zu Leipzig, worauf er in Wittenberg eine Druckerei eröffnete und sich durch die von ihm herausgegebenen kirchlichen Sammelwerke grosse Verdienste erwarb. Dieselben enthalten Tonstücke von Martin Agricola 1486—1556, dem Ersten, welcher in den Kirchen Magdeburgs den deutschen Choral einführte, von Benedict Ducis, Thomas Stolzer, Stephan Mahu, Sixt Dieterich, Georg Forster, Resinarius u. A.

Bereits oben erwähnten wir, dass wie die kirchlichen Melodien dem alten lateinischen Kirchen- oder dem Volksgesang entnommen worden, die selbständige Melodieerfindung

---

1) Ambros III, S. 400; siehe auch „Publikationen" u. s. w. Bd. IV, S. 46.

2) Nach den Biographien in den eben erwähnten „Publikationen" IV, S. 47 soll Bruck jedoch in den Registern der kaiserlichen Hof-Musikkapelle zu Wien von 1543—1545 als „Obrister Kapellmeister" verzeichnet sein.

also noch zurücktrat, die Tonsetzer geistlicher Weisen die Melodie nach althergebrachter Weise in den Tenor als Cantus firmus legten und in kunstvoll polyphoner Weise auszugestalten suchten. Dadurch war es der Gemeinde nicht ermöglicht, die eigentliche Melodie zu erfassen und in dieselbe einzustimmen und diese Gesänge wurden auch in der evangelischen Kirche durch bestimmte Sängerchöre beim Gottesdienst ausgeführt, während der Gemeindegesang durch einen Vorsänger oder Cantor geleitet wurde, beide Arten des Kirchengesangs also streng von einander geschieden waren, obwohl Beide in der volksmässigen geistlichen Weise ein gemeinsames, verknüpfendes Band erhielten. Diese Trennung von Kunst- und Gemeindegesang dauerte auch noch in der zweiten Hälfte des 16. Jahrhunderts fort. Die Chöre wurden in der Regel auch von der Orgel unterstützt, während erst zu Anfang des 17. Jahrhunderts die harmonische Begleitung des Gemeindegesangs durch dieselbe eingeführt wurde. So erschienen im Jahr 1637 die durch Theophilus Stade, Organist zu Nürnberg „erneuerten und von ihm vermehrten" Hans Leo Hasler'schen Choralsätze, „welche durch die Orgel die Gemeine bei rechter Melodie, Höhe und Tiefe zusammenhalten." Der erste jedoch, welcher Choräle und geistliche Lieder für den unisono Gemeindegesang mit besonderer Orgelbegleitung herausgab, war Samuel Scheidt in seinem „Tabulaturbuch hundert geistlicher Lieder und Psalmen Herrn Doctoris Martini Lutheri und anderer gottseeliger Männer für die Herrn Organisten, mit der Christlichen Kirche und Gemeine auff der Orgel, desgleichen auch zu Hause, zu spielen und zu singen" u. s. w. Görlitz 1650. Ebenso erschien im Jahr 1704 zu Nürnberg ein von Johann Pachelbel verfasst sein sollendes „Tabulaturbuch Geistlicher Gesänge, sambt beigefügten Choral-Fugen durchs gantze Jahr, Allen Liebhabern des Klaviers componirt von J. P. Organist zu St. Sebald Nürnberg." Winterfeld [1] äussert sich hierüber: „Bei Begleitung des Gesanges der Gemeinen ordnet er (Pachelbel) sich den Bedürfnissen derselben unter, doch scheint es, sein Spiel habe sich dabei

---

[1] Winterfeld II, S. 644.

nicht auf die Begleitung allein beschränkt, sondern auch Ruhepunkte des Gesanges zwischen einzelnen Zeilen, zwischen den Stollen, zwischen Auf- und Abgesang, mit frei und augenblicklich erfundenen, doch die Ebenmässigkeit des Ganzen nicht störenden Zwischenharmonieen ausgefüllt."

Lucas Osiander, württembergischer Hofprediger, geboren 1534 zu Nürnberg, gestorben 1604 zu Stuttgart, war es, welcher für den Gemeindegesang neue Wege anzubahnen versuchte durch sein im Jahr 1586 zu Nürnberg unter dem Titel: „Osiander, geistliche Lieder und Psalmen mit vier Stimmen auff Contrapunkts weiss für die Schulen und Kirchen im löblichen Fürstenthumb Württemberg, also gesetzt, dass ein christliche Gemein durchaus mit singen kann" erschienenes Choralbuch. Er verlegte die Choralmelodie durchgängig in den Discant und versah dieselbe mit den einfachsten Harmonien. „Ein Lay, so der Figuralmusik (unter letzterer verstand man damals jeden mehrstimmigen Tonsatz) nicht berichtet," könne, wie Osiander sich in der Vorrede ausspricht, „nicht mitsingen, sondern müsse allein zuhören, derowegen ich Nachdenkens gehabt, wie bei einer christlichen Gemeine eine solche Music einzurichten wäre, da gleichwohl vier stimmen zusammen gingen und dennoch ein jeder Christ wohl mitsingen könnte. Hab' derwegen, als zur Probe, diese fünfzig geistlichen Lieder und Psalmen mit vier Stimmen also gesetzt, dass eine gantze christliche Gemein', auch junge Kinder, mitsingen können und demnach diese Music darneben zur Zierde dieses Gesanges, ihren Fortgang hat." Und weiter: „Ich weiss wohl, dass die Componisten sonsten gewöhnlich den Choral im Tenor führen. Wenn man aber das thut, so ist der Choral unter andern Stimmen unkenntlich, der gemeine Mann verstehet nicht, was es für ein Psalm ist und kann nicht mitsingen. Darum habe ich den Choral in den Discant genommen, damit er ja kenntlich und ein jeder Laye mitsingen kann." Auch sollen die Schüler sich „in der Mensur und Takt nach der Gemeinde richten, und in keiner Note schneller oder langsamer singen, denn man selbigen Ortes zu singen pflegt, damit der Choral und Figurata musica bei einander bleiben." So half Osiander die Wege bahnen, welche den unisono Gemeindegesang mit der mehrstimmigen Satzweise vereinigten und zugleich eine reichere harmonische Entfaltung ermöglichten. Ebenso gab, dem Beispiele Osiander's folgend, Samuel Marschall, öffentlicher Notar, Universitätsmusikus und Organist zu Basel, die Melodien des Lobwasser'schen Psalters „auf das gemeine Choral im Discant gerichtet" heraus.

Weiter machten sich um den Kirchengesang in dieser Periode und nach dieser Richtung hin verdient:

Mattheus le Maistre, seit 1554 Walthers Nachfolger als Capellmeister des chursächsischen Hofes zu Dresden, Gallus, Antonius Scandellus, Leonhard Schröter, Nicolaus Herrmann u. A.

Hervorzuheben sind hauptsächlich:

Sethus Calvisius, zu Gorschleben in Thüringen am 21. Februar 1556 geboren, Chorschüler in Magdeburg, besuchte alsdann die Universitäten Helmstädt und Leipzig, war im Jahr 1582 Cantor in Schulpforta und wurde 1594 als Cantor und Musikdirector an die Thomaskirche nach Leipzig berufen, woselbst er 1615 starb. Von ihm sind ein Choralwerk (Harmoniae cantionum ecclesiasticarum), Psalmen, Motetten und Hymnen.

Bartholomaeus Gesius, gegen 1600 Cantor zu Frankfurt a. O. Nicolaus Selnecker (Schellenecker) zu Hersbruck bei Nürnberg 1532 geboren, starb als Pfarrer zu St. Thomas in Leipzig den 24. Mai 1592. Die Choralmelodien: „Wach auf mein Herz und singe", „Allein Gott in der Höh sei Ehr" und „Singen wir aus Herzensgrund" sollen ihn zum Verfasser haben; auch gab er: „Christliche Lieder und Kirchengesänge" Leipzig 1587 heraus. Lucas Lossius, 1508—1582, gab ein Psalmwerk heraus. Johannes Steuerlein, 1546—1613. Von ihm erschien u. A.: „Christlicher Morgen- und Abendsegen" u. s. w. für 4 Stimmen; „Teutsche und lateinische geistliche Hochzeitsgesäng zum Gebrauch in Kirchen und Schulen" u. s. w.; der 150. und 117. Psalm für vier Stimmen u. s. w. Melchior Vulpius 1560—1616 und viele Andere.

Zu erwähnen sind noch die vier Hamburger Organisten Hieronymus und Jacob Prätorius, David Scheidemann und Joachim Decker, welche gemeinschaftlich ein in Hamburg im Jahr 1604 erschienenes kirchliches Gesangswerk herausgaben unter dem Titel: „Melodeyen Gesangbuch, darein Dr. Luther's und ander Christen gebräuchlichsten Gesänge, ihren gewöhnlichen Melodien nach, in vier Stimmen übergesetzt, begriffen sind." Dasselbe enthält 88 Tonsätze „und sind in vier Stimmen also abgesetzt, dass den Discant auch ein jeder Christ, wenn er schon der Musik unerfahren und nicht schriftkundig, dennoch mit den andern dreien unterschiedlichen Stimmen fein übereinlautend, gleich mit musiciren, und neben und sammt ihnen, im süssen und lieblichen Tone Gotte dem Herrn singen, und mit Herzen und Mund ihn herrlich loben und preisen kann. Denn es hat und singet der Discant, welcher stets oben an stehet, die gewöhnliche und sonderlich dieser Oerter bekannte Melodey, welche dann auch gar nicht mit Colorationen und weit umherfahrenden Kunstgängen schwer gemacht und verlängert, sondern fein schlecht, wie sie aut uns kommen sind und dem gemeinen Volke in Kirchen und Häusern üblich, ohne auch die geringste Veränderung allhie behalten worden. Ein jeder Christ mag seine schlechte Laienstimme nur getrost und laut genug erheben, und also nunmehr nicht als das fünfte, sondern als das vierte und gar fügliche Rad den Musikwagen des Lobes und Preises göttlichen Namens gewaltiglich mit fortziehen, und bis an den Allerhöchsten treiben und bringen helfen."

Hans Leo Hasler hat sich sowohl durch seine Choralbearbeitungen als durch seine zu Nürnberg im Jahr 1607 herausgegebenen „Psalmen und christliche Gesäng mit vier Stimmen auf die Melodeyen fugweiss compouirt" sowie den 1608 erschienenen „Kirchengesäng, Psalmen und geistliche Lieder, auf die gemeinen Melodeyen mit vier Stimmen simpliciter gesetzt" um den evangelischen Kirchengesang verdient gemacht. Sein fünfstimmiges, in seinem „Lustgarten neuer teutscher Gesänge" zu 4—8 Stimmen zu Nürnberg 1601 unter Nr. 24 erschienenes: „Mein Gemüth' ist mir verwirret, das macht ein Mägdlein zart" lebt noch in dem Choral „O Haupt voll Blut und Wunden" fort.

Gotthard Erythräus 1560—1617 u. A.

Einer der bedeutendsten und in seinen Werken unserer Zeit am nächsten stehender Meister ist

Johann Eccard. Derselbe ist 1553 zu Mühlhausen an der Unstrut geboren und soll dortselbst — nach Winterfeld — von Joachim von Burgk den ersten Unterricht in der Musik erhalten haben. Später studirte er in München bei Orlandus Lassus, trat 1578 in die Dienste Jacob Fugger's in Augsburg, wurde 1583 Vicekapellmeister, 1599 wirklicher Kapellmeister in Königsberg und erhielt im Jahr 1608 eine Berufung als churfürstlicher Kapellmeister nach Berlin, woselbst er 1611 starb. Seine Tonsätze zeichnen sich weniger durch ihre contrapunktische Arbeit, als durch ihre Klangschönheit, durchsichtig klare Stimmführung und reiche harmonische Entfaltung aus. Hervorzuheben sind seine fünfstimmigen Tonsätze über 55 Melodien zu Fest-, Zeit-, Katechismus-, Psalm- und andern Liedern (1595), sowie seine „Preussischen Festlieder durchs Gantze Jahr" mit fünf, sechs bis acht Stimmen (1598). Aus seinem Vorwort zu erstgenanntem Gesangbuch geht hervor, dass dasselbe das erste in Preussen war, worin durchgängig die melodieführende Stimme in den Discant verlegt und das mit einfacher Harmonisirung versehen war; „denn — heisst es dort — hätten Einige wohl früher schon die Melodie der gebräuchlichsten Kirchenlieder in eine solche Harmonie gebracht, dass der Choral, wie er an sich selbst geht, in der Oberstimme deutlich gehört werde, und die Gemeine denselben zugleich mit einstimmen und singen könne, zur Zeit jedoch kein Cantional, darin nach musikalischer Art was anmuthiges und der Kunst gemässes enthalten wäre, zu uns anhero in Preussen gelanget."

Die Festlieder Eccard's nöthigen uns zunächst zu einer allgemeinen Bemerkung.

Die Melodien der Kirchenlieder wurden, wie wir bereits sahen, von den meisten Tonsetzern des 16. Jahrhunderts als Grundlage polyphoner Gestaltung benutzt, ohne den Gemeindegesang, bei welchem die strophische Form des Liedes festgehalten wurde, zu berücksichtigen. Diese Beschränkung des Tonkünstlers, an etwas Gegebenes, nicht selbst Geschaffenes gebunden zu sein, fiel weg, als der Setzer zugleich auch der

Erfinder der Melodie wurde, wodurch zugleich die Harmonie sich selbständiger und reicher entfalten, sowie der kirchliche Tonsatz sich einfacher gestalten konnte. Denn die Melodie, unter welcher wir die von einem geistigen Mittelpunkt aus getragene und zu einer bestimmten Zeiteinheit verbundene Folgenreihe verschiedener Töne verstehen, bildet gleichsam den Umriss, die Zeichnung, sie ist der Keim, aus welchem alles andere sich entwickelt, sie ist sowohl das gestaltende als das bildende Element. Und gerade das melodische Element ist ein für den Gemeindegesang unentbehrliches. Diese Einsicht mag auch wohl hauptsächlich Ursache gewesen sein, dass die Tonsetzer und Herausgeber geistlicher Gesangbücher die Melodie, wie wir sahen, in die Oberstimme zu legen begannen. Die Tonsetzer der evangelischen Kirche hatten zudem bis jetzt die Choralstrophen motettenhaft verarbeitet. Eccard, welcher einer der Ersten war, die die Melodien zu ihren kirchlichen Tonstücken selber erfanden, schuf in seinen „Festliedern" eine neue Form, welche eine Mittelstellung zwischen Motett- und Liedform einnimmt, — letztere waltet übrigens meistens vor — wobei die liedartige Melodie in der Oberstimme liegt. Wenn dieselbe nun auch von den andern Stimmen, durch welche sie ihre volle Bedeutung erst erhielt, in diesen Sätzen nicht unabhängig ist und einstimmig deshalb nicht gesungen werden konnte, so war doch hiedurch eine fasslichere Form geschaffen, wodurch der schroffe Gegensatz von geistlichem und Volksgesang gemildert wurde, obwohl immerhin seine Festgesänge, welche auf der Liedform beruhten, meistens mit einer breitern fugirten Ausführung schlossen. Im Uebrigen lehnt Eccard sich als Setzer an die Weisen des allgemeinen Kirchengesangs an.

Mit dem 17. Jahrhundert beginnt eine neue Epoche für die deutsche protestantische Kirchenmusik und den kirchlichen Gesang. Die in Italien entstandene neue Richtung, welche wir im fünften Abschnitt besprachen, reagirte, wie schon berührt, hauptsächlich gegen den Contrapunkt, da durch denselben, das heisst durch die contrapunktische Behandlung der Stimmen, die Einzelstimme nicht zur Geltung gelange und sowohl der Ausdruck als der richtige Accent verloren gehe.

Man suchte nun dem Worte eine grössere, bedeutendere musikalische Individualität, der einzelnen Stimme eine melodische Erweiterung gegenüber der polyphonen Stimmenverflechtung zu geben, überhaupt die Einzelstimme selbständiger zu gestalten. Nebenbei wurde die Chromatik immer mehr benützt und angewendet, wodurch die auf der starren Diatonik fussenden Kirchentonarten allmählig ausser Gebrauch kamen und unsere heutigen diatonisch-chromatischen Tonarten nach und nach sich bildeten.

Der erste deutsche Tonsetzer, dessen Werke zum Theil unter den Einflüssen dieser neuen Richtung entstanden, ist Michael Prätorius. Derselbe ist wahrscheinlich 1572 in Kreutzberg an der Werra geboren, seit 1604 Kapellmeister des Herzogs von Braunschweig-Lüneburg und starb nach einem bewegten Leben im Jahr 1621. Er repräsentirt in seinen Werken den Uebergang des alten zum modernen Stil; nicht nur die Einflüsse der venetianischen Schule treten in seinen mehrchörigen, acht- bis zwölfstimmigen Werken — hierunter auch deutsche Kirchengesänge — hervor, sondern er trug auch wesentlich zur Einführung und Verbreitung der neuen Richtung in der Kirchenmusik bei.

Seine Productionskraft war trotz seiner kurzen Lebensdauer eine ausserordentliche; über 2000 Tonsätze hat er theils componirt, theils bearbeitet und gesammelt. Mehr denn 1200 Gesänge enthält sein wichtigstes Werk, die „Musae Sioniae" oder „geistliche Concertgesänge über die fürnembsten Herrn Lutheri und anderer teutscher Psalmen, zugleich auf der Orgel und Chor mit lebendiger Stimme und allerhand Instrumenten in der Kirche zu gebrauchen"; dasselbe erschien in neun Theilen von 1605—1610. Auch das „Concerto di chiesa", jene Compositionsgattung, welche, wie schon im fünften Abschnitt berührt, Viadana in die Kirche einführte und die aus von einer oder von mehreren Stimmen ausgeführten Cantilenen bestand, wozu die Harmonie gewöhnlich von der Orgel ausgefüllt wurde, suchte er in den evangelischen Kirchengesang einzuführen.

Unter seinen Werken (bei Fétis sämmtlich mitgetheilt) erwähnen wir die in der „Polyhymnia panegerica et caducentrix" enthaltenen Tonsätze, „darinnen Solemnische Fried und Frewden Concert; Inmaassen dieselbe resp. bei Kaiser-, König-, Chur- und Fürstlichen Zusammenkünften, Auch sonsten in Fürstlichen und andern Fürnehmen Capellen und Kirchen angeordnet und mit 1—21 auch mehr Stimmen auf zwei bis sechs Chor gerichtet, Mit allerhandt Musikalischen Instrumenten und Menschen Stimmen auf Trommeten und Heerpauken Musiciret und geübt werde." Es enthält auch „unterschiedene newe Arten und Manieren der Concert-Musik", die in der für den Musikdirigenten und Organisten „auff Orgeln, Regalen, Clavicymbeln, Lauten und Theorben accomodirten Generalbassstimme bei jeglicher Cantion sich verzeichnet, auch mit Symphonien und Ritornellen gezieret finden, und welche wohl zu observiren und in Acht zu nehmen seien."

Dass derartige Tonsätze für die Gemeinde unausführbar waren, im Gegentheil durch dieselben der Gemeindegesang zurückgedrängt wurde, dürfte sich wohl von selbst verstehen. Die von ihm angewandten Instrumente waren: Geigen, Bratschen, Lauten und Theorben, hohe Flöten, Cornetts, tiefe Flöten, Posaunen, Zinken und Orgel.

„Einer motettenhaften Stimmenverwebung begegnen wir nicht mehr bei ihm, wie bei seinen Vorgängern, sondern einer in sich abgeschlossenen Reihe von Tonbildern, in denen reiner und begleiteter Gesang, mannichfach gefärbte Töne, verschiedenartig erzeugte Klänge, Einzelgesänge und Chor, grössere und mindere Tonfülle, leichtes und starkes Ertönen als Gegensätze überraschen und reizen sollen; wo einzelne melodische Wendungen nicht allein für kehlfertige Sänger vorbrämt, sondern auch in mannichfacher rhythmischer Umbildung, in dem Farbenglanze verschiedenartiger Instrumente strahlend, zum Ergötzen des Ohres vorübergeführt werden, wo nur der Hörer als solcher in Anspruch genommen und um seinetwillen die Wirkung des Effects erstrebt wird, wo nicht mehr wie in ältester Zeit, der grüblerische Tiefsinn des Meisters in sich Befriedigung sucht, und den Beifall des kundigen Theilnehmers in der Ausführung als nothwendige Folge des Geleisteten voraussetzt." Prätorius Hauptverdienst besteht „in der sinnig angewandten Gabe des Setzers ¹); als Erfinder steht er um Vieles zurück gegen die Begabteren unter seinen Zeitgenossen. Mag er jene Gabe, die wir ihm nachrühmen, mit Manchem unter diesen theilen, mag er, im Einzelnen, selbst von ihnen übertroffen werden; mögen seine Tonsätze, eben weil ihrer eine so grosse Anzahl ist, weil sie über so manche, nur in ganz unwesentlichen Zügen verschiedene Singweisen sich verbreiten, nicht alle von gleichem Werthe sein: er wird unter Allen, die sich eine gleiche Aufgabe stellten, immer ausgezeichnet dastehen, weil er sie in so grossem Sinne gefasst hat" ²).

Der bedeutendste deutsche Kirchencomponist des 17. Jahrhunderts ist Heinrich Schütz, welcher die neue Richtung ganz in sich aufgenommen und am erfolgreichsten für dieselbe gewirkt hat und somit als der Träger derselben erscheinen darf. Das Gebiet des geistlichen Liedes und der Choralbearbeitung betrat er seltener, wie sich seine Werke überhaupt nicht an die Liedform knüpfen. Zu Dresden, wohin die geistlichen Concerte sich von Cassel aus verpflanzt hatten, führte er dieselben in die Hofkirche ein. Diese Concerte waren durch ganz S chsen verbreitet. Am Braunschweigischen Hofe hatten sie durch Prätorius Eingang gefunden ³).

Im Jahr 1619 erschienen zu Dresden seine „Deutsche Psalmen sammt etlichen Motetten und Concerten mit acht und mehr Stimmen, Nebenst anderen zweyen Capellen, dass dero etliche auff drey und vier Chor nach Belieben gebraucht werden können"; auch ein „Continuo vor die Orgel, Laute, Chitaron" u. s. w. sind dabei. In denselben macht er den Versuch, die neue declamatorische Gesangsweise, „welcher Styl bis dato in Teutschland fast unbekannt" auch auf grössere Tonsätze anzuwenden „wie sich dann zu Composition der Psalmen meines Erachtens fast keine bessere art schicket, denn dass man wegen der menge der Wort ohne vielfältige repetitiones immer fort recitire". Er bittet „diejenigen, welche

---

1) Wir erinnern nur an sein wunderschönes vierstimmiges Lied: „Es ist ein Ros' entsprungen".
2) Winterfeld I, S. 388.
3) Winterfeld II, S. 211.

dieses modi keine Wissenschaft haben, sie wollen in Austellung berührter meiner Psalmen sich im Tact ja nicht übereylen, sondern der gestalt das mittel halten, damit die Wort von den Sängern verständlich recitirt und vernommen werden mögen. Im widrigen Fall wird eine sehr unangenehme Harmoney und anders nicht als eine Battaglia di Mosche, oder Fliegenkrieg daraus entstehen, der intention dess Authoris zu wider." Diese Sammlung enthält drei- oder vierchörige Tonsätze, welche wiederum ein oder zwei Hauptchöre enthielten, die Chori favoriti — Favoritchöre — genannt wurden, weil, wie Schütz in der Vorrede bemerkt, der Kapellmeister „sie am meisten favorisiren und auffs beste und lieblichste anstellen soll." Diese Chöre, welche aus den Haupt- oder concertirenden Gesangstimmen (voces concertantes, parti concertate) bestanden und im Gegensatz zum ganzen Chor aller Vocalisten und Instrumentalisten standen, nannte man ursprünglich Chorus recitativus. Nach Prätorius [1]) wird jener Chor recitativus auch Favorito genannt, zu welchem man die besten Sänger auswählt, „die vff jetzige newe Manier pronuuciret vnd gleich als eine Oration vernehmlich daher recitiret werden." Zu den Favoritchören treten zur Verstärkung, „zum starken Gethön und zur Pracht" der sogenannte Capellenchor — Chorus pro capella, Coro palchetto — also genannt, „weil der ganze Chorus vocalis oder die ganze Capelle denselben im Chor und von den andern Choren ganz abgesondert, musiciret, vnd gleichsam als vff einer Orgel das volle Werk mit einstimmet. Welches dann ein trefflich Ornamentum, Pracht und Prangen in solcher Music von sich gibt" [2]). Während die Favoritchöre ausschliesslich für Singstimmen bestimmt waren, „wiewohl (wie Schütz in der Vorrede bemerkt) auch etliche der Psalmen sich nicht übel schicken, wann der höhere Chor mit Zinken, Geigen, der niedrige mit Posaunen oder andern Instrumenten gemacht, und anff jedem Chor eine Stimme darneben gesungen wird", konnten die Capellchöre auch mit Instrumenten allein oder mit den Singstimmen zusammen gesetzt werden: „die Capellen, so mit hohen Stimmen gesetzet,

---

1) Prätorius: Syntagma III, S. 106.
2) Prätorius: Syntagma III, S. 113.

seynd meistentheils auff Zinken und anderm Instrument gerichtet, jedoch wann man auch Sänger dabey haben kann, ist so viel desto besser." Man verstand unter Chorus pro capella auch einen Vocalchor ohne irgend welche Instrumentalbegleitung, „welcher mit Cantoribus und Menschen Stimmen muss besetzet werden; als wenn in einem Concert der eine Chor mit Cornetten, der andere mit Geigen, der dritte mit Posaunen, Fagotten, Flöitten und dergleichen Instrumenten, doch dass bei jedem Chor zum wenigsten eine Concertat — das ist, eine Menschen Stimme darneben geordnet: So ist meistentheils noch ein Chor dabey, wo alle vier Stimmen mit Cantoribus besetzt werden: denselben nun nennet J. Gabriel Capellam. Und kann ein solcher Chor oder Capella, weil sie mit unter die Principal Chor gehöret, durchaus nit aussen gelassen werden."

Eines seiner bedeutendsten Werke sind die in drei Theilen, 1629, 1647 und 1650 erschienenen Symphoniae sacrae, welche unter Anderm von obligaten Instrumenten begleitete ein- und mehrstimmige Solosätze im concertirenden Stil enthalten; im ersten Theil derselben finden wir auch schon dreitheilige Arien und zwei- und dreitheilige Duette. Ebenso setzte Schütz zu dem schon oben erwähnten Becker'schen Psalter 92 neue Weisen und 11 Tonsätze zu den alten Melodien früherer, von demselben aufgenommener Psalmlieder; sie schliessen sich ebenfalls dem Concert- und Madrigalstil an.

Seine Werke zeichnen sich durch Kraft und Bestimmtheit des musikalischen Ausdrucks aus, welcher sich oft zu dramatischer Lebendigkeit steigert; für jede Empfindung, für jede Bewegung des Gemüths findet er die richtigen ausdrucksvollen Töne, ohne dabei je die der wahren kirchlichen Tonkunst gezogenen Schranken zu überschreiten; aber auch nur — um mit Winterfeld zu sprechen — solchen grossen und vielseitig begabten Meistern wie Heinrich Schütz, in dessen Seele das Wesen der altkirchlichen Tonkunst noch lebendig in seiner tiefsten Bedeutung nachklang, blieb es vergönnt, auch innerhalb ihrer neuen Gestaltungs- und Ausdrucksweise jenen ächt religiösen Sinn in der Kunst zu bewahren und auf die Nachkommen fortzupflanzen.

Unter denjenigen, welche den neuen concertirenden Stil in der protestantischen Kirchenmusik pflegten und förderten, sind zu nennen:

Johann Herrmann Schein, zu Grünhain in Sachsen 1586 geboren, 1599—1603 Discantist an der Dresdener Hofkapelle, 1613 Kapellmeister zu Weimar, worauf ihm im Jahr 1615 das Cantorat an der Thomasschule in Leipzig übertragen wurde, in welchem Amte er 1630 starb.

Seine Tonsätze sind meistens vier- bis zwölfstimmige, nach Art der geistlichen Concerte gesetzte Kirchenweisen. Wenn er wie Schütz die italienische Gesangsweise den Deutschen zu vermitteln suchte, so blieb er in der Melodiebildung doch stets deutsch und für die Entwicklung des Kunstlieds sind seine Werke von grosser Bedeutung gewesen. Anführen möchten wir hier sein 1627 und 1645 in vermehrter Auflage erschienenes „Cantional oder Gesangbuch Augsburgischer Confession u. s. w. mit vier, fünf und sechs Stimmen componiret"; verschiedene in demselben enthaltene schöne und von ihm herrührende Melodien sind heute noch im kirchlichen Gebrauch, wie z. B. „Mach's mit mir Gott nach deiner Güt", „Zion klagt mit Angst und Schmerzen", „Auf meinen lieben Gott".

Johannes Rosenmüller, Anfangs des 17. Jahrhunderts in Chursachsen geboren, 1647 Collaborator an der Thomasschule zu Leipzig, 1648 Musikdirector eines Chors neben dem durch Kränklichkeit meistens ausser Thätigkeit gesetzten Cantor Tobias Michaelis. Wegen sittlicher Vergehen 1655 verhaftet, entfloh er nach Hamburg, von dort nach Italien, wo er meistens in Venedig sich aufhielt. Von hier aus wurde er vom Herzog von Braunschweig nach Wolfenbüttel als Kapellmeister berufen, woselbst er im Jahr 1686 starb. Sein bedeutendstes Werk sind die 1648 und 1653 erschienenen: „Kernsprüche mehrentheils aus heiliger Schrift mit 3, 4—7 Stimmen sammt ihrem Basso continuo gesetzt." Dieselben, aus welchen Winterfeld zwei Sätze in Partitur mittheilt, sind ebenfalls auf Art der geistlichen Concerte gesetzt, zum Theil auch mit Begleitung. Sein Hauptverdienst besteht im Erfinden von Choralmelodien und damit verbundenen mehrstimmigen Tonsätzen ¹). Die drei Kirchenmelodien: „Welt ade ich bin dein müde", „Alle Menschen müssen sterben" sowie „Straf mich nicht in deinem Zorn" sollen ihn zum Autor haben, doch lässt sich dies mit Sicherheit nur von der ersten behaupten, da das 1682 erschienene Gesangbuch von Vopelius dasselbe mit ausdrücklicher Nennung seines Namens enthält ²). Weniges nur hat Rosenmüller für den Gemeindegesang gethan, aber für den Kunstgesang in der evangelischen Kirche ist er um so wichtiger, weil er die damals allgemein beliebt gewordenen italienischen Formen in ächt deutschem Sinne lebendig ausgestaltet „und ihnen dadurch erst wahres Bürgerrecht gewonnen; was die spätern grossen Meister des 18. Jahrhunderts geleistet, haben sie zumeist ihm zu verdanken" ³).

Andreas Hammerschmidt, 1611 zu Brüx in Böhmen geboren, wurde 1635 Organist an der Peterskirche zu Freiberg, 1639 zu Zittau an der Johanneskirche und starb den 29. October 1675. Seine geschichtliche Bedeutung liegt in seiner Verknüpfung des Kirchenlieds mit dem Kunstgesang, während bei Schütz und seinen Nachfolgern dieser Zusammenhang sich gelockert hatte und die Liedform vernachlässigt und hintangesetzt worden war. In seinen concertmässigen geistlichen Tonsätzen versuchte Hammerschmidt den Dialog anzuwenden, und, indem er kirchliche Weisen in den Kunstgesang hineinverwebte, letzteren dem Gemeindegesang näher zu bringen, und manche seiner auf diese Art behandelten Weisen gingen in den Gemeindegesang über, wie z. B. „Freuet euch ihr Christen all" und Andere. Es konnte dies um so eher geschehen, als die einzelnen Stimmen nicht so organisch unter sich zusammenhängen, dass nicht die melodieführende Stimme abgetrennt werden konnte, und so hat er, wenn auch nur mittelbar, für den Gemeindegesang fruchtbar gewirkt. Dem ganz in der Form des geistlichen Concertes redegemäss betonten Schriftwort setzt er häufig irgend ein Kirchenlied mit seiner Sing-

---

1) Winterfeld II, S. 242.
2) Winterfeld II, S. 247.
3) Winterfeld II, S. 248.

weise, das er am passenden Ort einschaltet, in lebendigem Gespräch gleichsam als Antwort entgegen. Damit wahrt er nicht allein die Liedform im kirchlichen Kunstgesang, sondern stellt auch eben durch den Gegensatz ihre Bedeutsamkeit in das hellste Licht. Manchmal setzt er auch ein Kirchenlied einer von ihm selbst erfundenen kunstmässig ausgestalteten Weise gegenüber und verflicht die Melodien beider Kirchenlieder. So gibt er z. B. eine concertmässig von ihm figurirte und von ihm erfundene Melodie zu dem Kirchenlied: „Ach wie nichtig, ach wie flüchtig ist der Menschen Leben" und verwebt in dieselbe die alte Kirchenmelodie: „Mitten wir im Leben sind", die er bald da bald dort unter Posaunenbegleitung eintreten lässt, oder er gibt zuerst die alte Kirchenweise: „Allein zu dir, Herr Jesu Christ" und verwebt dann in sie eine eigene concertmässige Behandlung des Schriftworts: „Fürchte dich nicht, ich bin dein Schild und sehr grosser Lohn." Dadurch ist er historisch bedeutsam geworden und viele folgten ihm im Laufe des Jahrhunderts auf diesem Wege [1]). Diese Art der dialogisirenden Verbindung des Kirchenlieds mit dem Kunstgesang weist schon auf die spätere Cantatenform hin.

Von seinen Werken führen wir folgende an: „Geistliche Concerte", 1638 und 1641 erschienen; „Dialoghi spirituali oder Gespräche zwischen Gott und einer gläubigen Seele", 1645 und 1658; „Musikalische Gespräche über die Evangelien", 1655; „Fest-, Buss- und Danklieder", 1658 sowie „Fest- und Danklieder", 1658 und „Fest- und Zeitandachten" 1671; auch eine grosse Anzahl Motetten und Messen rühren von ihm her. Speciell für den Gemeindegesang bestimmte Weisen schrieb er zu Rist's „Musikalische Katechismusandachten" [2]), welche 38 Melodien von ihm enthalten.

Als solche, welche den kirchlichen Gemeindegesang durch schöne Melodien und Lieder bereicherten, nennen wir noch

Heinrich Albert, einen Neffen des berühmten Schütz, 28. Juni 1604 zu Lobenstein im sächsischen Voigtlande ge-

---

1) Siehe Dr. Anton Tobias: Andreas Hammerschmidt, Zittau 1871 sowie E. Koch a. a. O. IV, S. 187.
2) Winterfeld II, S. 278.

boren. Er erhielt seine musikalische Ausbildung bei seinem Oheim und wurde 1631 Organist der Domkirche zu Königsberg, woselbst er am 10. October 1651 starb. Er ist nicht nur Componist sondern auch Dichter zahlreicher geistlicher Lieder, von welchen manche in die Choral- und Gesangbücher übergingen, wie z. B. „Gott des Himmels und der Erden", „Unser Heil ist kommen" u. s. w. Ersteres wird jetzt noch, wenn auch mit entstellter Melodie in den Kirchen gesungen.

Johann Crüger, im Jahr 1598 zu Gross-Breesen bei Guben geboren, Cantor und Musikdirector an der Nicolaikirche zu Berlin von 1622 bis zu seinem im Jahr 1662 erfolgten Tode. Er ist einer der vorzüglichsten Liedersänger der evangelischen Kirche und seine Melodien gingen in die meisten Gesangbücher über. Von den heute noch gesungenen nennen wir: „Jesus meine Zuversicht", „Herzliebster Jesu, was hast du verbrochen", „Schmücke dich, o liebe Seele", „Nun danket alle Gott" u. s. w.

Georg Neumark zu Mühlhausen in Thüringen 16. März 1621 geboren, war Archivsecretär und Bibliothekar zu Weimar, woselbst er am 8. Juli 1681 starb; von ihm rührt die Melodie zu „Wer nur den lieben Gott lässt walten".

Johann Rudolf Ahle ist am 24. Dezember 1625 zu Mühlhausen in Thüringen geboren, 1646 Cantor an der Andreaskirche zu Erfurt, von 1649 bis zu seinem 1673 erfolgten Tode Organist zu Mühlhausen. Von seinen Liedern erwähnen wir das allerwärts gesungene: „Liebster Jesu, wir sind hier". Seine geschichtliche Bedeutung liegt darin, dass er als Schöpfer der geistlichen Arie betrachtet werden kann. So verfasste er 120 Liedsätze mit Ausschluss der alten Kirchentonarten und durchgängiger Anwendung der modernen Diatonik, in welcher er die strophische, liedartige Arienform verwandte und selbständig fortbildete, indem er sie dadurch geeignet machte, in den Gemeindegesang überzugehen; mehrere derselben haben sich sogar dauernd in Sachsen und Thüringen eingebürgert. Sein Sohn, Joh. Georg Ahle, 1650—1706, war Nachfolger seines Vaters im Organistenamt und Amtsvorgänger Joh. Seb. Bach's. Johann Schop oder Schopp, Anfang des 17. Jahrhunderts zu Hamburg geboren, dortselbst

Kapellmeister und später zu Lüneburg lebend. Von ihm sind die Melodien zu den Chorälen: „Lasset uns den Herrn preisen", „Werde munter mein Gemüthe", „O Ewigkeit du Donnerwort", „Sollt ich meinem Gott nicht singen" u. s. w.

Zu nennen wären noch von Solchen, welche sich nach dieser Richtung hin verdient machten: Jacob Schultz (Prätorius), S. G. Stade, W. C. Briegel und viele Andere [1]). Anführen möchten wir nur noch den schon oben genannten Organisten Samuel Scheidt, zu Halle an der Saale gegen 1587 geboren, welcher nicht nur zu den grössten Orgelspielern seiner Zeit gehörte, sondern auch zu den Begründern des neuern Orgelstils gezählt werden kann. Dieser bestand bis zu Anfang des 17. Jahrhunderts in blosser Nachahmung des Vocalsatzes. Scheidt's unter dem Titel „Tabulatura nova" im Jahr 1624 zu Hamburg erschienenem Orgelbuch, welches nicht nur Choräle sowie geistliche und weltliche Lieder, sondern auch Fugen, Canons, Toccaten u. s. w. enthält, ist eine Anweisung zum Vortrag des Chorals beigegeben, wie derselbe heute noch üblich ist, nämlich die Art der Ausführung desselben auf verschiedenen Clavieren mit hervortretendem Cantus firmus in einem Manual oder im Pedal, und der begleitenden Stimmen auf einem schwächer registrirten Nebenmanual. In seinen Choralbearbeitungen lehnt er sich an die künstlichen Formen des Contrapunkts an, welchen er in allen Formen des einfachen und doppelten anwendet. Dann Johann Pachelbel, 1653 in Nürnberg geboren, 3. März 1706 als Organist an der Sebalduskirche dortselbst gestorben. In ihren Choralbearbeitungen kann man Beide die Vorläufer Bach's nennen. Er schrieb auch geistliche, in Liedform gehaltene Gesänge zu acht Stimmen, von welchen sich einige wie z. B. „Was Gott thut, das ist wohlgethan", im evangelischen Kirchengesang eingebürgert haben. Pachelbel war der Erste, welcher die Ruhepunkte zwischen den einzelnen Strophen und den Auf- und Abgesängen zwischen den einzelnen Zeilen durch Zwischenspiele ausfüllte.

---

[1]) Siehe Winterfeld II, S. 440—532. Ein Verzeichniss der kirchlichen Melodienbücher des 17. Jahrhunderts S. 532—610.

Die von Italien im 17. Jahrhundert nach Deutschland verpflanzte Oper, deren Formen namentlich in Hamburg Ende des 17. und Anfang des 18. Jahrhunderts durch Keiser, Teleman und Mattheson eine eifrige Pflegstätte fanden, übte auf den Kirchengesang und die Kirchenmusik keinen günstigen Einfluss aus. So enthält schon das Freylinghausen'sche Gesangbuch, welches sowohl in seinen Liedern, als in deren Melodien sich dem Geschmack und der Richtung der Zeit anbequemte, geistliche Lieder in der Form ernster Bühnengesänge „solcher gestalt gesetzt, dass darin sowohl die christlichen Liedern geziemende Lieblichkeit als Gravität wahrzunehmen sei". Durch die Pflege des Kunstgesangs und seine Vorrückung in den Vordergrund verfiel sowohl der Gemeindegesang immer mehr, als auch der weltliche Volksgesang, welcher immer befruchtend auf das geistliche Lied zurückwirkte, jedoch nunmehr durch den schädlichen Einfluss des Operngesangs zurückgedrängt wurde. Diese Art des Gesanges konnte aber schon desswegen nicht Gemeingut des Volkes werden, weil er nicht in der Empfindung des Volkes seine Wurzel hatte, sondern ein künstliches, von auswärts geholtes Product war. Dazu kam noch, dass gewichtige Stimmen, wie diejenige Matthesons, des eifrigsten Vorkämpfers der neuen Formen, erklärten, dass der Gemeindegesang — spricht Mattheson sogar von dem faulen, kalten, schläfrigen Wesen des Chorals — als „nur in einerlei Führung ungekünstelter Stimmen bestehend, ohne Takt, ohne Zierrath, auf die einfältigste Weise hervorgebracht" nur dazu da sei, „damit auch Unerfahrene und Ungelehrte mit der blossen natürlichen Stimme Gott loben können, der Kunstgesang aber der allein von Gott gebotene sei"[1]. So haben auch sämmtliche Tonsetzer vom Anfang bis Mitte

---

[1] So machte Mattheson aus dem Choral „Wann wir in höchsten Nöthen seyn" einen „sehr tanzbaren Menuet", aus „Wie schön leucht' uns" eine Gavotte, aus „Herr Jesu Christ, du höchstes Gut" eine Sarabande, aus „Werde munter mein Gemüth" eine Bource und aus „Ich ruf zu dir, Herr Jesu Christ" eine Polonaise, indem er die Choralmelodie Note für Note beibehielt und nur im Rhythmus änderte, ganz wie jetzt aus Opern-Arien Märsche, Walzer und Polkas gemacht werden. Siehe Koch V, S. 633.

des 18. Jahrhunderts, ausser Joh. Seb. Bach, für den Gemeindegesang nicht geschrieben.

Zur Entnervung des Gemeindegesangs trugen wesentlich auch die kirchlichen Dichtungen des pietistischen, namentlich des Halle'schen Dichterkreises bei, indem sich die krankhafte Gefühlsstimmung desselben auch in der Melodie ausdrückte und Herder [1]) schon zu der Klage veranlasste, dass eine bekannte fromme Schule Deutschlands den Kirchengesang entnervt und verderbet habe. „Sie stimmte ihn zum Kammergesange mit lieblichen weichlichen Melodien voll zarter Empfindungen und Tändeleien herunter, dass er alle seine Herzen beherrschende Majestät verlor."

Wie schon bemerkt war der Umstand, dass ausser andern weltlichen nun auch Opernmelodien mit ihren Tanzrhythmen in den Gemeindegesang aufgenommen wurden, die Veranlassung, dass man die künstliche alte Metrik aufhob oder wenigstens reducirte, und den Melodien den geraden Takt statt des dreitheiligen, und Noten von gleicher Länge gab, sowie die ältern Kirchenchoräle in ähnlicher Weise umarbeitete [2]). So entstanden im 18. Jahrhundert auch blosse Melodienbücher, welche im Inhaltsverzeichniss diejenigen Lieder angehen, die nach den betroffenden Melodien gesungen werden könnten; manche ältere Melodie wurde durch diese Art der Anpassung nicht nur auseinandergerissen, sondern auch in ihrer ursprünglichen Fassung alterirt, was zur Hebung des Gemeindegesangs gerade auch nicht sonderlich beitragen konnte.

Von wesentlichem Einfluss auf den kirchlichen Kunstgesang war die Herübernahme der in der Oper gebräuchlichen Formen des Recitativs, der Arie, des Duetts und des Chors (siehe oben Carissimi), sowie der bedeutend ausgebildeten Instrumentalmusik; wir verdanken denselben die grosse Kirchencantate.

Als Vorläufer dieser Form lernten wir schon Hammerschmidt in seinen geistlichen Dialogen kennen, in welchen er

---

1) Herder: Briefe über das Studium der Theologie Bd. IV, S. 303.
2) Zuerst durchgeführt in dem von C. W. Briegel 1687 herausgegebenen Darmstädter Cantional.

Kirchenlied und Bibelwort miteinander verbindet und in gegenseitige Beziehung bringt. Der jetzt entstandenen Kirchencantate liegt in der Regel ein motetten- oder concertmässig gestalteter Evangelientext zu Grunde, während die Solostimmen in Recitativen, Arien und Duetten sich in musikalischen Reflexionen über denselben ergehen und das Kirchenlied die Gemeinde vertritt.

Diese neue Form des geistlichen Kunstgesangs fand, als an die Stelle der biblischen Worte, wie bei den Passionen, die freie Dichtung trat, in kirchlich-orthodoxen Kreisen, so namentlich in Hamburg, energische Opposition und von beiden Seiten wurde der Streit in wenig erquicklicher Weise geführt [1]), aus welchem übrigens der dramatisirende Kirchenstil, die Cantate, als Siegerin hervorging.

---

1) So antwortete Matthesen auf die Angriffe des Professor Joachim Meyer in seinem 1726 erschienenen: „Unvorgreifliche Gedanken über die neulich eingerissene theatralische Kirchenmusik" u. s. w. in Anworst derher Weise in seiner Schrift: „Der neue Göttingische aber viel schlechter als die alten lacedämonischen urtheilende Ephorus" 1727. Die Replik Meyers fiel wo möglich noch höflicher aus in seinem anmaasslichen Hamburger criticus sine crisi; ihm gesellte sich ein anderer Göttinger H. Ph. Gnden Dr. der Theologie zu, welcher in der neuern Kirchenmusik „das eingende Heidenthum und das siechende Christenthum" erblickte. Nun waren die Schleussen geöffnet und Gegenschrift auf Gegenschrift folgte. Das Stärkste leistete jedoch ein auf Matthesons Seite sich stellender Anonymus, Innocentius Frankenberg: Meyer habe in seinem „Dreck-Thätchen" (Tractätchen) ein dick-elend-häutiges Kub-diclum (judicium) an den Tag gelegt; er glaube sich ein Orakel, aber diese Benennung sei wohl mehr im Sinne jenes Dorfküsters zu verstehen, der sie für ein Schimpfwort und mit „O Räckel" gleichbedeutend gehalten habe. Es werde nöthig werden, den Kirchencantaten Telemann's bald ein consilium abeundi aus der Kirche durch den Hunde-Peitscher geben zu lassen und dafür fein andächtige Motetten zu setzen, „die hübsche langsame Noten haben, als z. E. In der alten Turbabor, darin der Bass im Anfange ein maxima von acht Takten hat, und der Bassist in einem Tone so fein lange aushält, dass er sich indessen aller römischen Pähste erinnern kann." Die weise Mutter habe vergessen, dem Herrn professorem musices in der Kindheit genug mit Salz einzureiben, wie vor Zeiten nach Ezechiel XVI, 4 bei den Israeliten Sitte gewesen. Es sei gar nicht davon die Rede, einen luxuriösen Theaterstil in die Kirche einzuführen, noch den Componisten zu erlauben, „ihre Kirchenstücke mit bunikrausen Coloraturen, unvernehmlichen passagien, abentheuerlichen Manieren, kauderwelschen Ca-

Durch die Einführung der dramatisch-geistlichen Ton-

pannen-Gelächtern, zerstümmelten Saalhadereyen, abgeschmackten Variationibus (da man die Noten zu Sauerkraut, wie Lung und Leber zu Lümmel backet) und dergleichen impertinentem Tande zu spicken"; sondern den Text wohl anzusehen und ihm gemäss die Affekten des Zuhörers zu erregen. Dann komme es auch auf gute wohlgeschulte Sänger dabei an. Ein Discantist „mit einer schwachen Fistul, so als ein alt Mütterchen singet, der die Zähne ausgefallen; ein Altist mit einer kalblanternden Stimme; ein Tenorist, der wie ein rauhstimmiger Distelfresser schreit; ein Bassist, der das schifflüssige G in der Tiefe wie ein Maikäfer im hohlen Stiefel brummt, dass kaum dreissig Schritt davon ein schlafender Hase erwachen möchte, hingegen das vierfüssige g wie ein indianischer Löwe brüllet"; Sänger solcher Art seien freilich nirgend zu brauchen, zumal „wenn das Unglück dazu schläget, dass sie alle vier steife Kehlen haben, als wenn sie Besenstiele im Halse hätten und keiner von ihnen einen reinen Triller schlagen kann, sondern sodann wie eine Ziege meckern." Nur rechte Sänger seien geschickt, dem Texte wie der Musik ihr Recht anzuthun. Der biblische Text freilich gehe dem Cantatentext voran; jener sei der Sonne, die dem Tag leuchte, dieser dem Monde, welcher die Nacht erhelle und von jener sein Licht entlehne, zu vergleichen. Warum aber solle Tag und Nacht nicht auch am Kirchenhimmel wechseln? Müsste man ja sonst auch die apocrypha aus der Schrift, die Choral-Lieder, von frommen Gottesgelehrten gedichtet, aus der Kirche verbannen. Bei Beschreibung der Kirchen-Cantaten dürfe nicht alles in einem Topf gebacken und ein Gericht daraus gemacht werden. Es heisse: Fremde Cantaten-Texte könnten in einer grossen Kirche nicht so wohl verstanden werden als bekannte Bibelsprüche. Auf das Verständniss also komme alles an. So schaffe man denn, dass tüchtige Sänger den aus frommen, von dem göttlichen Worte erfüllten Herzen geflossenen Cantatentext durch angemessenen Vortrag allgemein verständlich ertönen liessen. Aber auf solche Sänger müsse etwas gewendet werden und das sei der wenigsten Kirchen- noch Cämmerey-Vorsteher Sache. An vielen Orten sei zu Erhaltung tüchtiger Vocalisten zur Kirchenmusik kein dativus, sondern ablativus annus; die meisten seien nach Dr. Schenken's Ableben so schlimme Donatisten worden, dass sie den dativum nicht wollen für einen casum erkennen. Grosse reiche Statisten wenden lieber alles auf ihren Staat; Mammonisten liefen lieber mit dem Judenspiess, und die Naturmenschen von Braun hörten lieber das Rasseln des Bratenwenders als eine liebliche Vocalmusik. Da liege der Hase im Pfeffer. Herr Mattheson erhebe die Kirchencantate und präsupponire dazu tüchtige Sänger; Herr Meyer schlage solchen Unterschied der Sänger mit einem Schlage darnieder, wie der Schneider die Fliegen. Wie ein Unterschied sei zwischen einem Rechtsgelehrten und Rabulisten, also auch unter einer Kirchen-Cantaten mit einem wohltemperirten beweglichen Theatral-Styl und wildem luxuriösem Theatral-Styl und zwischen einem delicaten Cantatensänger und nubrüchigen Cantaten-Quäler. Dieses sei ultimi analysis dieser controversie.

schöpfungen in die Kirche wurde es durch die, kunstfertige Sänger und Sängerinnen voraussetzenden Arien und Soliloquien — Monologe, im Gegensatz zum Dialog diejenigen Scenen, in welchen ein Einzelner seinen Empfindungen Ausdruck gibt — entschiedenes Bedürfniss, wenn nicht Castraten, so doch kunstgerecht gebildeten Sängerinnen die Betheiligung am kirchlichen Kunstgesang zu gestatten. So liess Mattheson zum ersten Male am Weihnachtsfest 1715 drei Opernsängerinnen in der Kirche auftreten. So erschienen nicht bloss in Hamburg, sondern auch im übrigen Niedersachsen bei sonn- und festtäglichen Gottesdiensten vor oder nach der Predigt dramatische, mindestens in Gesprächsform abgefasste Darstellungen von Begebenheiten der biblischen Geschichte, wobei vom Dichter selbst erfundene allegorische Personen mit ihrem Gesang die Bedeutung des Dargestellten aussprachen und an die Stelle des Schriftworts der frühern gewöhnlichen Kirchenmusiken traten [1]).

Sowohl der Kunst- als der Gemeindegesang erreichte in Joh. Seb. Bach's Werken seinen Höhepunkt. Wie sich Bach's Werke durch die absolute Beherrschung der musikalischen Form, durch die sorgsamste Ausgestaltung jedes Werkes bis in das Einzelnste und Kleinste und durch die grossartige Conception der Gedanken auszeichnen, so besitzen sie auch eine Tiefe des Gemüths, einen sittlichen Ernst, einen Gedankenreichthum, welche ihn zu dem grössten Tonmeister aller Zeiten erheben. Auch der Choralsatz erreicht in Bach die höchste Blüthe und seine vierstimmigen Choräle sind durch den wunderbaren Harmoniereichthum und die characteristische Führung der Bass- und Mittelstimmen von ergreifender Schönheit. Er war es auch, welcher klaren Blicks die gemeinsame Wurzel des Kunst- und Gemeindegesangs erkannte und desshalb seine besondere Pflege dem evangelischen Kirchenlied zuwandte, wenn er auch leider in seinen Bestrebungen vereinzelt blieb.

Das was Bach in seinen Werken geschaffen, steht heute

---

1 Siehe E. Koch a. a. O. V, S. 635.

noch unerreicht da, und sowohl mit seinen als Händel's Chorwerken können sich auch diejenigen Mozart's und Beethoven's, geschweige diejenigen der neuern Meister nicht messen. Sogar Schlecht [1]), welcher die evangelische Kirchenmusik und deren Meister etwas stiefmütterlich behandelt, sagt über Bach: „Sein Riesentalent, das er an den grossen Werken der grossen Geister des Alterthums (?) bildete, sowie die äusserst sorgfältige Bearbeitung seiner Werke waren es, die ihn zu dieser staunenswerthen Grösse erhoben. Sein Leben und Wirken war ganz dem Dienste der Kirche geweiht, daher die Orgel sein Hauptinstrument und seine Compositionen für dieselbe eröffnen eine neue, vor ihm unbekannte Welt. In eben diesem Grade der Begeisterung wendete er seine Thätigkeit dem Kirchenliede zu, das er von der einfachsten bis zu der erhabensten Form der Cantate und des Oratoriums durcharbeitete in einer Reichhaltigkeit und Fruchtbarkeit, die staunen macht. Er ist ein Riese, der alles vor sich niederwirft und den bis heute noch keiner besiegte" [2]).

---

1) A. a. O. S. 130 und 131.

2) Wie Leipzig den grossen Todten ehrte, geht daraus hervor, dass die Wittwe Bach's als Almosenfrau starb, und seine jüngste Tochter, bei dessen Tode erst 8 Jahre alt, ebenfalls von Almosen leben musste, bis der edle Beethoven im Jahre 1801 sich ihrer annahm und aus seinen Mitteln unterstützte.

Nach den oben angeführten schönen Worten eines katholischen Schriftstellers müssen wir das Urtheil Koch's — V, S. 645 — über Bach um so oberflächlicher finden, und dasselbe gilt auch zum Theil den Ausführungen Winterfelds, dass Bach in seinen kirchlichen Werken eben auch der Richtung seiner Zeit auf die Opernbühne unterlegen sei; er sei wohl ein geistlicher Tonmeister aber kein kirchlicher und er werde nie ein Mann des Volkes werden. Man beobachte doch einmal an einem Charfreitag, wenn die Matthäus- oder Johannespassion vom klassischen Verein in der Stuttgarter Stiftskirche aufgeführt wird, die andächtig lauschenden und sichtlich ergriffenen Zuhörer und dann spreche man noch von dem unpopulären Bach. Es ist wahr, Bach will öfter gehört sein, aber seine wundervollen Choräle und mächtig ergreifenden Chöre werden ihren Eindruck auf die Hörer nie verfehlen, und wer sich eingehender mit Bach beschäftigt, wird ganz gewiss zu einem andern Resultat kommen, als der sonst so verdiente Koch. Wie er aber vollends dazu kommt, Bach als der Richtung seiner Zeit auf die Opernbühne unterlegen zu bezeichnen, ist uns durchaus unbegreiflich. Bei einem und wir wollen zugeben, sogar grossen Theil seiner Arien mag dies zutreffen, aber seinem Gesammtschaffen

Georg Friedrich Händel, der ebenbürtige Rivale Bach's, ward am 24. Februar 1685 zu Halle an der Saale geboren; von 1703—1706 in Hamburg bei der Oper, ging er nach Italien, 1710 nach London, wohin er nach einem längern Aufenthalt in Hannover im Jahr 1712 wieder zurückkehrte und wo er von 1720—1740 seine Hauptthätigkeit der italienischen Oper widmete. Er starb den 14. April 1759.

Seine Hauptbedeutung liegt auf dem Gebiet des Oratoriums, dessen Formen er der weltlich-dramatischen Musik entnahm und das als von ihm dem höchsten Kunstbegriff nach abgeschlossen betrachtet werden darf. Wir müssen es uns leider versagen, da es nicht zur Aufgabe unserer Arbeit gehört, näher auf dessen oratorische Werke einzugehen und uns auf die Bemerkung beschränken, dass er in seinen für die Kirche geschriebenen Werken die gleiche Grösse und Kraft wie in seinen Oratorien behauptet. Es sind hauptsächlich seine Chöre, in welchen er Unvergängliches geschaffen; sie wirken unmittelbar wie urwüchsige Naturgewalt und entflammen und begeistern den Hörer durch die Grösse und Erhabenheit, sowie die gesunde Kraft, welche in denselben wohnt, und dabei wendet Händel die einfachsten harmonischen und melodischen Mittel an. Dies ist auch der Grund, warum seine Chöre sofort den Hörer packen und mit sich fortreissen, ein volksthümlicher Zug durchweht dieselben, und während diejenigen Bach's ein öfteres Hören erfordern, um in den Geist derselben einzudringen, wirkt Händel unmittelbar.

Er schrieb für die Kirche verschiedene Tedeum, hierunter das Dettinger das berühmteste, Cantaten, Psalmen, Anthem's — aus biblischen Sprüchen zusammengesetzte, in Motetten- oder Cantatenform gehaltene Tonstücke — u. s. w. Auch eine vierstimmige Messe mit 2 Violinen, Viola, 2 Oboen und Orgel begleitet soll er geschrieben haben.

So eminent Grosses Bach auf dem Gebiet der Kirchenmusik geleistet, und so sehr seine Werke dazu angethan waren, befruchtend und fördernd auf eine gesunde und kräftige Ent-

---

diesen Vorwurf zu machen, ist oberflächlich und beweist den Mangel an Verständniss des Bach'schen Geistes.

wicklung der Kirchenmusik einzuwirken, so waren den Zeitgenossen seine erhabenen Tonschöpfungen zu tief und zu ernst. Man hörte lieber den Kling Klang der Teleman, Graun und Hasse, und so verfiel die kirchliche Tonkunst einer immer grössern Sinnlichkeit, welcher jede Wärme des religiösen Gefühls fehlte, und die tief-ernste Stimmung eines Bach wurde durch weinerliche Sentimentalität und italienische Bravourarien ersetzt. Die Contrapunktik erscheint nur noch äusserlich und namentlich in der katholischen Kirche dominirte die neue Melodik vollständig.

Von kirchlichen Werken des begabtesten Sohnes des grossen Bach, Wilhelm Friedemann Bach, 1710—1784 sind nur wenige erhalten, welche die Berliner Königliche Bibliothek besitzt. Ueber seine Cantaten urtheilt Winterfeld, dass das Grübeln nach musikalischen Delicatessen, wie Forkel es ganz richtig nennt, jede andere Rücksicht überwiege und seine geistlichen Kunstgesänge nur als einseitige krankhafte Ausbildungen einzelner Sonderthümlichkeiten seines grossen Vaters merkwürdig seien. Ein geistiger Nachkomme desselben in ächtem Sinne dürfe er jedoch nicht genannt werden.

Von kirchlichen Tonsetzern führen wir noch an:

Gottfried August Homilius, zu Rosenthal an der sächsisch-böhmischen Grenze am 2. Februar 1714 geboren, starb als Organist, Musikdirector und Cantor zu Dresden, 1. Juni 1785. Johann Friedrich Doles 1715 zu Steinbach im Herzogthum Sachsen-Meiningen geboren, 1756 Cantor an der Thomasschule, starb 8. Februar 1797. Adam Hiller, 25. Dezember 1728 zu Wendisch-Ossig bei Görlitz geboren, starb 16. Juni 1804. Johann Gottfried Schicht zu Reichenau bei Zittau am 29. September 1753 geboren, gestorben in Leipzig 16. Februar 1823 und viele Andere.

Während die Ausbildung der Instrumentalmusik eine nie geahnte Höhe erreichte und auf diesem Gebiet Werke von unvergänglichem Gehalte geschaffen wurden, blieb die Kirchenmusik weit hinter den grossen Vorbildern Bach und Händel zurück. Die Form wurde zwar beibehalten, aber sie verknöcherte, denn der Geist fehlte. Die katholische Kirchenmusik verfiel der schrankenlosesten Subjectivität, der gröbsten

Sinnlichkeit und die nunmehr erscheinenden Werke waren mehr auf theatralisches Schaugepränge als auf Weckung eines wahrhaft religiösen Gefühls gerichtet. Von diesem Vorwurf lassen sich auch die meisten kirchlichen Tonwerke eines Haydn und Mozart nicht ganz freisprechen; der Geist der Zeit weht in denselben, obwohl letzterer in seinem Requiem uns ein Werk hinterlassen hat, welches von einem tiefern Erfassen des geistlichen Textes Zeugniss gibt.

Der katholische Kirchengesang[1] erlag den gleichen verderblichen Einflüssen wie der protestantische, ja wir dürfen sagen, derselbe verweltlichte noch mehr als der letztere, und die Reformen im evangelischen Gemeindegesang blieben ohne Rückwirkung auf jenen der Schwesterkirche. Der Grund hievon liegt darin, dass in der evangelischen Kirche der Gemeindegesang einen wesentlichen Factor des Gottesdienstes überhaupt bildet, die katholische Kirche dagegen — wie der um die Geschichte des katholischen Kirchenlieds hochverdiente Severin Meister[2] sagt — in ihrem reichen glänzenden Cultus dem katholischen Gemüthe so viele Momente der Erbauung und Befriedigung bietet, dass etwaige Mängel des kirchlichen Gesangs leichter verschmerzt werden und die Umkehr sich nicht sowohl bei dem Volke als vielmehr in der Kirche selbst offenbaren, derselben auch die Art der einzuschlagenden Reformen ausschliesslich überlassen bleiben musste. Hierin haben wir denn auch vorzugsweise den Grund dafür zu suchen, dass die Umgestaltung des katholischen deutschen Kirchenlieds nicht zum allgemeinen Durchbruch gelangte; dass diese vielmehr der in kirchlichem Sinne ungleich wichtigeren Frage der Wiederbelebung des lateinischen Kirchengesanges vorerst noch vielfach untergeordnet blieb. Und so erklären sich zugleich die spärlichen Bemühungen für unsern Gegenstand, so die Erscheinung, dass wir heute noch viel unverantwortlicher Frivolität

---

1) Ende des 16. Jahrhunderts wurde für diejenigen Gemeinden, welche keinen Sängerchor und Orchester besassen, die sogenannte Wiener Messe ausgearbeitet, aus kurzen Liedern bestehend, welche statt der Kyrie, Gloria u. s. w. gesungen wurden.
2) S. 4—5.

im Gesange katholischer Gemeinden begegnen, und dass die Versuche zum Bessern in einzelnen Diöcesen aus Mangel an Kenntniss des ältern katholischen Liederschatzes nicht immer von dem glücklichsten Erfolge begleitet waren.

In den Werken der protestantischen Kirchenmusik der Nachbachischen Periode weht uns der frostige Hauch jenes dürren Rationalismus entgegen, welcher den Geist tödtet. Nur ein Werk ist hervorzuheben, welches wie ein Riese unter Zwergen dasteht, die Missa solemnis von Beethoven. Die H-moll-Messe von Bach und die hohe Messe von Beethoven sind Werke von unendlich tiefem Gehalt, von hoher religiöser Begeisterung, beide gewaltige Tonschöpfungen, Ergüsse reinster und tiefster religiöser Empfindung, wenn auch wieder unter sich verschieden. Bach steht auf dem Boden des Dogmas, er interpretirt dasselbe musikalisch; er versenkt sich in den geheimnissvollen Sinn der göttlichen Offenbarung mit aller Wärme des Gefühls, welche ihm eigen, während Beethoven, der Interpret einer geläuterten Gottesanschauung[1]), im kalten Dogma keine Befriedigung findet, somit der kirchliche Text ihm mehr nur die Form ist um seinen tief religiösen Empfindungen Ausdruck zu geben. Diesem grossartig erhabenen Werk ist von gewisser Seite schon „heidnischer Titanismus" vorgeworfen worden, als ob nur diejenige religiöse Empfindung die ächte wäre, welche sich in gewisse Formeln bannen lässt.

Von neuern Meistern, welche verdienstvolle Werke auf dem Gebiet der Kirchenmusik geschaffen, nennen wir u. A.: Mendelssohn, Hauptmann, Fr. Kiel, Imanuel Faisst, Christian Finck u. s. w.

An Bestrebungen, den evangelischen Kirchengesang zu heben, fehlte und fehlt es in Deutschland nicht, wie sich Letzteres überhaupt vor allen andern Ländern um die Hebung des Kirchengesangs am verdientesten machte.

---

[1]) Ueber seinem Schreibtisch hingen folgende von seiner Hand geschriebene Sprüche: „Ich bin, was da ist". „Ich bin alles, was ist, was war und was sein wird, kein sterblicher Mensch hat meinen Schleier aufgehoben." „Er ist einzig von ihm selbst, diesem Einzigen sind alle Dinge ihr Dasein schuldig."

H. G. Nägeli, Musikalienhändler in Zürich, war es zunächst, welcher sich durch Gründung von Sängerchören an vielen Orten der Schweiz behufs Einführung eines mehrstimmigen Gesanges in die Kirche, grosse Verdienste erwarb. Im Jahr 1819 erschien von demselben ein Choralbuch mit vierstimmigen Compositionen, welches in der deutschen Schweiz vielfach Eingang fand. Der Choral erschien ihm übrigens bloss als eine beschränkte Kunstgattung, welche mit der Zeit durch einen „wohlberechneten Choralstil" ersetzt werden müsste, „dessen Melodien so beschaffen, dass sie auch als Mensuralgesänge im Takte ausgeführt werden könnten, damit dem Volke der Uebergang vom Choral zum Figural angebahnt und practisch erleichtert wäre"; Orgelbegleitung sei nur da nöthig, wo ein schlechter Gesang sei.

Der vor wenigen Jahren erst verstorbene Stuttgarter Stiftsorganist Konrad Kocher war es, welcher die Nägelischen Principien adoptirte und im Jahr 1823 einen Kirchengesangverein gründete und für denselben wie für die in der in demselben Jahr erschienenen Schrift: „Die Tonkunst in der Kirche" u. s. w. ausgesprochenen Ideen die kirchliche Oberbehörde zu gewinnen wusste, durch welche nunmehr allen Kirchenconventen die Errichtung von Gesangchören und Gesangschulen Erwachsener anempfohlen wurde; ebenso sollte in den Schulen ein gründlicher methodischer Gesangunterricht organisirt werden. Zu diesem Zweck gab Kocher im Verein mit dem Universitätsmusikdirector Silcher und dem Esslinger Seminarmusikdirector Frech „vierstimmige Gesänge der evangelischen Kirche in einzelnen Stimmen" sowie ein vierstimmiges Choralbuch, 221 Melodien enthaltend, heraus, welches am 12. Februar 1828 an die Stelle des bis dorthin gebräuchlichen Choralbuchs von Knecht trat. Natürlich mussten die Versuche, einen vierstimmigen Gemeindegesang mit Ausschluss der Orgel einzuführen, missglücken.

Die Bewegung, an die Stelle des in gleichwerthigen Noten sich bewegenden Chorals den rhythmischen Choral zu setzen, ging zunächst von Baiern aus, woselbst Tucher und Layriz für die Einführung des rhythmischen Chorals eintraten. So entstand das Evangelische Choralbuch, eine Auswahl „der vorzüglichsten Kirchenmelodien alter und neuer Zeit in den ursprünglichen Tönen und Rhythmen für den kirchlichen und Privatgebrauch" u. s. w., in Verbindung mit Candidat I. Zahn, Stadtorganist G. Herzog, Lehrer Fr. Güll bearbeitet und herausgegeben von W. Ortloph, München 1844, dessen Gebrauch vom Münchener Consistorium empfohlen wurde. Verdienste um die Einführung des rhythmischen Chorals, welcher in vielen Gemeinden Baierns eingeführt ist, erwarben sich dortselbst Zahn, Tucher, Layriz, Kraussold und A. Als eine Frucht des Zusammenwirkens namentlich der drei Erstgenannten erschien 1855 das im Auftrag des Oberconsistoriums ausgearbeitete Baierische Landeschoralbuch mit 182 Melodien und einem Anhang von 9 Melodien. Zu gleicher Zeit erschien ein von Dr. Faisst —, Verfasser des kürzlich erschienenen vortrefflichen neuen Choralbuchs für Württemberg —, Tucher und Zahn im Auftrag des Eisenacher Kirchentags ausgearbeitetes Choralbuch. Ebenso bemühte man sich in den übrigen Theilen Deutschlands um die Hebung des Kirchengesangs, indem man auch ein Hauptaugenmerk auf die Herausgabe von Choralbüchern richtete, welche dem Gemeindegesang eine würdige Orgelbegleitung darboten.

In neuester Zeit ist es Stadtpfarrer Dr. Köstlin in Friedrichshafen, welcher einen bereits über ganz Württemberg verbreiteten Kirchengesangverein gründete, dessen Zweck und Aufgabe für Württemberg die Förderung und Unterstützung aller Bestrebungen ist, der Kirche Württembergs einen würdigen Chorgesang zu schaffen, überhaupt den evangelischen Kirchengesang zu heben[1]). Derselbe hat in den wenigen Jahren seines Bestehens schon recht schöne Erfolge aufzuweisen gehabt und zählt bereits 62 Einzelvereine mit 946 Sängern, und 1109 Mitgliedern. Hessen — Vorstand des dortigen Kirchengesangvereins ist Geh. Rath Hallwachs

---

[1]) Nicht unerwähnt dürfen wir an dieser Stelle die trefflichen Leistungen des unter der vorzüglichen Leitung des Herrn Professor Dr. I. Faisst stehenden „Vereins für klassische Kirchenmusik" lassen, welcher die edelsten und besten Erzeugnisse unserer klassischen Meister in hoher Vollendung aufführt.

in Darmstadt — folgte dem Beispiele Württembergs und in Baden — Vorstand ist Stadtpfarrer Dr. Eisenlohr in Gernsbach — ist ein guter Anfang schon gemacht. Auf einer am 19. Mai 1880 in Heidelberg stattgehabten Conferenz, zu welcher Delegirte der evangelischen Kirchengesangvereine von Baden, Hessen und Württemberg erschienen waren, wurde eine Einigung der drei Landesvereine angebahnt.

Diese Bestrebungen sind von jedem ächten Freunde des kirchlichen Gesanges mit um so grösserer Genugthuung zu begrüssen, als ausser der Pflege eines würdigen Choralgesangs auch dem Chorgesang wieder eine grössere Sorgfalt zugewandet wird. Diejenigen aber, welche in ihrem einseitigen Purismus noch immer jeden mehrstimmigen Gesang aus der evangelischen Kirche ausgeschlossen haben wollen, erinnern wir daran, dass es in der Schrift nicht bloss heisst: „Singet dem Herrn alle Welt", sondern auch: „Singet dem Herrn ein neues Lied."

Namen- und Sachregister.

(Die voranstehende fett gedruckte Zahl zeigt die Hauptstelle an.)

Abbatini, Antonio Maria, 121.
A capella, 85.
Accente, hebräische, 3.
Accentus, 18.
Accidentien, 85.
Adam von Fulda, 98.
Agostini, Paolo, 121.
Agricola, Alexander, 93.
—, Martin, 198.
Ahle, Georg, 213.
—, Joh. Rudolf, 213.
Aiblinger, Joh. Kaspar, 138.
Aichinger, Gregor, 110.
Albert, Heinrich, 212.
Alcuin, 25.
Allegri, Domenico, 121.
—, Gregorio, 119.
Alternirender Gesang, 6.
Alti naturali, 86.
Ambitus, 19.
Ambon, 7.
Ambrosianische Kirchentöne, 10.
Ambrosianischer Gesang, 10. 13.
— Lobgesang, 13.
Ambrosius, 10. 16.
Anerio, Felice, 118.
—, Francesco Giov., 118.
Animuccia, Giov., 154. 112.

Anthem, 163. 221.
Antiphon, 6.
Antiphonar, Gregorianisches, 15.
—, St. Galler, 21. 26.
Antiphonischer Gesang, 5. 6.
Arcadelt, Jacob, 94.
Archicantor, 22.
Aribo Scholasticus, 51.
Arie, 158.
—, geistliche, 213.
Arioser Gesangstil in die Kirche eingeführt, 127.
Arrigo Tedesco, siehe Isaac, Heinrich.
Ars organisandi des Paumann, 87.
Asola, 154.
Astorga, Emanuele d', 133.
Augustin, 23.
Augustinus, 10.
Authentische Kirchentöne, 10. 14. 18.
Authentisch und plagalisch, 18.
Azione sacra, siehe Oratorium.

Bach, Emanuel, 165.
—, Joh. Sebastian, 163. 219. 224.

Bach, Wilh. Friedemann, 222.
Bardi, Giov., 124.
Basis, 84.
Basso continuo, 127.
Baten, Adrien, 111.
Becker, Cornelius, 192.
Beethoven, Ludwig van, 224.
Benedict (Sänger), 125.
Benevoli Orazio, 121.
Bernabei, Giuseppe Ercole, 123.
Bernhard der Deutsche, 53.
Berno von Reichenau, 38.
Bettini, Steffano, 112.
Beza, Theodor, 183.
Binchois, 88.
Bird, William, 110.
Bonifacius, 24.
Breitengasser, Wilhelm, 98.
Breitinger, 190.
Brevis, 58.
Briegel, W. C., 214.
Brockes, Barthold Heinrich, 161.
Bruck, Arnold von, 198. 98.
Brumel, Antoine, 93.
Burgk, Joachim von, 153.
Busnois, Auton, 89.
Buttstett, Joh. Heinrich, 50.

Caccini, Giulio, 124. 125.
Caldara, Antonio, 134.
Calvin, 190.
Calvisius, Sethus, 201.
Cantate, bei Carissimi, 129; Grosse Kirchencantate, 216.
Cantatenstreit, Hamburger, 217.
Cantica, 4.
Cantional, Darmstädter, 216.
Canto piano muggiore, 76.

Cantorat, 9.
Cantus choralis, 16.
— firmus, 19, 69; weltlicher in Messen und Motetten, 83.
— Gregorianus, 15.
— gravis, 32.
— planus, 15.
— usualis, 16.
Capellenchor, 208.
Carissimi, Giacomo, 129. 83. 155.
Carl der Grosse, 24.
Carontia, Firmin, 89.
Carpentras, 94.
Castraten, 86.
Cavaliere, Emilio del', 124, 155.
Cavalli, Francesco, 128.
Chant sur le livre, 70.
Cherubini, Luigi, 135.
Choral, rhythmischer, 182.
—, vereinfachter, 182.
Choralnote, im Gregor. Gesang, 19.
—, in der Notenschrift, 29.
Chorus pro capella, 208.
— recitativus, 208.
Chromatik, 104.
Chronik, Limburger, 176.
Chrysostomus, 6. 7. 11.
Cifra, Antonio, 121.
Clarke, 140.
Claudin, le jeune, 190.
Climacus, 27.
Clinis, 27.
Cöln-Speierer Gesangbuch, 187.
Colin, Pierre, 94.
Compère, Loyset, 93. 83.
Complaintes, 65.
Concentus, 18.

Concertirender Stil, dessen Einfluss auf die Kirchenmusik, 205.
Concerto da chiesa, 126. 205.
Conductus, 72.
Congregazione dell'oratorio 154.
Contrapunctus a mente, 70.
— a penna, 70.
Copula, 72.
Corner'sches Gesangbuch, 186.
Coro spezzato, 102.
Corsi, Giacomo, 124.
—, Jacob 124.
Cottonius, Joh., 68.
Courtois, 94.
Croce, Giov., 107.
Crüger, Joh., 213.

Danjou, Jean Louis, 139.
David, 2.
Déchant, 69.
Decker, Joachim, 202.
Dialoghi spirituali, 212.
Diaphonie, 62.
Diatessaroniren, 64.
Dietrich, Sixt, 98. 198.
Differenzen, 20. 30.
Dilinger Gesangbuch, 186.
Diritis, 94.
Discantus, 69.
Distinctionen, 29.
Doles, Joh. Friedrich, 222. 165.
Donato, Baldassare, 104.
Dragoni, Giov. Andrea, 118.
Ducis, Benedictus, 94. 198.
Dufay, Wilhelm, 82. 83.
Durante, Francesco, 131.

Eccard, Joh., 203. 184.

Eglin, R., 190.
Ekkehard I, 37.
— V, 37.
Epiphonus, 27.
Epistolae cum farsia, 55.
Erbach, Christian, 109.
Erythräus, Gotthardt, 202.
Eselsfest, 147.
Ett, Kaspar, 138.

Faisst, Imanuel, 224. 226.
Falsetisten, 86.
Falso bordone, 70.
Farcies, 19. 37. 55.
Farciesgesänge, 56.
Farcituren, siehe Farcies.
Favoritchöre, 208.
Faugues, Vincent, 83.
Faux-bourdon, siehe Falso bordone.
Feo, Francesco, 132.
Fernando de las Infantas, 118.
Festa, Costanzo, 112.
Festlied, bei Eccard, 203.
Fevin, Antonius de, 94.
Finck, Christian, 224.
—, Heinrich, 97. 194.
Fleurettes, 70.
Foggia, Francesco, 121.
Forestier, 83.
Forster, Georg, 183. 198.
Franck, Melchior, 110.
Franco von Cöln, 57.
Frech, 225.
Fuge mit Canon identisch, 83.
Funcke, 158.

Gabrieli, Andreas, 105.

Gabrieli, Johannes, 106.
Galilei, Vincenzo, 124. 125.
Galliculus, Johann, 98.
Gallus, Jacob, 109. 98. 150.
Gaspard, 91. 88.
Gastoldi, Giov. Giac., 107.
Geisler, 177.
Gesang, mit mehreren Texten,
  81; kirchlicher mit weltlichem vermischt, 88.
—, alternirender, 6.
—, Ambrosianischer, 10.
—, antiphonischer, 5. 6.
—, Gregorianischer, 15.
—, Hymnen, 4.
—, Responsorial, 4. 5. 6. 7.
—, Symphonischer, 6.
—, Wechsel, 4. 6.
Gesangschulen, vor & zu Gregor's Zeit, 9. 21; — Cambray, 25; Corvey, 26; — Dijon, 25; — Eichstätt, 24; — Fulda, 24; — St. Gallen, 24. 26; — Lyon, 25; — Mainz, 26; — Metz, 25; — Orleans, 25; — Paris, 25; — Reichenau, 24. 26; — Rom, 21; Soissons, 25; — Trier, 26; — Würzburg, 24.
Gesius, Bartholomäus, 201.
Giovanni de Sanctos, 86.
Gizzi, Domenico, 132.
Godescbalcus, 37.
Gombert, 94.
Goudimel, Claude, 112. 190.
Graduale, 7.
Gradualresponsorium, 7.
Graun, Carl Heinrich, 165.

Greco, Gaetano, 133.
Gregor der Grosse, 14.
Gregorianischer Gesang, 15.
Guidiccioni, Laura, 155.
Guido von Arezzo, 45.
Guidonische Hand, 51.
Gumpeltzheimer, Adam, 109.
Haendel, G. F., 221. 162.
Hammerschmidt, Andreas, 211. 216.
Hartker, 37.
Hartmann, 32.
Hasler, Hans Leo, 107. 184. 202.
—, Jacob, 108.
—, Kaspar, 108.
Hauptmann, 224.
Haydn, Josef, 136.
—, Michael, 136.
Hebräer, 2.
Heinrich (Mönch), 39.
Heinrich von Laufenberg, 179.
Hemmel, Sigmund, 192.
Herrmann Contractus, 38.
—, Nicolaus, 201.
Hexachord, 46. 48.
Hexachordtabelle, 50.
Hieronymus de Moravia, 57.
Hiller, Adam, 222.
Hobrecht, Jacob, 90. 83. 150.
Hofheimer, Paul, 98.
Homilius, G. A., 165. 22..
Hucbald, 43.
Hunold, 161.
Huss, Joh., 150.
Hymnen, 4. 11.
Hymnengesang, 10.

Ignatius, G.
Improperien, 115.
Infantas, Fernando de las, 118.
Iugegneri, Marco Antonio, 106.
Interpolationen, 37.
Johannes (Sänger), 23.
— (Mönch), 37.
— Cottonius, 51.
— de Muris, 76. 78.
Jomelli, Nicolo, 133. 156.
Josquin des Près, 91. 83.
Isaac, Heinrich, 95.
Isidor von Sevilla, 63.
Iso, 32.
Jubilus, 20. 31.

Kapsberger, Hieronymus, 128.
Keiser, Reinhold, 161. 215.
Kouchenthal, Gesangbuch, 161.
Kiel, Fr., 165. 224.
Kirleise, 171.
Knaust, Heinrich, 183.
Kocher, Konrad, 225.
Köstlin, 220.
Krles, 170.
Kunibert, 37.
Kyrieleis, 170.
Kyrieles, 170.
Kyrielle, 170.

Lai, 160.
Lamentation, 82.
Landino, Francesco, 76.
Lassus, Orlandus, 98. 150.
Laudes, 34.
Laudi spirituali, 154.
Layriz, 225.
Legrenzi, Giov., 133.

Leich, 169. 171.
Leisen, 171.
Leisentrit, Joh., 186.
Leo, Leonardo, 132. 156.
Leoni, Leone, 107.
Liberati, Antonio, 156.
Ligaturen, 60.
Liszt, 165.
Lobwasser, Ambrosius, 190.
Locheimer Liederbuch, 76.
Longa, 58.
Lossius, Lucas, 201.
Lotti, Antonio, 134.
Luiter, 37.
Lupus, 94.
Luther, Martin, 188. 92.

Machenu, Guill. de, 76.
Macholdus, Joh., 153.
Madrigal, 101.
Mahu, Stephan, 97. 198.
Mainzer Cantual, 187.
Maistre, Matth. le, 201.
Maitrisen, 73.
Mancinus, Thomas, 151.
Marcello, Benedetto, 134.
Marchettus von Padua, 58.
Marenzio, Luca, 121.
Marot-Beza'sche Psalmen, 183.
—, Clement, 183.
Marschall, Samuel, 192. 201.
Martinengo, Giulio Cesare, 107.
Masoreten, 3.
Massaini, 107.
Mattheson, Joh., 162. 215.
Maxima, 58.
Melismen, 30.
Mellitus, 23.

— 233 —

Mendelssohn, F., 224.
Mensur, 58.
Mensura temporis, 59.
Mensuralnote, 62.
Merulo, Claudio, 104.
Messen, mit weltlichem Cantus firmus, 83; — sine nomine, 83; Todtenmesse, 82.
Mettenleiter, Domenicus, 139.
—, Joh. Georg, 139.
Mettenseer (Jubilus), 31.
Mixtur, in der Orgel, 53.
Modi, 18.
Modus, 19.
Moengal (Marzellus), 32.
Monochord, 47.
Monodie, 124. 125.
Monteverde, 126. 128.
Morales, Christofano, 112. 88.
Moralitäten, 155.
Motette, 82.
Motettus, 72.
Moulu, 94.
Mouton, 94.
Mozart, 137. 223.
Münsterisch Gesangbuch, 187.
Muris, Joh. de, 78. 73. 78.
Musica ficta, 84.
— figuralis, 62.
— plana, 62.
Mutation in der Solmisation, 50.

Naegeli, H. G., 225.
Nanini, Giov. Bernardino, 116.
—, Giov. Maria, 116. 112.
Neri, Filippo, 154.
Neumark, Georg, 213.
Neumen, 16.

Noumenschrift, 16. 42.
Nota finalis, 60.
— initialis, 60.
— mediae, 60.
— quadrata, 62.
— quadriquarta, 62.
— romana, 62.
Notker, Balbulus, 33.
—, Labeo, 37.
—, Physikus, 37.

Ochetus, 70.
Odington, Walther, 57.
Okeghem, Joh., 89.
Oratorium, Entstehung desselben, 154.
Organum, 62. 67. —, Entstehung desselben, 65—67.
Orgel, zur Geschichte, 52; — zur Begleitung des Gemeindegesangs, 214.
Orto, de, 94.
Osiander, Lucas, 200. 184.
Otfried von Weissenburg, 171.

Pachelbel, Joh., 214. 199.
Palestrina, Giov. Pierluigi da, 112. 83. 154.
Paminger, Leonhard, 93.
Paumann, Conrad, 87.
Pedal der Orgel, 53.
Pergolese, Giov. Battista, 133. 156.
Peri, Jacopo, 124.
Pes sinuosus, 27.
— flexus, 27.
Petrucci, Ottavio, 89.
Petrus zu Metz, 26. 30.

Phinot, Doménique, 95.
Pitoni, Giuseppe, 121.
Plagalische Kirchentöne, 18.
Pneuma, 20.
Podatus, 27.
Porta, Costanzo, 104.
Praetorius, Hieronymus, 201.
—, Jacob, 201.
—, Michael, 205.
Pressus, 28.
Primicerius, 22.
Prioris, Johannes, 94.
Prolatio, 61.
Prosa, 19.
Prosen, 19.
Prosodie, 17.
Proske, Karl, 139.
Psalmodie, 4.
Psalmodiren, 3.
Psalmtropus, 20.
Psalter, 192.
Psalterium, 37.
Punctum additionis, 59.

Quintiren, Quintoyer, 64.

Ratpert, 33. 171.
Ravenscroft, Thomas, 140.
Recitativ, dessen Herübernahme in den kirchlichen Kunstgesang, 216.
Regis, Joh., 89.
Reichenau, 38.
Remi von Auxerre, 63.
Repercussion, 19.
Resinarius, Balthasar, 153. 198.
Responsorialgesang, 4. 5. 6. 7.
Responsorialpsalm, 7.
Rhabanus Maurus, 26. 41.

Rhau, (Rhaw) Georg, 198.
Rhythmik und Metrik im Ambrosianischen- 16, Gregorianischen- 16, Volks- 182, und protestantischen Gemeindegesang, 182. 216.
Richafort, 95.
Richefort, 88.
Rodulph, 52.
Roman, 26.
Rondellen, 72.
Rore, Cyprian de, 103.
Rosenmüller, Joh., 210.
Rossini, Giov., 135.
Rue, Pierre de la, 93. 88.
Rugiero, Giovanelli, 118.

Scandellus, Antonius, 201.
Scandicus, 27.
Scarlatti, Alessandro, 130. 156.
Scheidemann, David, 201.
Scheidt, Samuel, 214. 199.
Schein, Joh. Herrmann, 210.
Schicht, Joh. Gottfried, 165. 222.
Schluchzer, 70.
Schlüssel, 87.
Schop, Joh., 213.
Schröter, Leonhard, 201.
Schubert, Franz, 137.
Schulen, neapolitanische, 130 —133; niederländische, 77 —95; römische, 112—123; ältere venetianische, 100 — 107; jüngere venetianische, 133—135.
Schultz, Christof, 151.
Schultz, Jacob, 214.
Scotus Erigena, 63.

Schütz, Heinrich, 108. 107. 156.
207.
Sebastiani, Joh., 158.
Selnecker, Nicolaus, 201.
Semibrevis, 58.
Senfl, Ludwig, 96. 196.
Sequenzen, 20. 31.
Sermons, 55.
Silcher, 225.
Silva, Andreas, 94.
Simeon, 23.
Sintram, 87.
Soliloquien, 154. 161. 219.
Solmisation, 48.
Soriano, Francesco, 119.
Souter-Liedekens, 103.
Speidel, 2.
Stade, S. G., 214.
—, Theophilus, 199.
Steffani, Agostino, 123.
Stephani, Clemens, 150. 151.
Stornholde, Thomas, 140.
Steuerlein, Joh., 153. 201.
Stil, a capella, 85; — recitativo, 155; — rappresentativo 155; — parlante, 155.
Stolzer, Thomas, 198.
Stradella, Alessandro, 156.
Strozzi, Pietro, 124.
Stufenpsalm, 7.
Sulpicius, 24.
Sulzer, Simon, 190.
Superius, 84.
Symphonie, 62.
Symphonischer Gesang, 6.
Systema durum und molle, 85.

Tabulatur, 127.

Taktus, 59.
Tallis, Thomas, 110.
Telemann, G. Ph., 162. 215.
Tempus, 59.
Tempus perfectum, 59.
— imperfectum, 59.
Tenores, 18.
Tenori acuti, 86.
Theodor von Canterbury, 23.
Tractus, 7.
Tropen, 19. 20. 37.
Tropus, 19.
Tucher, G. von, 225. 226.
Turbae, 117. 149.
Tutilo, 32. 37.

Ugolino, Vincenzo, 119.
Ulenberg, 192.
Usus, 16.

Valentini, Francesco, 121.
Vehe, Michael, 186.
Verdelot, 94.
Versus intercalares, 19.
Vervoitte, Charles, 139.
Viadana, Lodovico, 126.
Virga, 27.
Vittoria, Tom. Lodov. da, 117. 149. 154.
Vopelius, 211.
Vulpius, Melchior, 151. 153. 201.

Wallis, Burcard, 192.
Walther, Joh. 195. 150. 185.
Walther Odington, 57.
Waltram, 32.
Wechselgesang, 4. 6.

Weelkes, Thomas, 110.
Werembert, 32.
Wilfrid, 23.
Willaert, Adrien, 102.
Wipo, 59.
Witt, Franz, 139.

Zahn, 226.
Zanotti, 107.
Zarlino, 102. 104.
Zwingli, 189.

Inhalt.

	Seite
Einleitung	1—8
I. Der Kirchengesang vom vierten bis elften Jahrhundert	8—42
II. Die Entwicklung der Notenschrift. Hucbald — Guido von Arezzo. Solmisation. Die Orgel. Farbengesänge	42—57
III. Mensuralmusik, Mensuralnotenschrift. Entwicklung des mehrstimmigen Gesanges. Organum. Discantus	57—77
IV. Weitere Entwicklung des mehrstimmigen Gesanges. Die Tonsetzer kirchlicher Werke vom vierzehnten bis sechzehnten Jahrhundert	77—100
V. Die Kirchenmusik vom sechzehnten bis neunzehnten Jahrhundert	100—140
VI. Mysterien, Passion	141—165
VII. Der geistliche und kirchliche Gesang in Deutschland unter besonderer Berücksichtigung des evangelischen Kirchenliedes und Kirchengesangs	166—227
Namen- und Sachregister	228—236

www.ingramcontent.com/pod-product-compliance
Lightning Source LLC
Chambersburg PA
CBHW031736230426
43669CB00007B/366